朱培庚編著

文史典故

文海拾貝

文史哲出版社印行

國家圖書館出版品預行編目資料

文海拾貝 / 朱培庚編著. -- 初版. -- 臺北市：
文史哲,民 92
面： 公分.--（文史典故：4）
含索引
ISBN 957-549-514-4 (平裝)

856.9 92011657

文史典故 ④

文海拾貝

編著者：朱 培 庚
出版者：文 史 哲 出 版 社
http://www.lapen.com.tw
登記證字號：行政院新聞局版臺業字五三三七號
發行人：彭 正 雄
發行所：文 史 哲 出 版 社
印刷者：文 史 哲 出 版 社
臺北市羅斯福路一段七十二巷四號
郵政劃撥帳號：一六一八〇一七五
電話886-2-23511028・傳真886-2-23965656

實價新臺幣五〇〇元

中華民國九十二年(2003) 七月初版

ISBN 957-549-514-4

恭逢　顯妣何氏諱永清老孺人今年百齡
冥誕之期（一九〇三—二〇〇三）。謹以
此書獻於先母靈前，以證你兒沒有學壞，
也不敢偷懶；恪遵慈訓，未墜家風。

文海拾貝 目錄

卷頭敬白

一　中華「文」化，浩如烟「海」。我們不過是在沙礫中淘獲了少許碎金，或是在淺灘邊「拾」到了幾片「貝」殼，誰也沒法窺其涯岸。

二　今日工業社會，要涉獵的知識太多，奪秒爭分，時間寶貴。故本書只選精簡之篇，原文在三四百字以內者爲原則，力符輕薄短小之旨。旣可怡情，兼能益智。

三　本書各篇，多取故事對話體裁，不採用冗長枯燥的說教文章。從趣味化、生活化、人性化、寫實化的音容笑貌中，可尋求其親切的體認。

四　每篇都寓有啓發性、警惕性，開卷應有益，讀後當受惠。

五　鑑於文言原文較爲艱澀，標點段落均無，故都譯爲語體，篇篇淺白曉暢，讀來輕易。淺嚐者可閱語體，深研者請究原文。或溫故，或知新，各適其趣。

六　文言原文附於篇末，並詳注出處，俾資覆按。且便於與語譯對觀，以證眞實。也就是不敢歪曲揑造或篡改。

七　與題旨有關之別册原文，也以「另文」引附於正文之後，提供廣泛之參證。

八　本書每篇各自獨立，隨手翻到哪一篇都可開始，三五分鐘，即可閱畢，可作修身借鑑，可當消閒小品，也可視同警世微言，不失爲善用零星餘暇的良伴。

九　本書雖是短篇，卻能以小喻大。窺一斑可知全豹之紋，嚐一臠而知全鑊之味。佛說「一沙一世界，一花一天國」（to see a world in a grain of sand, and a heaven in a wild flower）。若能從這些短篇中再覓弦外之音，更尋文餘之義，那就極爲高明了。

十　坊間不乏古事今譯之大著。但或整册全譯，瑜瑕不分；或未附原文，眞僞難辨。本書則只摘精華，汰其糟粕，以節省讀者「文海」困索之勞。

十一　有人說：我國文化歷史，大都陳舊過時，不合潮流現況。殊不知事理並無新舊之分，只有對錯之別。鑑往昔可測未來，辨佞賢可明邪正。不回顧歷史的人，其思想恐怕是淺薄的。

十二　原擬區分爲立品勵學各卷，以類相聚，但同一篇常兼跨兩類，不便單屬，今且暫按題目筆劃簡繁爲序。

十三　書名索引附後，可據以查閱有關之原文。

十四　如果你喜歡某人，可從附錄的人名索引中快速查到其有關之篇章。

十五　筆者竊有私願：盼能譯爲外文，歡迎摘錄引用，不必徵詢同意，毋需給付報酬。

十六　筆者學淺，陋誤之處，敬請高明賜予教正！

中華民國九十二（二〇〇三）年夏月朱培庚識於台北

一　一字千金

我們稱譽文章的價值很高，常用一字千金作贊語。南朝梁・鍾嶸《詩品・上》說：「文溫以麗，可謂一字千金。」追本溯源，這句「一字千金」成語的初始出處，乃是發生在秦代丞相呂不韋身上，距今已有兩千三百多年的歷史了。

遠在戰國時代，依據司馬遷《史記》卷第八十五所載：秦國有個搞國際貿易的大商人呂不韋（西元前？——前二三五），往來各國之間，做跨國買賣。某次來到趙國首都邯鄲，發現秦國秦孝文王的兒子名叫子楚，質住在趙國，貧困不得意，認爲這是「奇貨可居」，他主動拿出黃金千斤，作爲交際費用，使得子楚立爲秦孝文王的太子，數年後，子楚繼承帝位爲莊襄王，便任呂不韋爲丞相，封文信侯，食邑十萬戶。

呂不韋既貴且富，家僮多達萬人。到秦始皇時，仍舊位居相國，而且尊爲仲父。那時候，天下號稱有四公子，就是魏國有信陵君，楚國有春申君，趙國有平原君，齊國有孟嘗君，都競相養士敬賢。呂不韋認爲秦國如此強大，豈可不如別國，便也招賢納士，府裡供養了賓客三千人，鼓勵他們寫書，共集纂了二十餘萬言，刊爲《呂氏秦秋》，分爲八覽、六論、十二紀，又叫《呂覽》（《古文觀止》司馬遷《報任少卿書》有「不韋遷蜀，世傳呂覽」

之語）。其中如貴養生的本生篇，譏厚葬的節喪篇，重廉節的誠廉篇，通時變的察今篇

等，都能切中時弊，到今天仍有可取之處。

書成之初，呂不韋將它公布於首都咸陽（即今西安）的城門上，懸賞千金，昭告說：凡是能夠增添或刪減一個字的，就可領取千金獎賞。這便是「一字千金」的由來。

這項千金一字之賞，史書上沒有交代下文。想是呂不韋權高勢盛，無人敢惹吧？我們大致一想：該書二十多萬言，且是衆人分寫，結構自難細密，旨趣自難精純，大體雖是不差，「小疵」必然難免。正如東漢寫戰國策注的高誘所說：「時人非不能也，蓋憚相國，畏其勢耳。」筆者這段文字，恐是多餘的閒話，視同上半篇結尾的續貂吧。

＊　＊　＊

秦朝祚短，不久就到了漢朝。漢武帝大展雄圖，他對外逐匈奴，通西域，武功彪炳；對內尊儒經，建太學，文事大興。此外，他還經歷了一次感情上的離合，也與本題一字千金有關，亦宜一記：

話說漢武帝小時，他的姑媽館陶長公主抱著他坐在膝上戲問道：「你長大後，要不要娶個妃子呢？」又指著自己的女兒也是個小姑娘的阿嬌說：「阿嬌怎麼樣？你中不中意？」

小武帝笑應道：「如果娶到阿嬌，我要用金屋來藏她。」後來眞的成婚了。漢武帝登位後，立即封阿嬌爲正宮皇后。這便是「金屋藏嬌」一語的由來，記載在南齊・王儉《漢武故事》裡；唐・陸龜蒙《小名錄》也錄了這個故事。大詩仙青蓮居士李白有詩詠道：

「漢帝重阿嬌，貯之黃金屋。」

後來，陳阿嬌皇后不幸失寵了，獨住在長門宮，久愁無奈，就送上黃金一百斤，請大文豪司馬相如替她寫了一篇《長門賦》。梁朝昭明太子的《昭明文選》中《長門賦序》有如下的敘記，這裡引述文言原文，才好知其曲折：

「孝武皇帝陳皇后（孝武就是漢武帝，陳皇后就是阿嬌），別在長門宮（失寵，獨居），愁悶悲思。聞司馬相如（元前一七九—前一一七）工為文（善於寫文章）。奉上黃金百斤，為相如取酒（送去黃金作為酒資，就是潤筆稿費），為撰解悲祛愁之辭。而相如為作《長門賦》（司馬相如本是詞賦高手），以悟主上（讓漢武帝醒悟），皇后復得幸（漢武帝與阿嬌又和好了）。」

這篇《長門賦》，開頭敘述佳人獨居的枯悶：「夫何一佳人兮，步逍遙以自虞。魂踰佚而不反兮，形枯槁而獨居……」。末尾則寫夜長如年的盼望：「夜漫漫其若歲兮，懷鬱鬱其不可再更。澹偃蹇而待曙兮，荒亭亭而復明……」。這篇賦（未便全錄，請見《文選》原篇），廣博閎麗，文情兼美。司馬相如先生特別擅長於借景抒情，對女人失寵後的心理狀態，刻繪得細膩入微。以後的詩人詞客，在描寫「深宮幽怨」時，每每化用此賦中的一些名句，可見此賦影響之深遠了。

《全唐詩》中，對此事多有贊詠，例如：㈠李白《白頭吟》詩曰：「但願君恩顧妾深，豈惜黃金買詞賦」。㈡張窈窕《寄故人》詩曰：「無金可買長門賦，有恨空吟團扇詩」。㈢王福娘《題孫棨詩後》曰：「雖然不及相如賦，也值黃金一二斤」。㈣羅隱《閒居早秋》詩曰：「六宮誰買相如賦，團扇恩情日日疏」。㈤李群玉《同鄭相公出歌姬小飲》詩曰：「不是相如能賦客」。㈥杜牧《早雁》詩曰：「長門燈暗數聲來」。此外還有李頎、魏萬、曹鄴、盧汝弼等諸家的吟作，恕不多錄了。

降至宋代，南宋詞人辛棄疾撰《摸魚兒》詞詠之曰：「長門事，準擬佳期又誤。蛾眉曾有人妒。千金縱買相如賦，脈脈此情誰訴？」的嗟歎。

稿酬爲黃金一百斤，未寫先付。若按今（二〇〇三）年一月廿四日台北聯合報財經版刊載的中央信託局公開掛牌的黃金條塊交易價格，賣出價爲每兩一萬五千元台幣，因此每斤爲二十四萬台幣，一百斤爲二千四百萬台幣（整筆稿費）。

如再以字數來分攤，這篇賦實僅六三八字（古人撰文不加標點），平均每字爲三萬七、六一八元台幣。折合美金每字約爲一千〇七四美元，折算人民幣每字約九千四〇四人幣。比那「一字千金」的價碼高出更多。

這眞太爽了！就讓司馬相如替天下這些苦耕硯田勤搖筆桿的普羅文士們，開創出這一項寫作獲酬最高（一字三萬七）的紀錄吧！有誰能不能再破此一上限呢？

【原文一】一字千金：呂不韋者，賈人也，家累千金。子楚爲秦質子於趙。不韋賈邯鄲，見之，曰：此奇貨可居也。乃以千金，游說華陽夫人立子楚爲適嗣，封太子，即位爲莊襄王。以呂不韋爲丞相，封文信侯，食邑十萬戶。秦始皇立，尊不韋爲相國，號稱仲父，家僮萬人。當是時，魏有信陵君，楚有春申君，趙有平原君，齊有孟嘗君，皆喜賓客。呂不韋以秦之強，羞不如，亦招致士，食客三千人。使客人著其所聞，集二十餘萬言，號曰呂氏春秋，布咸陽市門，懸千金其上。延諸游士賓客，有能增損一字者，予千金。（漢、司馬遷：《史記》、卷八十五、列傳第二十五、呂不韋）

【原文二—金屋藏嬌】：漢陳嬰曾孫女，名阿嬌，其母爲武帝之姑，名館陶長公主。武帝幼時，長公主抱置膝上，問說：兒欲得婦否？並指阿嬌說：好否？帝笑答：若得阿嬌，當以金屋儲之。長公主大悅，後因成婚。帝既即位，立封阿嬌爲皇后。（南齊、王儉：《漢武故事》。又見：唐、陸龜蒙：《小名錄》）

【原文三—長門之怨】：樂府楚調曲名也，又名《阿嬌怨》。敘述漢武帝與陳皇后故事。《樂府詩集•長門怨•解題》曰：長門怨者，爲陳皇后作也。后退居長門宮，愁悶悲思。聞司馬相如工文章，奉黃金百斤，令爲解愁之辭。相如爲作長門賦，帝見而傷之，復得親幸。後人因其賦而作曲爲長門怨也。（宋、郭茂倩：《樂府詩集》）

【原文四—辛稼軒詞】：更能消、幾番風雨，匆匆春又歸去。惜春長恨花開早，何況落紅無數。春且住，見說道，天涯芳草無歸路。怨春不語，算只有殷勤，畫檐蛛網，盡日惹飛絮。◎長門事，準擬佳期又誤。娥眉曾有人妒。千金縱買相如賦，脈脈此情誰訴？君莫舞，君不見，玉環飛燕皆塵土。閒愁最苦，休去倚危樓，斜陽正在，煙柳斷腸處。（南宋、辛棄疾、號稼軒：《稼軒詞》、調寄摸魚兒）

一千萬買個好鄰居

我國朝代傳承，東漢以後是三國，三國統一爲晉朝，晉以後分爲南北朝，南朝由宋齊梁陳相繼。

南北朝梁朝時代，宋季雅（作過刺史）從南康郡（古南康郡在今江西贛縣西南）辭官回來，買了一棟住宅，地點選擇在呂僧珍家宅之旁側，兩家成了鄰居。

那呂僧珍，字元瑜，梁武帝（梁朝開國皇帝，名蕭衍）很器重他，任爲輔國將軍，命他隨時在皇宮內出入，宣通旨意，封以侯爵，死後謚爲忠敬。他有要他家人「快回蔥店去賣忽」的著名故事，《梁書》有他的傳記。

呂僧珍問宋季雅買這房子花了多少錢？宋季雅答道：「總共一千一百萬！」

呂僧珍怪他爲甚麼房價這樣貴？宋季雅笑著回應道：「我是只花一百萬買下這棟房子，但花了一千萬買個好鄰居。」

除了「昔孟母，擇鄰處」之外，唐朝白居易（七七二—八四六）與元稹（七七九—八三一）友好，世稱「元白」。白居易爲了要跟元稹爲鄰爲伴，特寄「卜鄰先贈詩」曰：「每因暫出猶思伴，豈得安居不擇鄰？」可見找個好鄰居的必要了。

本書第三十九篇「只爲一堵牆」，也是敘述三件「睦鄰」的故事，不妨對照一閱。

【原文—一千萬買好鄰居】：南北朝宋季雅罷南康，市一宅，居呂僧珍宅側。僧珍問宅價？答曰：一千一百萬。呂怪其貴。曰：一百萬買宅，一千萬買鄰。（唐、李㕓：《南北史續世說》、卷二、言語。又見：唐、李延壽：《南史》、卷五十六、列傳第四十六、呂僧珍傳）

【另文—督郵官廨不宜遷】：梁朝呂僧珍舊宅在市區之北，宅前有督郵廨（是督察糾舉佐吏過失的官衙）。鄉人咸勸徙督郵廨以益其宅。呂僧珍怒曰：督郵、官廨也，置立以來，便在此地，豈可徙之以益吾私宅？（唐、姚思廉：《梁書》、卷十一、列傳第五、呂僧珍）

三一根扁擔敗群盜

四川益都西郊鄉下，有位士人，娶了一房小妾，容貌婉麗，大妻對她十分兇悍，小妾並不介意，逆來順受，沒有怨言。

某天半夜，一夥強盜，呼嘯前來他家打劫。多人猛力衝擊門戶，幾乎就要撞破了。這對夫婦，又驚又恐，戰抖縮在床後，不知所措。

那小妾不慌不忙，暗中摸到一根挑水用的扁擔，開門縱身跳出，只見她杖舞風生，棍棒交響，不一會，四五個盜賊被她擊傷，趴在地上，仆跌呷唷，哀叫饒命。小妾拄著扁擔於地，喝道：「你等這般鼠輩，還値不得我動手，今晚饒你們一命，以後可不要再來討死！」這群匪盜，抱頭倉皇逃走了。

這場打鬥，兩夫婦都聽到了。盜賊去後，丈夫驚魂才定，怯怯地問她怎會有這番神功？小妾道：「我爹跟少林寺高僧習過武術，我都學到了眞傳。我一個人對抗百來個賊人沒有問題。」

那位大妻更驚駭莫名，且後悔以前不該苛待小妾，自此以後，敬愛有加了。（此外尚有「一言九鼎」「一飛冲天」「一筆勾銷」「一諾千金」「一把未熟稻」「一里種一樹」多篇，都請

閱《古事今鑑》，文史哲出版，本書不予重述）

【原文─妾擊賊】：益都西鄙某士人，娶妾甚美，嫡妻待之虐，妾甘受之，無怨言。一夜，群盜擁來打劫，撞其門扉幾壞。某與妻惶懼喪魄，不知所爲。妾起，暗摸屋中，得一挑水扁擔，開門遽出，以杖擊賊，傷四五人，傾跌咿啞，乞求饒命。妾拄杖於地，厲聲曰：鼠子不足辱吾刀杖，今放汝生路，後勿復來找死！賊去，其夫大驚，詢其何以能爾？妾曰：吾父受拳勇之技於少林高僧，妾盡得其傳，殆不啻百人敵也。大妻尤駭甚，悔向日之不遜，由是愛敬而善視之焉。（清、蒲松齡：《聊齋誌異》、卷十四、妾擊賊）

【另文─小妾賢】：益都西鄙人某娶妾，妾美，嫡遇之虐，日加鞭垂，妾甘受之，無怨。一夜，群盜入其居，夫婦惶懼不知所措。妾於暗中覓得一杖，開門逕出，以杖擊群賊，踣數人，餘皆奔竄。妾厲聲叱曰：鼠輩不足辱吾杖，且活汝命，勿再來討死。賊竄逃後，夫問何以能爾？妾告以其父故受拳勇之技於少林，以傳之女，百夫敵也。問何以受嫡之虐而不言怨，答曰：固吾分也，何敢言？自是夫婦皆重之，鄰里加敬焉，今尚在。（清、王士禎：《池北偶談》、賢妾）

「坐山觀虎鬥」，讓第三者等著收漁翁之利，得來輕易，最是妙法。尤其在國際之間，只講利害，罔有道義，這是常態。例如當今的海峽兩岸，互作軍備競賽，年耗血汗錢數百億，各不相讓，也正似本篇的二虎相爭，得利的恐怕是美日等國。掌國柄者，可得要溫習一下這段歷史故事才好。

四　二虎相鬥

戰國時代，韓國和魏國互相戰爭，長年都無法分出勝負而難以停戰。有人建議秦王（秦惠王在位），說由秦國出兵去干涉最好。但意見分爲兩派，一派主張愈早出師去解決愈省力，一派主張愈遲出兵對秦國愈有利。秦惠王兩難決斷，便請教國賓陳軫（善於游說，見事明快，是位名士），求取最佳決策（記述戰國的歷史各有不同，《史記》說是韓魏相攻，《戰國策》則說是齊楚交戰）。陳軫迂迴說道：

「可曾有人將『卞莊子刺虎』的故事告訴過大王嗎？

「從前有個大力士，名叫卞莊子（春秋魯國卞邑的大夫，極有勇力，齊人懼之，不敢侵魯。《論語．憲問》說：「卞莊子之勇，亦可以爲成人矣」），極爲神武，力可鬥虎殺虎。有一天，他見到山坡上有兩隻老虎，便想仗著利劍，前去刺虎。

「旁邊有個童子勸他說：『卞大夫且慢！你看，這兩虎正在同吃一幼牛，都想搶食好肉，一定會起爭執。爭執不下，就會相鬥。相鬥的結果，大的強的因鬥而受傷，小的弱的因鬥而死亡。到那時你再去刺那隻傷虎，一舉劍不就得著了兩隻老虎了嗎？』

「卞莊子認為有理，暫且站在山腰等候。一會兒，兩虎爭肉不讓，果然相鬥，強的鬥傷了，弱的鬥死了。卞莊子輕易的刺死傷虎，一劍竟獲兩虎之功（古人姓名並不確定，卞莊子在《戰國策》裡則說是管莊子，見本篇末之原文二）。

「今韓魏兩國互相攻戰，一年多了，誰也不能爭勝，勢必還會纏鬥下去。久戰的結果，強國必會傷殘，弱國終將敗亡。那時再對傷破之國用兵，一役就可降服兩國，輕易的得到上面所說卞莊子刺虎同樣的結果呀！」

這個故事高明，說詞也很清楚。秦惠王說：「好極了，等著瞧瞧再行動吧！」靜候的結果，正是大國破敝，小國敗亡。這時秦國才興兵，一舉將兩國都收服了。

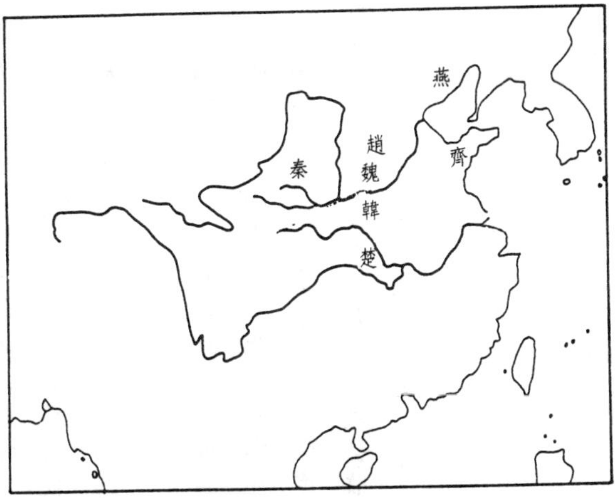

戰國形勢圖

【原文一──卞莊子】：韓魏相攻，期年不解。或謂秦王早救便，或曰晚救便。秦王不能決，問於陳軫。軫曰：亦嘗有以夫卞莊子刺虎聞於王者乎？卞莊子欲刺虎，館豎子止之曰：兩虎方且食牛，食甘必爭，爭則必鬥。鬥則大者傷，小者死。從傷而刺之，一舉必有雙虎之名。卞莊子以爲然，立須之。有頃，兩虎果鬥，大者傷，小者亡。卞莊子從傷而刺之，一舉果有兩虎之功。今韓魏相攻，期年不解。是必大國傷，小國亡，從傷而伐之，一舉必有兩實。此猶卞莊子刺虎之類也。秦王曰：善。卒弗救，大國果傷，小國亡，秦興兵而伐，大剋之。（漢、司馬遷：《史記》、卷第七十、張儀列傳第十）

【原文二──管莊子】：楚絕齊，齊舉兵伐楚。秦王謂陳軫曰：今齊楚相伐，或謂救之便，或謂救之不便，子其爲寡人計之。陳軫曰：王不聞夫管與之說乎？有兩虎相鬥者，管莊子將刺之。管與止之曰：今兩虎而鬥，小者必死，大者必傷。子待傷虎而刺之，則是一舉而兼兩虎也。以刺一虎之勞，而收刺兩虎之利也。齊楚戰，戰必敗，王起兵救之，是有救齊之利，而無伐楚之害也。（漢、劉向：《戰國策》、秦策二、楚絕齊篇）

五　二桃殺三士

賞賜少給一份，讓那些得賞的人互爭互鬨，就可以坐山觀虎鬥，黃鶴樓上看翻船，其智高矣。《樂府詩集・諸葛亮・梁甫吟》有詩詠曰：「一朝被讒言，二桃殺三士；誰能爲此謀，國相齊晏子。」李白也贊曰：「力排南山三壯士，齊人殺之費二桃。」

春秋時代，公孫接（又稱公孫捷）、田開疆、古冶子三人，同是齊景公朝中的武臣。三人極爲勇武，能徒手與猛虎格鬥，舉國上下，無人敢惹。

宰相晏嬰對齊景公說：「君王養的這三位勇士，對上不服膺君臣道義，對下不遵從長幼倫理，仗著武功蔑視一切，非國家之福，不如除掉的好。」

齊景公說：「這三個武夫，與他力拼只怕勝不過，派人暗殺恐怕刺不中，不知該如何是好。」

晏子因請齊景公將御果園裡希世珍貴的萬壽金桃，僅餘的兩枚熟桃，須贈給他們說：「這乃是皇宮大內蟠桃樹上結的大仙桃，今年只剩下這兩個了。請你們按照功勳的大小來享用吧！」

公孫接首先開言道：「我第一次與貔豹相搏，第二次和猛虎格鬥。像我這樣的勇武，應該有資格吃桃了。」站立起來，伸手拿了一個仙桃。

田開疆接著說道：「我帶領伏兵，幾次打敗入侵的敵國大軍，數度替國家救危。像我這樣的功勳，亦當可以吃桃了。」也拿了一個仙桃，站了起來。

餘下古冶子因未能搶先，十分不悅，嚷道：「我跟隨齊君，坐著御車，橫渡黃河。河底湧出一個大鼉，咬著君王御車左邊的驂馬，潛到砥柱山下的湍流裡去了。我逆水溯游了一百步，又順水追游了九華里，才找到巨鼉，硬將他斬了。我左手拖著驂馬之尾，右手擊著大鼉之頭，從水裡跳上來，渡口的人都喊叫著：這是河神顯威了。像我這樣的神武，最有資格享受仙桃了，你們何不乾粹把仙桃退回來呢？」古冶子抽出寶劍，按劍起立，昂然虎視。

公孫接和田開疆齊聲道：「我們的勇力比你小，功勞比你低，這是不自量。拿了桃子不讓，這是貪。起了貪心還不悔改，這是怯。」兩人都將桃子退回，刎頸而死。

古冶子見此情景，嗟嘆道：「他兩人都死了，我一人活著，這是不仁。自誇勇敢，大話傷人，這是不義。我恨這自私的劣行，若還偷生，這是無勇。」也自刎而死。

【原文—二桃殺三士】：公孫接、田開疆、古冶子共事景公，以勇聞。晏子曰：君之勇士，上無君臣之義，下無長幼之倫，不若去之。因請公使人少餽之二桃，曰：三子何不計功而食桃？公孫接曰：接一搏貔而再搏虎，若接之功，可以食桃矣。援桃而起。田開疆曰：吾伏兵而卻三軍者再，若開之功，亦可以食桃矣。援桃而起。古冶子曰：吾嘗從君濟於河，黿御左驂，以入砥柱之流。冶逆游百步，順流九里，得黿而殺之。左操驂尾，右挈黿頭躍出。津人皆曰：河伯也。若冶之功，亦可以食桃矣。二子何不反桃？抽劍而起。公孫接田開疆曰：吾勇不子若，功不子逮。取桃不讓，是貪也。然而不死，無勇也。皆反其桃，挈領而死。古冶子曰：二子死之，冶獨生之，不仁。恥人以言而夸其聲，不義。恨乎所行，不死，無勇。亦反其桃，挈領而死。（齊、晏嬰：《晏子春秋》、卷第二、內篇諫下）

【另文一——魯昭公訪齊】：魯昭公率叔孫婼來訪齊國，齊景公率晏子設宴相陪。晏子曰：園中金桃已熟，可命薦新。景公曰：此桃名萬壽金桃，亦名蟠桃，今歲結有數顆，特與賢君共之。晏子獻上六枚，魯公景公各取一，叔孫晏子各取一。尚餘二桃，賜殿下三勇士曰：功深勞重者，可食此桃。公孫捷曰：吾力誅猛虎，當食一桃。古冶子曰：吾曾斬妖黿，當食一桃。田開疆曰：吾伐徐國，斬其名將，俘五百人，反不能食桃，爲萬代恥笑，有何面目立朝耶？揮劍自刎而死。公孫捷曰：我微功而取桃不讓，非廉也。視人死而不能從，非勇也。亦自刎。古冶子呼曰：二人已亡，吾何獨活？亦自刎而亡。（明、余邵魚原撰：《列國志傳》、嗣由明、馮夢龍改編爲：《新列國志》，又經清、蔡奡刪訂爲：《東周列國志》、第七十一回）

【另文二——古冶子斬黿】：齊景公渡河，偶沉，黿銜左驂沒之，眾皆惕。古冶子獨仗劍從之。斜行五里，逆行五里，至於砥柱之下。左手持黿頭，右手夾左驂，燕躍鵠踴

而出。仰天大呼，水爲逆流三百步。觀者皆比於河伯。（明·蕭良友：《龍文鞭影》、初集、卷上）

【另文三—三千歲結桃】：西王母又命侍女取桃。須臾，侍女以玉盤盛桃七枚上殿，大如鴨子，形圓、色絳，以呈王母。西王母曰：此乃仙桃，三千歲才一結果。（漢·班固：《漢武帝內傳》）

【另文四—皇宮種仙桃】：昔時皇宮御苑中所種之桃也叫仙桃。杜甫《奉和賈至舍人早朝大明宮》七律曰：「五夜漏聲催曉箭，九重春色醉『仙桃』，旌旂日暖龍蛇動，宮殿風微燕雀高……」（清·仇兆鼇：《杜詩詳註》、卷五）

六　二豎在膏肓

壞蛋躲在安全隱秘的地方，別人便沒法奈何他。

春秋時代，魯成公十年。晉國國君生了重病，向秦國求請名醫。秦國特派一位技術高超的有名大夫叫「醫緩」的趕來治病。

醫緩將要抵達晉國之前，晉君作了一個怪夢。他夢到自己生病的病源竟然是兩個頑劣的狡童在身體裡作怪。這兩個頑童正在商議秦國的醫緩就要到了，他倆該怎麼辦？

一個頑童說：「醫緩是天下知名的國手，他若一來，恐怕你我會遭受致命之傷，不如趁早逃跑爲好！」

另一頑童說：「不必逃嘛！只要我倆躲在橫隔薄膜之上，和心臟膏脂之下，就很安全了，醫藥其能奈我何？」

醫緩來到晉君的王宮，仔細把脈之後，診斷道：「這病很難醫治：病的根源在你的鬲上脆膜與心下微脂之間。這個區域，深邃、荏弱、隱秘而且敏感。如果使用凶猛的烈藥，藥力太強，身體會受到極大傷害，這是不可以的。如果只用舒緩的溫藥，藥效又太弱，藥性不夠，力量是達不到的。遇到這種兩難的情況，天下良醫都不可能施以任何作爲。只有十分抱愧的了。」

晉君聽罷這番解說，印證先不久的夢境，兩相符合，歎口氣道：「你診斷如神，眞不愧是位良醫也。」命侍臣贈以厚禮，送他歸去。到這年六月丙午日，晉君便歸天了。

【原文一—春秋】：成公元年，春王正月，（魯成）公即位。六月、丙午、晉侯獳卒。（孔子：《春秋》、卷之九、成公十年）

【原文二—左傳】：晉侯疾病，求醫於秦。秦伯使醫緩爲之。未至，公夢疾爲二豎子，曰：彼良醫也，懼傷我，焉逃之。其一曰：居肓之上，膏之下，若我何？醫至、曰：疾不可爲也，在肓之上，膏之下；攻之不可，達之不及，藥不至焉，不可爲也。公曰：良醫也。厚爲之禮而歸之。六月、丙午，晉侯卒。（魯、左丘明：《左傳》、成公十年）

七　三次坐首席

夜郎自大的傖夫，每每輕視別人，以爲自己了不起，一旦遇到大師高士，又嚇得心驚膽顫，眞是可憐又不值得替他可憐。

清代王杰（字偉人，號畏堂，死後清廷賜謚文端，有《葆醇閣集》《惺園易說》行世），陝西韓城人，乾隆廿六年狀元及第。授修撰，累官東閣大學士、任刑部尚書、加太子少保，位極人臣之榮。因爲不願與奸臣和珅（滿人，大貪官）同朝共事，便辭官退休還鄉。但他閒住家中久了後，又感無聊，就暫時前往鄰縣去屈就某位富有鄉紳家的教席，來消遣時日。

某天，那鄰縣的知縣因事下鄉，這位富有鄉紳擺開宴席款待縣長，順便禮貌的也邀王杰老師作陪。入席時，該縣長本是主客，但他假意表示謙讓，先請王老師上坐。王杰沒有推辭，就逕行昂然坐上了首位。

那位知縣本意只是虛讓，見王杰竟然自認爲是老大，把縣長比低了，心中大不高興。在宴席中，就很不禮貌的問王杰道：「請問老夫子，一生坐過幾次首席？」

王杰說：「三次。」

縣長接著問道：「那第一次是爲何坐首席？」

王杰說：「新婚宴。」按禮俗，結婚大喜，新郎倌必坐首席。

縣長又問：「那第二次是爲何坐上了首席？」

王杰說：「瓊林宴。」按進士在京城殿試及第後，皇帝賜新科進士御宴於瓊林苑，故叫瓊林宴。王杰是第一名，稱爲狀元，狀元該當坐首席。

這已是難得的殊榮了，小小縣官算老幾呢？但這還嚇不倒縣長。他不死心，率性問到底：「請問老夫子，那第三次是爲何事坐上首席的呢？」

王杰說：「功臣宴。」

此話一出口，驚得那位縣令以及鄉紳都面如土色，魂不附體。經低聲懇求賜予教誨解釋，才知道這位王老夫子原是朝廷的太子少保，當乾隆皇帝在朝時，參贊大臣兆惠（姓吳雅，字和甫，滿州正黃旗人，赴新疆伊犁，擊敗厄魯特，封一等公，卒謚文襄）平定新疆之亂，得勝還京，皇帝賜宴慶功。那時王杰在軍機處，寵任軍機大臣，官位最高，資歷最老，故由他坐上正首席之位。

這等國家大事，絕非等閒小可，如果有絲毫假冒，是要殺頭的。眼前這位王老夫子，當年可算是皇朝中的第一號人物。如今虎威應當還在，哪敢再行唐突造次。知縣與鄉紳戰戰兢兢，恭謹陪侍。終席後，哪敢屈留他，兩人敬送王杰返回韓城老家去了。

【原文—首席】：王杰、韓城人，乾隆狀元，累官東閣大學士、刑部尚書、太子少保，極人臣之榮。因拒與和珅同朝，乃辭官還鄉。居家無事，暫往鄰縣某鄉紳家權任教席。一日、該縣知縣下鄉，鄉紳宴請，順邀王杰作陪。知縣假示謙讓，先請王上坐，王即逕坐首席。縣長不悅，席間問道：老夫子一生坐過幾次首席？王答：三次。接問第一次爲何？答完婚。續問第二次？答瓊林宴。再問第三次？答功臣宴。此語一出，縣令面色如土。因虔請教益，乃知王係太子少保，乾隆朝時，兆惠平定新疆，聖上賜宴慶功。王在軍機處，任軍機大臣，官高資深，應坐正首席。此事絕無虛假。知縣與鄉紳戰戰兢兢，宴後恭送王杰回返韓城。（清、朱秋雲：《秋暉雲影錄》、卷下）

【另文一——洗馬】：楊守陳（明景泰進士，明孝宗爲吏部右侍郎）以洗馬（司經局洗馬，朝廷官位名，掌宮廷經籍）乞假覲省，行次一驛站，住上舍。其丞不知楊公爲何官？與坐抗禮。卒然問曰：公職洗馬，曰洗幾馬（錯認是洗刷馬匹，問他每天洗多少匹馬）？公漫應曰：勤則多洗，懶則少洗。俄報一御史將至，丞乃促令讓上舍處之。公曰：待其至而讓未晚也。比御史至，則公之門人也（是楊的學生），跪叩起居。丞乃匍伏乞罪，楊公渾不之較。（明、鄭瑄：《昨非庵日纂》、汪度第十）

【另文二——宰相】：杜衍，宋仁宗時爲宰相。退休後，一日，去河南府衙作客，適府尹外出，乃暫在接待室等候。恰遇一富貴家子弟入室，見杜衍坐著，不曾起立揖手見禮，大爲不悅，質問道：你這老頭，原是甚麼芝麻官？見了本公子，爲何大刺刺坐著，你以前是幹甚麼差事的？杜衍微笑，心平氣和答道：同中書門下平章事（宋代宰相之稱謂）。（清、朱綱正：《湘濱漫話》）

八　三字經的注解多

從前幼童初入私塾啓蒙唸書，第一本讀本可能就是《三字經》。因爲每句都是三個字之故。由於通篇押韻，乃可琅琅上口。又因句子精短，就易於熟記。是一本普及通用的好教材。

這書的作者，有一說是宋代的王應麟（九歲通六經，淳祐進士，著作很多），另一說是宋末的區適子（字正叔，博通經史），又有人說是黎貞（字彥晦，從游者眾），都還沒有確論。全書文句很多，此處不便全引，僅將起首及末尾各四句錄如下述：

人之初　性本善　性相近　習相遠……

勤有功　戲無益　戒之哉　宜勉力

《三字經》言簡意賅，包羅萬象，既能開竅啓蒙，又可廣增識見，它的文意，首先勸人向學（子不學，非所宜），勉人孝悌（首孝弟，次見聞），然後求得知識（知某數，識某文），接觸四書（小學終，至四書），攻讀六經（如六經，始可讀），明諸子之義（經既明，方讀子），繼而熟習歷史（經子通，讀諸史），效法勤學的人（如負薪，如掛角），最後學以致用（幼而學，壯而行），做到揚名聲顯父母的光前裕後的境界。循序而進，步驟完整。

由宋、元、明、清、到民國，朝代延長了，《三字經》中的歷史部份，便由各代陸續增添了下面各段：

炎宋興　受周禪　十八傳　南北混
遼與金　皆稱帝　元滅金　絕宋世
太祖興　國大明　號洪武　都金陵
迨成祖　遷燕京　十六世　至崇禎
閹亂後　寇內訌　李闖出　神器終
清順治　據神京　至十傳　宣統遜
革命興　意氣雄　廢帝制　效大同
舉總統　共和成　復漢土　民國興

但後人認爲上述所加的尚未盡善，因再作修改及增加如下：

遼與金　皆稱帝　元滅金　絕宋世
輿圖廣　超前代　九十年　國祚廢
太祖興　國大明　號洪武　都金陵
迨成祖　遷燕京　十六世　至崇禎
權閹肆　寇如林　李闖出　神器焚
清世祖　膺景命　靖四方　克大定

由康雍　歷乾嘉　民安富　治績誇

道咸間　變亂起　始英法　擾都鄙

同光後　宣統弱　傳九帝　滿清歿

革命興　廢帝制　立憲法　建民國

古今史　全在茲　載治亂　知興衰

史雖繁　讀有次　史記一　漢書二

後漢三　國志四　兼證經　參通鑑

近代國學大師章太炎（一八六九—一九三六，名炳麟，曾任總統孫中山先生顧問）對原版《三字經》又作了修正，他在序言中說：「這本書對兒童啓蒙知識的大略，已算完備。但人物範例，還未妥當切要。明清兩代所增補的文詞也都鄙陋。經重爲修訂，增加的約爲三分之一，更改的約爲百分之三。」例如他添加了天干地支，黃道赤道，江河淮濟，五嶽四民，醫卜堪輿，植物動物，五色五味，五臭四聲，三黨五服等等。至於對原有的字句，章氏也作了改正，或更動次序。書店中可以買到章氏的修正本。他又說：「余觀今諸校學生，幾並五經何名？歷朝何序而不能舉，而大學生有不識周公者……若所以啓小子者，則今之教科書，固弗如三字經遠甚也。」可見他用心之深與期望之切了。

本書由於流通廣，影響初學者很深，於是歷代有心學者，先後都給它作注、釋，作疏、解，作增補，予以重訂、加廣的有許多，今僅摘其重要的列下：

《三字經注》—趙南星　明代刊本，收入《味檗齋遺書》
《三字經注解備要》—賀興思　清同治十年刊本
《三字經集注音疏》—佚　名　清光緒三年劉氏校經堂刊本
《增補注釋三字經》—連　恒　清道光二十二年刊本
《廣三字經》—蕉軒氏　清光緒七年廣仁堂刊本
《重訂三字經》—章炳麟　雙流黃氏濟忠堂刊本
《女三字經》—朱浩文　東聽雨堂刊本
《台灣三字經》—王石鵬　台灣銀行《台灣史料叢刊》
《光復新編台灣三字經》—廖啓章　民國三十四年台南五原公司出版部

以上尚未盡舉。由此可證大家對它的重視。申言之，這本《三字經》，把爲學及做人的大原則大方向都概括說明了，應是一本內容淺近文詞曉暢的好書。加上還有這麼多的學者花下時間精力來替它作注釋修訂補充，原書定然有其價值。它除了已有英、日、韓等國的翻譯讀本之外，另有蒙漢三字經、滿漢三字經、時務三字經及共和三字經等。時至今日，這本書仍能以各種不同的版本和面貌（有的彩印，有的插圖，有的注音，有的附敘故事），長期佔據在書店的櫃架上，哪可輕視？不但幼童可作課外讀物，大人也不妨抽暇涉覽呀！

【原文一—撰、續、重訂】：三字經，舊時童蒙誦習之書，以三字爲句，故名。世傳王應麟撰，或謂區適子撰。又邵晉涵詩：讀得黎貞三字訓。注：三字經黎貞撰。又今本有清太祖等語，是乃清人所「續」也。近代章炳麟有重訂本，「序」謂是書所以啓蒙稚者略備，然諸所擧人事部類，其切者猶未具，明清人所增尤鄙，於是重爲修訂，增入者三之一，更定者亦百之三四云。（台灣中華書局：《辭海》、大字修訂本、上册、三字經）

【原文二—王應麟撰】：迨年十七，始知其（三字經）作自先生（按指王應麟），因取文熟復焉，而歎其要而賅也。（宋、夏之翰：《小學紺珠序》）

【原文三—區適子撰】：童蒙所誦三字經，乃宋末區適子所撰。區適子廣東順德登州人，字正叔，入元，抗節不仕。（清、屈大均：《廣東新語》、十一）

【原文四—不是王撰】：王應麟平生尊蜀抑魏，不當於三字經中云「魏蜀吳，爭漢鼎」。按：據此，則非應麟所撰，原撰人當爲區適子矣。（清、胡鳴玉：《訂譌雜錄》）

【原文五—宋元明人撰】：三字經、初疑宋元人作。及得里中熊氏所藏大版三字經，蜀人梁應井爲之圖，聊城傅光宅侍御史爲之序；較之坊本，多「胡元盛，滅遼金。承宋統，十四君。大明興，逐元帝。統華夷，傳萬世」八句。又「十七史」改爲「十九史」，乃知出於明人，究未知誰氏也。明神宗居東宮時，曾讀此書。另按三字經相傳爲宋儒王伯厚（王應麟）所作，至後代遞增之。（明、蕭良有：《龍文鞭影》、初集、卷下、經傳御史條）

九　三計同用退齊兵

做首長的，自己不精明不要緊，必須有好的智囊團。包括講信修睦的人（履行諾言不渝），有長於武略的人（可以守土抵抗），有會辦外交的人（尋求國際支援），使弱國也可對抗強國。

戰國時代，楚襄王做太子時，被當作人質（將皇子押住在對方國家以結盟或取信，叫人質），留在齊國。後來他父親楚懷王死了，太子要回國繼承王位。齊閔王趁機提出苛刻要求：「你須割讓東邊五百里土地給我，才准你回去。」

楚太子不知如何應付，回頭請教大思想家慎子（名慎到，著有《慎子》一書，是位法家），慎子說：「回國繼位重要，任何條件，答應好了。」

太子允諾割地五百里，順利回到楚國，即位為楚襄王。齊國隨即派來使臣，索取承諾割讓的東疆土地。

楚襄王問慎子：「我該怎麼對付呢？」

慎子道：「你明天上朝，要群臣都出個主意好了。」

第二天，楚襄王徵詢各大臣的意見。

子良說：「既然允許了，不能不給。但給他以後，仍可再去奪回它。給他是我們守信用，攻他是我們有武力。」

昭常說：「土地豈可輕易送人？請准派我去死守。」

景鯉說：「東土是祖先所留，當然不能平白給他。但孤軍獨守，必也艱困。我願意西往秦國，求請援軍助戰。」

諸大臣退朝後，楚襄王將各人的意見告訴愼子，問道：「誰的計策可用？」

愼子道：「三人之計統統可用。」

楚襄王不高興，質問道：「你這敷衍的話是甚麼意思？」

愼子解釋說：「不要生氣，請聽我來分析：這三位大臣的意見都不錯。子良主張割地，你明天就派他往齊國獻地。昭常既主張死守，你過一天，就令他去守護。景鯉是主張求援的，你再過一天，就遣他赴秦國請兵，這不是三計都用上了嗎？」

楚襄王欣然喜道：「這樣的確很好，我就照辦是了。」

子良派往齊國，獻上土地圖籍，履行割地諾言。齊王帶領兵卒，前往接收土地，卻見昭常駐了重兵固守。昭常說：「我奉令保土衛民，絕不會怠忽責任。誰敢逞強侵奪，我必誓死抵抗。」

齊閔王質問子良：「你來向我獻地，如今昭常卻要死守，這是怎麼回事？」

子良回道：「我啓行那天，是楚王親口決定獻地，派我來你齊國，沒聽說還有其他的變故。這昭常想必是假冒聖旨來阻攔，你若要武力進攻，隨你決定好了。」

齊閔王打算攻擊昭常奪地，豈知景鯉向秦國請來了五十萬大軍，兵臨齊國右邊國境，罪怪齊閔王說：「你留難楚太子不讓他歸國，是不仁。又想強奪五百里土地，是不義。像這種不仁不義的行爲，在國際間是不能容許的。我秦國特意派來此正義之師，要討個公道，與你決戰。」

齊閔王耽心腹背受敵，勝算不高，就罷兵回去了。（此外尚有「三人成虎」「三豕涉河」「三年壞話」「三遷擇鄰」「三黜三升」「三鏡失一」「周處三害」諸篇，都請見拙撰《風雨見龍蛇》，文史哲出版，本書不重述）

【原文一──慎子內篇】：楚襄王爲太子，質於齊。楚懷王薨，太子欲歸。齊王隘之曰：予我東地五百里乃得歸。太子退而問慎子。對曰：獻之。太子歸，即王位。齊使來取地，楚王問慎子曰：奈何？對曰：王明日朝群臣，令皆獻計。子良曰：不可不予也，請予而復攻之。予之信，攻之武。昭常曰：不可予也，臣請守之。景鯉曰：不可予，然不能獨守，臣請求救於秦。諸子出，王以三子計告慎子曰：誰計可用？對曰：皆用之。王拂然曰：何謂也？對曰：臣請畢其說：王遣子良獻地於齊。明日、遣昭常往守。又明日遣景鯉索救於秦。王曰：善。子良至齊獻地，齊王發兵受地。昭常曰：我典主東地，誓以死守。齊王謂子良曰：子來獻地，今昭常守之，奈何？子良曰臣受命於王，常矯也，請攻之。齊王興兵伐昭常。強秦以兵五十萬臨齊，責曰：夫隘楚太

子弗歸不仁，又欲奪地不義，願戰。齊王恐，罷還。（戰國、愼到：《愼子》、內篇）

【原文二─國策楚策】：楚襄王爲太子之時，質於齊。懷王薨，太子辭歸。齊王曰：予我東地五百里，乃歸子。太子曰：臣請退而問傅。傅愼子曰：獻之，愛地而不送死父、不義。太子歸即位，齊來取地。楚王謂愼子曰：爲之奈何？曰：王明日朝群臣，皆令獻計。子良曰：不可不與也，請與而復攻之。昭常曰：不可與也，常請守之。景鯉曰：臣請西求救於秦。王以三大夫計告愼子曰：誰用於三子之計？愼子曰：皆用之。王拂然作色曰：何謂也？愼子曰：臣請效其說：王發子良獻地於齊；明日、遣昭常往守；明日、遣景鯉西索救於秦。王曰：善。子良至齊，齊以兵甲來受地。昭常曰：我典主東地，且與死生。齊王謂子良曰：大夫來獻地，今常守之，何如？子良曰：臣受命於王，是常矯也，王攻之。齊王興兵攻東地，秦以五十萬臨齊右壤，曰：夫隘楚太子弗出，不仁；又欲奪東地五百里，不義。願戰。齊王恐焉，患乃解。（漢、劉向：《戰國策》、楚策、楚襄王爲太子篇。又見：明、馮夢龍：《增廣智囊補》、卷下、術智篇）

一〇 三藥商和三縣長

本篇原文撰者劉基（一三一一—一三七五），進士及第，助朱元璋打天下，開創了大明江山。他看遍了官場百態，提早退休，隱居青田山，化名「郁離子」，寫出二百個滿含深意的故事，留給我們去體會。又據說：《燒餅歌》（亦稱《帝師問答歌》）也是他作的，用隱語以歌謠體預言數百年後世的治亂，十分神奇。以下是《郁離子》故事之一。

四川省有三個賣藥材的商人，都在市區開店。藥商甲專賣好藥。他將藥材進貨價加上微薄利潤就定為賣價，公道而不肯多賺。藥商乙則好藥劣藥都賣，價格是看顧客出價的高低而用良藥或劣藥付給客人。至於藥商丙則賣的全是劣藥，價格定得很低，稱重時客人要求添加一些也照給而不計較。因此顧客都喜歡到藥商丙的店裡來買，他的門限由於太多客人進出踐踏，木面磨凹很快，幾乎每個月要換新一次。

三個藥商比較的結果是：藥商丙的生意太好，一年多以後，變成了大富翁。至於藥商乙的顧客雖然略少，兩年後也變富有了。只有藥商甲，向他買藥的人寥寥無

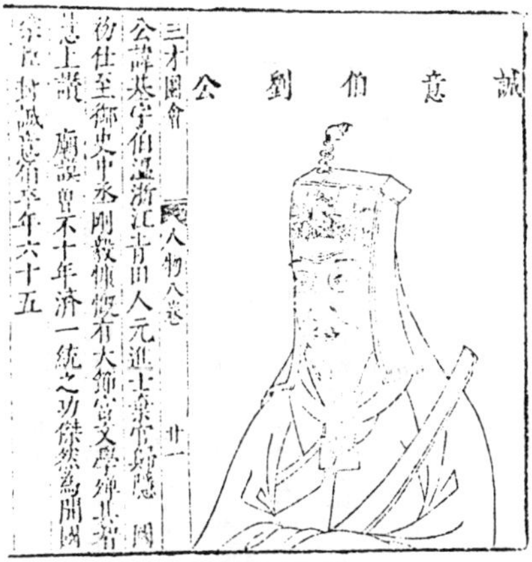

劉伯溫像

幾，白天的顧客如同晚上一樣的稀疏，以致他早飯吃過經常耽憂晚餐沒有著落。

郁離子（劉基自稱）觀察到這番情況，不禁歎息道：「如今讀書爲官的人，是不是也像這樣的呢？我聞知從前楚國邊境上有三個縣的縣太爺，其中甲縣長操守廉潔，不貪錢，上級長官不喜歡他。當他罷官離任時，竟然連雇船回鄉的租金都窮得付不出，別人都笑他是個書呆子。至於乙縣長則見到可以貪婪的錢才拿，百姓也不覺得他搞錢太過分，有時還稱贊他精明能幹。唯有那丙縣長則見錢就要，無事不貪，一面塡飽自己的私囊，一面也孝敬上級的長官，居然任職不到三年，就被舉拔升任高職去了。這豈不是不合理嗎？」

他說的這兩組人物，可以列成簡表，顯示如下：

三藥商	←作法	←結果
甲	專賣良藥、利潤微薄	不能吃飽
乙	有良有劣、隨客所需	兩年也富
丙	全賣劣藥、價賤賣多	一年大富

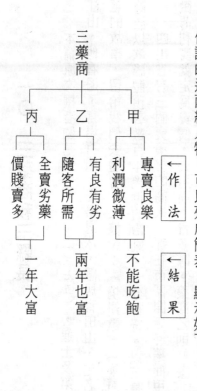

三縣長

	作法	結果
甲	廉潔不貪污 長官不喜歡	回鄉無路費
乙	能貪的才要 別人不介意	稱他是賢官
丙	一切錢都貪 向上級送禮	三年高升了

【原文】：蜀賈三人，皆賣藥于市。其一人專取良，計入以爲出，不虛價，亦不過取贏。一人良不良皆取焉，其價之賤貴，惟買者之欲，而隨以其良不良應之。一人不取良，惟其多賣，則賤其價，請益、則益之，不較。於是爭趨之，其門之限，月一易，歲餘而大富。其兼取者，趨稍緩，再歲亦富。其專取良者，肆日中如宵，旦食而昏不足。郁離子見而歎曰：今之爲士者，亦若是夫？昔楚鄙三縣之尹三，其一廉，而不獲于上官，其去也，無以僦舟，人皆笑以爲癡。其一擇可而取之，人不尤其取，而稱其能賢。其一無所不取，以交于上官，則不待三年，舉而任諸綱紀之司，不亦怪哉？

（明、劉基：《郁離子》、卷上、蜀賈）

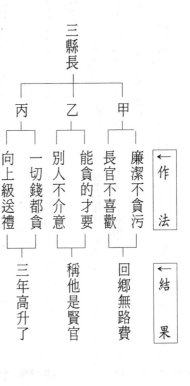

不該得的絕不要。楊震拒受儻來之金，長爲我們佳範。

一一　四知不受贈金

東漢楊震（公元五四—一二四），字伯起。小時家境貧窮，但他努力向學，終於熟通經史，博覽群書，成爲一代大儒。許多學者都敬佩他，尊稱是「關西孔子楊伯起」（關西指函谷關之西，伯起是楊震的字號）。

他傳經受業二十多年，不接受郡縣的延聘作官之請，和州府徵辟出仕之命，促使他的志節更加誠篤。那時朝中大將軍鄧騭（?—一二一，漢和帝的國舅，封上蔡侯）聽聞他的賢名，便向朝廷推薦，皇上授官任職，不好拒絕。他做過荊州刺史（在湖北省），又調東萊太守（在今山東半島）。當他由湖北往山東赴任途中，道經昌邑縣（在今山東），天色已晚，便在昌邑過夜。

楊震以前的門生，由他薦舉的荊州茂才（就是秀才，因避光武帝劉秀之諱而改稱茂才）王密，恰巧任昌邑縣長。晚上，王密獨自帶著黃斤十斤來拜見他，只爲報答提拔之恩，獻上金錠，請楊震收下。

楊震說：「你我相知如此之久，我了解你，你爲何還不了解我呢？」拒收私贈。

王密柔聲道：「在這夜裡，沒人知道！」

楊震正色說道：「天知、地知、你知、我知，怎說無人知道？」

暮夜獻金，僅是酬德，非關請託，不涉求官。但老師廉正莊嚴，說得王密面慚，帶著黃金回去了。至今楊姓族裔稱爲「楊四知堂」便是這樣來的。

【原文】：楊震孤貧好學，通達博覽，諸儒爲語曰：關西孔子楊伯起。教授二十餘年，不答州郡禮命。而震志愈篤。騭聞而辟之，累遷荊州刺史，東萊太守。當之郡，道經昌邑，故所舉荊州茂才王密，爲昌邑令，夜懷金十斤，以遺震。震曰：故人知君，君不知故人，何也？密曰：暮夜無知者。震曰：天知、地知、我知、子知，何謂無知者？密愧而出。（見㈠宋、司馬光：《資治通鑑》、卷四十九、漢紀四十一。又見㈡宋、范曄：《後漢書》、卷八十四、楊震列傳。又見㈢清、尹會一：《四鑑錄》、卷一、師儒）

楊震像

一二　四鐵御史

從前的讀書人，多有剛烈之士。唐朝顏杲卿（六九二—七五六）舌頭被割，仍然罵反賊安祿山不絕。明代楊繼盛（一五一六—一五五五）奏劾仇鸞遭貶官，後又彈劾大奸臣嚴嵩五奸十大罪，被陷害下獄而死。這都耳熟能詳。不須多錄，以免惹來炒冷飯之譏。今茲另舉馮恩一例，藉以激勵風操。

明代馮恩，父親早故，母親吳太夫人親自教讀，明世宗嘉靖五年（一五二六）登進士榜。又拜王守仁門下為學生，後任南京御史。

御史職司彈劾，他不畏權勢，極力揭發大學士張孚敬、方獻夫、及右都御史汪鋐三人的不法奸情。他的奏疏說：「張孚敬剛惡凶險，方獻夫播弄威福，汪鋐如鬼如蜮，皆須殺之。」措辭激烈。

皇帝見到奏疏，大怒，把馮恩打下錦衣衛，關入監牢，要治以死罪，屢受嚴刑拷打，馮恩意志毫不動搖，言詞絕無改變。

大審時，那如鬼如蜮的汪鋐竟然獲派充任主審官，他高踞法庭，面朝東坐。吏卒押來馮恩，強力迫他面朝西跪。馮恩不肯屈膝，還大聲數落汪鋐的罪狀。旁觀的人都歎道：

「這位馮恩御史，不但他的口是鐵，他的膝頭、他的膽識、他的傲骨都是鋼鐵鑄就的。」因此稱他爲「四鐵御史」。

審判久難定案。馮恩的長子馮行可，那時還只有十三歲，他刺破手指，寫就血書，上訴朝廷，願意以身代父受死。感動了皇帝，將馮恩充軍，遠戍雷州。隔了六年才遇赦回來，明穆宗時，任官大理寺丞，享年八十一歲，有《芻蕘集》傳世。

【原文】：明代馮恩，幼孤，母吳氏，親督教之，嘉靖五年進士，擢南京御史。馮極言大學士張孚敬、方獻夫、右都御史汪鋐三人之奸，上疏謂：孚敬剛惡凶險，獻夫播弄威福，汪鋐如鬼如蜮，皆該斬首。帝閱疏，大怒，馮恩下錦衣獄，論死。日受搒掠，馮語卒不變。及朝審，鋐東向坐，令拽恩向西跪。恩不屈，且罵鋐，歷數其罪。觀者皆曰：是御史非但口如鐵、其膝、其膽、其骨，皆鐵也，因稱四鐵御史。長子行可，刺血上書，請代父死。帝覽疏感動，乃得戍雷州。越六年，遇赦還，年八十一卒。（清、張廷玉：《明史》、卷二百九、列傳第九十七）

一三 五個妃姬同死節

明末朱術桂（?—一六八三），字天球，是明太祖朱元璋（一三二八—一三九八）九世孫遼王朱植的後代。

清兵入關，破揚州，明兵部尚書史可法戰死。清順治二年（一六四五）明將鄭芝龍（鄭成功之父）擁戴唐王在福州爲帝，建元隆武，封明朝宗室朱術桂爲「寧靖王」。永曆十八年春天，朱術桂以明朝王爺身分渡海來到台灣，鄭經（?—一六八一。鄭成功之子，繼承父親王位，統治台灣）替他在台南建造王宮居住，按期供給錢糧俸祿。

一六八一年，鄭經死了，兒子鄭克塽繼位，一六八三年清朝提督施琅進攻台灣，佔領澎湖，鄭克塽無力抵禦，商議降清。朱術桂身爲明室皇族貴裔，守義不肯投降滿清受辱。他召集王府五位妃嬪宣告說：「我已決心死節了，你們還很年輕，仍可各謀生路。」

妃嬪都答道：「王爺決意殉國，我等也不願失節。王爺若在，我們也在；王爺若死，我們都死。請各賜白綾一段（自縊用的帛綢），一同跟隨王爺殉節好了！」

這一年，降表（投降的公文）遞出的那一天（康熙廿二年六月廿二日），朱術桂對袁妃、王妃、及媵婢秀姑、梅姐、荷姐說：「今天就是殉國的限期。」府中預備了六具棺材，各人沐浴潔身，換穿了整齊的服飾，五位妃姬都自縊了，朱術桂也自縊死了。

台灣各界獲知這項哀訊，既悼共死之悲，也欽五女之烈，因將五具女棺，合葬在承天府（鄭成功開闢台南爲承天府，等於首都）郊外的桂子山，名曰「五妃墓」，另建有「五妃祠」以供悼念（祠址原在承天府外之南郊，其後市區擴展，如今已是台南市南區的五妃街了）。祠前端門刻有門聯曰：「芳祠永傍城南路，玉骨長埋桂子山。」正殿刻聯云：「王盡丹心妃盡節，地留青塚史留芳。」祠殿落成時爲丁卯二十六（一六八七）年十月。

【原文】：朱術桂，明太祖朱元璋九世孫遼王之後也。鄭芝龍尊明代之後裔唐王爲帝，封術桂爲寧靖王。十八年春，渡海來台，鄭經爲築王宮，供歲祿。永曆三十七年，清軍破澎湖，鄭克塽議降。術桂以天潢貴胄，義不可辱，召姬妾而告曰：孤死有日，若輩幼艾，可爲計也。妾侍僉云：王既全節，妾等寧甘失身？王生俱生，王死俱死；請先賜尺帛，死隨王所。既而降表發，術桂謂妻妾袁氏、王氏、媵婢秀姑、梅姐、荷姐曰：是死日矣。乃備六棺，各沐浴更衣，五姬自縊，術桂亦自縊。台人聞而哀之，葬姬妾於承天府郊外之桂子山，台人稱之曰五妃墓。（民國、台灣省文獻會編印、張炳楠主纂：《台灣省通志》、卷七、人物誌、民族忠烈篇、第一章、明代）

【另文】：施烺於康熙二十二年六月十九日破澎湖，七月十三日自澎湖進兵，十九日至鹿耳門入台灣，二十二日，延平王鄭克塽，奉故明魯王第八子朱柏、朱慈、熿侯劉國軒等，奉表歸降。寧靖王朱術桂一門八口，即日自盡。（清、劉獻廷：《廣陽雜記》）

一四 五道齊備稱大盜

善惡邪正，是非黑白，道理站在哪一邊呢？這要看你怎樣去解釋它。

春秋時代，魯國有位坐懷不亂君子叫柳下惠（姓展名禽，字季。居柳下，謚惠）。可惜的是，他有個壞蛋弟弟，叫盜跖（音質，史記伯夷傳索隱正義作蹠），殺人越貨（越是搶劫），無惡不作，嘯聚盜匪九千人，橫行天下，沒有人可以制服他。

有一天，盜跖的徒衆問他這位強盜首領說：「我們做強盜的，也會合於『道』嗎？也會有『正道』可以解釋我們的行徑嗎？」

強盜頭子盜跖慨然說：「做任何一樁事都要合於『正道』呀！我們當強盜的，雖然別人指責我們爲非作歹，但在我們這個團體內面，哪一個動作不是合於『道』的呢？譬如說：第一、在盜取別人家裡的財物，事先要準確猜斷他的屋內有沒有珍寶藏著，這豈不是『聖』嗎？第二、領先第一個翻牆越壁，冒險潛行進屋，這豈不是『勇』嗎？第三、財物盜夠了，讓同伴先走，自己最後才離開危險出來，這豈不是『義』嗎？第四、決定時間，見機行事，斷定今晚可盜不可盜，這豈不是『智』嗎？第五、公平分贓，參加者人人有份，皆大歡喜，下次還想跟隨你，這豈不是『仁』嗎？以上『聖、勇、義、智、仁』五項準則，我們統統做到了，這不是完全合乎『大道』了嗎？如果這五項沒有齊備，而妄想要做個大強盜的，天下沒有這樣便宜輕易的事理呀！」

【原文一—盜跖橫行天下】：孔子與柳下季爲友，柳下季之弟，名曰盜跖。盜跖從卒九千人，橫行天下，侵暴諸侯，穴室探戶，驅人牛馬，取人婦女，萬民苦之。（戰國、莊周：《莊子》、雜篇、盜跖）

【原文二—盜跖通乎聖道】：辨而不當論，信而不當理，勇而不當義，法而不當務；亂天下者，必此四端也。跖之徒，問於跖曰：盜有道乎？跖曰：奚啻其有道也。夫妄意關內中藏，聖也。入先，勇也。出後，義也。知時，智也。分均，仁也。不通此五者，而能成大盜者，天下無有。嗚乎，辨若此，不如無辨。（秦、呂不韋：《呂氏春秋》、十二紀、當務）

【原文三—大盜五道皆備】：跖之徒問于跖曰：盜亦有道乎？跖曰：何適而無有道耶？夫妄意室中之藏，聖也。入先，勇也。出後，義也。知可否，智也。分均，仁也。五者不備，而能成大盜者，天下未之有也。（戰國、莊周：《莊子》、外篇、胠篋）

一五　六王畢四海一

寫文章，要「精簡」。我們看：唐朝杜牧，人稱小杜（以別於杜甫的大杜），他寫了一篇《阿房宮賦》，開端是這樣寫的：

「六王畢，四海一，蜀山兀，阿房出。覆壓三百餘里，隔離天日。……」

大意是說：秦始皇把「六」國國「王」併吞完「畢」了，「四」境達於「海」隅都統「一」了。將四川「蜀」境深「山」裡的巨木都砍光，成了禿「兀」的山頭。木料運到首都咸陽，「阿房」宮乃建造完成而「出」現了。

文章接著說：阿房宮的廣度，「覆」蓋「壓」佔了三百多里，高度則遮「隔」遠「離」了「天」空和「日」光（《三輔黃圖》說：「始皇廣建阿房宮，規恢三百餘里」）。……筆者如此囉唆，兩相對觀，高下繁簡立見。而且杜牧句中的「畢、一、出、日」都是押韻的，故而選入了吳楚材編的《古文觀止》卷三，當作範文，為學子所必讀。

杜牧畫像

現在請只看起頭那句「六王畢」，杜牧將戰國時代兩百五十多年各國攻伐的過程（那卻是整部《戰國策》有三十三卷之多），只用三個字就包括了。第二句「四海一」僅是結局，只算陪襯，這是何等的精簡呀！

所謂六國，乃是「戰國七雄」中除了秦國以外的韓趙魏楚燕齊。這六國滅亡的次序，依《史記》所述，是這樣的：

韓—韓國桓惠王登位，做了三十四年逝世，兒子王安繼承王位。韓王安九年，也就是秦始皇十八年，秦國俘虜了韓王安，盡佔韓國土地，設爲穎川郡。韓國亡了。

魏—魏國景湣王卒，兒子王假繼承。魏王假三年，即秦始皇二十二年，秦軍攻破魏國首都大梁，俘虜了魏王假，盡有魏土，設置郡縣。魏國亡了。

楚—秦始皇二十四年，即楚王負芻在位第五年，秦國大將王翦和蒙武攻楚，俘捉了楚王負芻。楚國亡了。

趙—秦國王翦攻趙，俘虜了趙王遷。趙公子嘉繼立爲代王。代王六年，即秦始皇二十五年，秦將王賁，俘虜了趙國代王嘉。趙國亡了。

燕—燕太子丹於燕王喜二十八年，使荊軻行刺秦始皇，荊軻身亡，太子丹也被斬。到燕王喜三十三年，即秦始皇二十五年，秦軍俘獲了燕王喜，佔了遼東。燕國亡了。

齊—齊國國君名建，在位最久。直到齊王建四十四年，也就是秦始皇二十六年，秦將王賁出兵，擒獲了齊王建，滅亡了齊國。天下統一，秦始皇便自立爲「始皇帝」。

該作檢討的是：秦自「六王畢」起，只傳了二世，共十五年也就亡了，爲甚麼？太史公說是「仁義不施。」（見《史記》、卷六）杜牧則說「戍卒叫，函谷舉，滅秦者，秦也，非天下也。」凡是暴政虐民的政府，都請三思！

至於那阿房宮，乃在今之西安。現今遺址基礎仍在。據《史記．秦始皇紀》說：僅是它的前殿，東西長一公里，南北廣半公里，可坐萬人。閣道自主殿直通南山，複道跨越渭河逕達咸陽，役使了七十萬人來建造。如此壯麗偉構，卻被項羽一把火燒光，該怎麼批判呢？杜牧只用了八個字：「楚人一炬，可憐焦土。」就交代完了。至於那言外未盡之意，就請讀者各自去體會罷！

阿房宮是秦始皇三十五年，也就是公元前二一二年建造的，距今已二千二百多年了。現狀如何呢？依據台北聯合報民國九十二（2003）年一月十四日「兩岸文化」版所載：

「北京青年報報導：西安市以西十三公里處的阿房宮遺址，歷年已遭到嚴重的人爲破壞。原有前殿遺址，留有三層呈階梯狀，今被流民掘成窯洞住家。遺址的夯土土質佳良，被人挖去燒製磚塊，周圍磚窯廠已有二十多家。更有一條自西安到寶雞的高速公路從中穿過，把遺址攔腰切斷。在這十多平方公里的國寶級保護區之內，已被私人搶建了許多工廠，包括塑料廠、造紙廠、化工廠等等。……」

這就是自豪以擁有五千年優良文化的偉大的中國、和自稱是上國衣冠的炎黃華裔子孫的中國人的所作所爲嗎？

【原文一──賦】：六王畢，四海一；蜀山兀，阿房出。覆壓三百餘里，隔離天日。……五步一樓，十步一閣；廊腰縵迴，簷牙高啄。……長橋臥波，未雲何龍？複道行空，不霽何虹？……使天下之人，不敢言而敢怒。……戍卒叫，函谷舉；楚人一炬，可憐焦土。嗚呼！滅六國者，六國也，非秦也。族秦者、秦也，非天下也。……」

（清、吳楚材：《古文觀止》、卷三、杜牧：阿房宮賦）

【原文二──史】：㈠**韓**桓惠王三十四年卒，子王安立。王安九年，秦虜王安，盡入其地，置穎川郡，韓遂亡（《史記》、卷四十五、韓世家）。㈡**魏**景湣王卒，子王假立。王假三年，秦入大梁，虜王假，遂滅魏，以爲郡縣（《史記》、卷四十四、魏世家）。㈢**楚**王負芻五年，秦將王翦蒙武破楚，虜楚王負芻，置爲楚郡（《史記》、卷四十、楚世家）。㈣**趙**悼襄王卒，子遷立。秦虜遷，趙之大夫共立嘉爲代王。代王六歲，秦進兵，破嘉，遂滅趙，以爲郡（《史記》、卷四十三、趙世家）。㈤**燕**太子丹使荊軻刺秦王，秦王覺，殺軻，燕王喜斬丹以獻秦。三十三年，秦拔燕之遼東，虜燕王喜，滅燕（《史記》、卷三十四、燕世家）。㈥**齊**王建四十四年，秦虜齊王建，遂滅齊，爲郡。天下壹併於秦，秦王政號爲皇帝始君。（《史記》、卷四十六、世家第十六）

【原文三──表】：《史記》、卷十五：六國表：

（表見下頁）

項次	秦	六國	結果
1	秦始皇十七年 秦擊韓，得韓王安 盡取其地，置潁川郡	韓王安九年 秦虜韓王安	韓國亡
2	秦始皇二十二年 王賁擊魏，得魏王假 盡取其地	魏王假三年 秦虜魏王假	魏國亡
3	秦始皇二十四年 王翦蒙武破楚 虜楚王負芻	楚王負芻五年 秦虜楚王負芻	楚國亡
4	秦始皇二十五年 王賁擊趙，虜代王嘉	趙代王嘉六年 秦虜趙王嘉，滅趙	趙國亡
5	秦始皇二十五年（同一年） 秦擊燕，虜燕王喜	燕王喜三十三年 秦虜燕王喜	燕國亡
6	秦始皇二十六年 王賁擊齊，虜齊王建 秦統一天下分三十六郡	齊王建四十四年 秦虜齊王建	齊國亡

（注）：柳詒徵《中國文化史》第二十九章「秦之統一」也說：秦先滅韓，最後滅齊。順序與本表同。

【原文四—紀】：㈠秦始皇十七年，攻韓，得韓王安，盡納其地以爲郡，命曰穎川（韓國亡）。㈡二十二年，王賁攻魏，引河灌大梁，大梁城壞，魏王請降，盡取其地（魏國亡）。㈢二十四年，王翦蒙武攻楚，破楚軍（楚國亡）。㈣二十五年，使王賁攻趙，虜代王嘉（趙國亡）。㈤又再攻燕，得燕王喜（燕國亡）。㈥《史記正義》曰：「秦滅五國，生擒韓趙魏楚燕五國之君。」始皇二十六年，齊王建發兵守其西界，不通秦。秦使王賁攻齊，得齊王建（齊國亡）。六國皆滅，秦併天下。（《史記》、卷六、秦始皇本紀）

【另文一—嘆】：杜牧之阿房宮賦，今古絕唱，當時場中不取，以名人先容，覆閱才置上第。若而文也，猶爾偃蹇，況其下乎？（明、鄭瑄：《昨非庵日纂》、靜觀章第八）

一六　六祖惠能闡頓漸

禪宗六祖惠能大師，由五祖弘忍傳給他衣缽。後來他南往曹溪駐於寶林寺（寺在廣東省曲江縣南的南華山，故又稱曹溪南華寺），而五祖的大弟子神秀大師駐湖北玉泉寺。那時南北兩宗都很興盛，一般人簡稱南能（惠能）北秀（神秀），形成禪宗有南北、頓（頓然悟道）漸（漸漸悟道）之別。

六祖惠能對徒衆釋示道：「佛法原只一宗，哪會分爲頓漸？不過由於各人智愚不一樣，領悟乃有遲早之分，這自是難以齊同的。」

但北派神秀的弟子們，譏諷南派惠能大師一字不識，會有甚麼能耐？神秀卻坦然說：「惠能大師獨得上乘高妙之悟，我自認比不上他。而且我師五祖親將衣缽傳授給他，當然他具有超靈的佛性。」

一天，神秀指派弟子志誠，前往寶林寺六祖惠能處聽法，吩咐他說：「我無法親自前去，你聰明多智，可以做我的分身代表。如若聽到眞法，回來告我知道。」

志誠到了曹溪，跟隨衆弟子一同參禪。六祖識破了他，問道：「你從玉泉寺來此，一定是間諜或偵探？」

志誠答：「我不是！」
六祖追問道：「為甚麼不是？」
志誠答：「如果隱瞞不肯說明來處，那就是的。我來時就已坦然說明是從玉泉寺來的，當然就不是了。」
六祖問道：「你的師尊神秀，有甚麼『要諦』對徒眾開示的呢？」
志誠說：「我師常教誨我輩：住心靜觀（定下心來，觀察萬象），長坐不臥（長時坐禪，避免躺下）。」
六祖指示道：「住心靜觀，何能得悟？這是病，不是禪。至於長期呆坐，身子受了拘束，對佛法的了解當然也沒有助益。」
志誠躬身道：「弟子在神秀大師處學了九年，一直未能領悟。今天師尊所示，令我塵蒙的心智開通了不少，煩請大師再施教誨好嗎？」
六祖問道：「你師神秀對『戒定慧』是怎樣釋示的呢？且說給我聽聽！」
志誠答：「我師說：諸惡莫作就是戒，眾善奉行就是慧，自淨其意就是定。」
六祖誨釋道：「我與你師的領悟解釋不相同，且聽我說：心地（心如大地，為萬物萌生之處）無非（不起非法之念）自性（謹守自己的佛性）戒（這就是戒）。心地無癡（不愚昧）自性慧（慧是破惑，認識眞理，又叫般若）。心地無亂（不胡來）自性定（心意歸於一尊，息慮靜緣曰定）。你師父戒定慧是規勸小有禪性之人的，我的戒定慧乃是規勸有大禪性之人的。

如果了解而且實行我的法意，就會修到佛身，成就菩提涅槃了。」（菩提是梵語 bodhi 的音譯，是覺，見《菩提心經》。涅槃是梵語 nirvana 的音譯，義譯爲圓寂，見《涅槃經》）

志誠聽罷，深深禮拜，誓願長期隨侍，常聆教益（禪宗惠能《六祖壇經》中著名的「菩提本無樹」故事，見拙著《風雨見龍蛇》第112篇。本書不贅）。

【原文】：六祖名惠能，居曹溪寶林寺。神秀大師在玉泉寺。于時兩宗盛化，人稱南能北秀，故有南北頓漸之分。師謂眾曰：法本一宗，何名頓漸？人有利鈍，故分頓漸。然神秀徒眾，譏南宗六祖不識一字，有何所長？秀曰：他得悟上乘，吾不如也。且五祖親傳衣缽，豈徒然哉？一日，命門人志誠至曹溪聽法。師曰：汝從玉泉來，應是細作？對曰：不是。師曰：何得不是？對曰：未說即是，說了不是。師曰：汝師何言示眾？對曰：住心靜觀，長坐不臥。師曰：住心靜觀，是病非禪。長坐拘身，於理何益？志誠曰：弟子在秀師處九年，不得契悟；今聞此說，便契本心。請更爲教示。師曰：汝師說戒定慧行相如何？誠曰：秀師說：諸惡莫作是爲戒，諸善奉行名爲慧，自淨其意乃爲定。師曰：悟解不同。汝且聽了：心地無非自性戒，心地無癡自性慧，心地無亂自性定。汝師戒定慧，勸小根智人。吾之戒定慧，勸大根智人。志誠禮拜，願爲職侍。（唐、釋法海：《六祖大師法寶壇經》、頓漸品第八）

一七　七月七日牛女會

美麗的銀河（Galaxy 或 Milky Way），又名天河，又名銀漢，它橫亙天空，成一長弧，是由無數的小星星所組成，秋天夜晚曠朗，最是明亮，也極爲偉觀。唐人杜牧有「秋夕」詩說：「天街夜月涼如水，臥看牽牛織女星。」南北朝時的江總也有「內殿賦新詩」說：「織女今夕渡銀河，當見新秋停玉梭。」

七夕牛女相會，是中國的情人節（但爲崇洋的國人所漠視）。梁、宗懍《荆楚歲時記》說：在天河的東面，有一位織女，乃是天帝的女兒，她年年在織機前操勞，織出那裁製天衣的雲錦。天帝憐憫她獨處孤單，沒有伴侶，便將她許配天河西岸的牽牛郎。織女與牛郎結婚後，兩小口兒十分恩愛，竟然長久荒疏了機織。天帝震怒她怠忽職責，勒令她回歸天河之東，只准她一年一次在七月七日與牛郎相會。《千家詩》中楊朴有「七夕」詠曰：「未會牽牛意若何，須邀織女弄金梭。」

這牛女隔著天河相望，如何渡過去呢？虧得有一群好心而通靈的烏鵲，自動幫忙，用身體相連，搭成臨時橋梁，讓織女快速平安通過，因稱鵲橋。唐代詩人權德輿有「七夕詩」曰：「今日雲軿渡鵲橋，應非脈脈與迢迢。」想他們夫妻相會，當有說不盡的離情愛意，互相傾訴。而南宋計有功的《唐詩紀事》也說：林傑、幼而秀異，言則成文，「七夕」賦詩，林傑援筆曰：「七夕今宵看碧霄，牛郎織女渡河橋；家家乞巧臨秋月，穿盡紅絲幾百條。」詩意有餘不盡。

這個牛女相會故事，既淒美，又溫馨。張文潛有一首「七夕歌」詠之曰：「人間一葉梧桐飄，蓐收行秋回斗杓；神宮召集役靈雀，直渡銀河橫作橋。河東美人天帝子，機杼年年勞玉指；織成雲霧紫綃衣，辛苦無歡容不理。帝憐獨女無與娛，河西嫁與牽牛夫；自從嫁後廢織紝，綠鬢雲鬟朝暮梳。貪歡不歸天帝怒，責歸卻踏來時路；但令一歲一相見，七月七日橋邊渡。」

再者，梁朝蕭統《昭明文選》《古詩十九首》更有「牛郎織女詩」曰（作者佚名）：「迢迢牽牛星，皎皎河漢女。纖纖擢素手，札札弄機杼。終日不成章，泣涕零如雨。河漢清且淺，相去復幾許？盈盈一水間，脈脈不得語。」這是何等幽惋的詠歎呀！

唐朝白居易撰寫了《長恨歌》古詩，清代洪昇也譜出了《長生殿》劇曲，都是敘述唐明皇與楊貴妃的愛情故事，說他倆於七夕之夜，在長生殿上，兩相盟誓，有「在天願爲比翼鳥，在地願爲連理枝」之句，這又是何等纏綿的信約呀！

七月七日的夜晚特別命名爲「七夕」。銀河之畔，牛郎織女相逢；塵寰之中，婦女穿針乞巧。無論天上佳期，或人間韻事，都請大家珍惜它吧！（筆者先母何氏永清老孺人誕生於一九〇三年即清光緒癸卯二十九年農曆七月初七日，歿於一九六六年十二月二十四日，享壽六十四歲。今茲二〇〇三年孟秋之月，適爲先母百年冥誕，除遵禮祭掃追思外，特刊行本書，以誌永念。）

【原文一—一年一會】：天河之東，有織女，天帝之子也。勤習女工，年年織杼勞役，織成雲錦天衣。天帝憐其獨處，許嫁河西牽牛郎。嫁後遂廢織紝。天帝怒，責令仍歸河東，使其唯一年一度相會。（梁、宗懍：《荊楚歲時記》、七月七日）

【原文二—七夕渡河】：桂陽成武丁，謂其弟曰：七月七日，織女當渡河。弟問曰：織女何事渡河？答曰：織女暫詣牽牛。世人至今云：織女嫁牽牛也。（南朝、梁、吳均：《續齊諧記》）

【原文三—牛女之歌】：牛，六星近在河岸頭。頭上雖然有兩角，腹下從來欠一腳。牛下九黑是天田，田下三三九坎連。牛上直建三河鼓，鼓上三星號織女。……輦道漸臺在何許？欲得見時近織女。（隋、隱者：《丹元子》、步天歌）

【原文四—烏鵲搭橋】：淮南子：烏鵲填河成橋，渡織女。（唐、白居易：《白孔六帖》、鵲部）

【原文五—七夕相見】：七夕鵲橋已成，織女將渡。（注）風俗通云：織女七夕當渡河，使鵲爲橋。何景明詩曰：鵲橋崔嵬河宛轉，織女牽牛夜相見。（元、費著：《歲華紀麗》、七夕）

【原文六—天帝之女】：牽牛星之北，爲織女，天女孫也。索隱注解曰：織女、一名天女，天帝之女也。（漢、司馬遷：《史記》、卷二十七、天官書）

【原文七—長生殿曲】：（織女）：吾乃織女是也。蒙上帝玉旨，與牛郎結爲夫婦。年年七夕，渡河相見。今乃下界天寶十載，七月七夕，隱隱望見塵寰升起香煙一簇，不免同了牛郎，到彼一看。（唐明皇）：貴妃，朕想牛郎女，隔了銀河，一年纔會一度，這相思眞非容易也。（貴妃）：妾想牽牛織女，雖則一年一見，卻是地久天長。今欲懇求皇上，趁此雙星光耀之下，乞賜盟約，以堅終始。（明皇與貴妃）：雙星在上，我倆祈願，世世生生，共爲夫婦。若渝此盟，雙星鑒之。（明皇）：在天願爲比翼鳥，（貴妃）：在地願爲連理枝。（二人合）：天長地久有時盡，此「誓」綿綿無絕期。（清、乾隆、洪昇：《長生殿》劇曲、第二十二齣、密誓）

【原文八—七七牛女會】：七月七日，牽牛織女會天河，此則其事也。（晉、傅玄：《傅子・擬天問》）

一八　七縱七擒可是眞

三國時代，蜀漢丞相諸葛亮（一八一——二三四，字孔明）爲欲北伐中原，必須先行平定南蠻，解除後顧之憂，才能六出祁山，與曹操爭短長，復興漢室。

南蠻強悍的酋長叫孟獲（南中酋長，爲夷漢所畏服，屢次侵擾蜀境）。諸葛亮南征的經過，依據晉代陳壽所著《三國志》的記敘是這樣的：

蜀國後主劉禪建興元年，南部諸多蠻郡都發生了叛亂。建興三年春天，諸葛亮率兵南征，到秋天時，便都平定了。

這段文字簡短，並沒有七縱七擒的記載。

另外，晉代習鑿齒《漢晉春秋》、宋代司馬光《資治通鑑》、以及宋人袁樞《通鑑紀事本末》卷十等書，則都增加了七縱七擒的描述，諸書所記相同，都說：

諸葛亮到了南中，聽說孟獲是漢夷諸族所共同信服的酋長，乃生擒了他，還帶他參觀蜀漢的營房軍寨，問孟獲道：「我這漢軍的軍陣何如？」孟獲答道：「以前因不明虛實，所以敗了。今天看

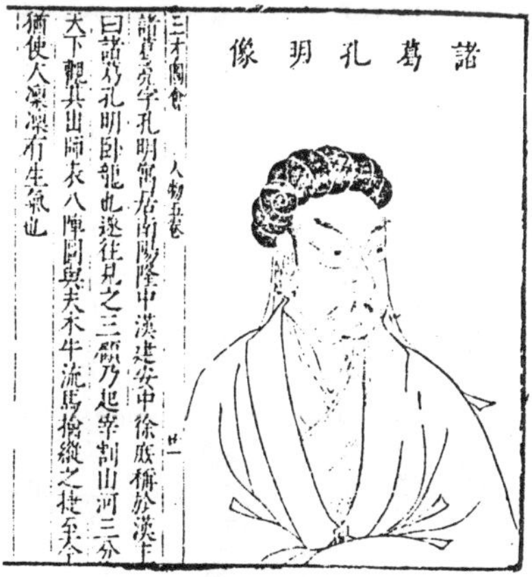

諸葛孔明像

來，如果僅只這樣，要取勝也就很容易。」諸葛亮笑笑，放他回去，要他再戰。七縱七擒，還想釋放他。但孟獲不走了，說道：「公、天威也，南人不復反矣！」從此誠心歸順了。

到了明代，羅貫中撰寫了《三國演義》，就把這七次擒縱，自第八十七回鋪衍到第九十回，寫得傳神生動，大意是：

第一次擒縱：孟獲約集三洞元帥，迎戰孔明。孟獲說：「人謂孔明善于用兵，今觀敵陣，旌旗雜亂。早知如此，我反久矣。」驅兵直進，卻被生擒。孔明問他服不服？孟獲說：「山僻路狹被捉，如何心服？」孔明放了他，給他酒食，賜他鞍馬，讓他回去蠻寨。

第二次：蠻漢隔瀘水對陣。孟獲因虐打蠻洞酋長，被酋長們擒住獻降於孔明。孟獲說：「這次是我自己人捉到我，不是你漢兵擒拿，如何肯服？」孔明笑釋了。

第三次：孟獲使他胞弟孟優先行詐降，孟獲伺機來攻，意想裡應外合取勝。孔明將計就計，兩人都被擒住。孟獲卻說：「這是天不助我，不是我的無能，我心難服。」又被放走了。

第四次：孟獲探知漢軍軍營都是空寨，料想孔明必因蜀國國內有急事，故爾班師走了。孟獲急忙追襲。不料跌落預掘的陷阱被擒。說：「這是我誤踏陷坑，雖然被擒，死難瞑目！」又被釋放了。

第五次：孟獲聯合禿龍洞主，隔啞泉滅泉黑泉惡泉毒泉而守。忽有銀冶洞主楊鋒帶兵前來助戰，孟獲設宴款待。酒醉時，楊鋒擒住孟獲獻於孔明。孟獲說：「今日不是被你捉到，乃是我們蠻邦自相殘害，要殺就殺，只是不服！」仍被放回。

第六次：孟獲請八納洞主木鹿大王用虎豹豺狼助戰。孔明破解了，並攻佔孟獲的巢穴銀坑洞。孟獲故意讓妻弟名叫帶來洞主擒縛孟獲假意押送來詐降，欲在漢營主寨殺害孔明。孔明識破詭計，制服了孟獲。但他說：「這是我自來送死，何能心服？」又放了。

第七次：孟獲南逃，投奔烏戈國國王兀突骨，用藤甲兵助戰。蠻兵藤甲護身，刀槍不入，弓箭不透，渡江不沉，遇水不濕。孔明用火攻取勝，活捉孟獲。待再要放回，孟獲不走了，含淚說道：「七縱七擒，自古未嘗有也。吾雖化外之人，豈能全無羞恥？丞相天威，南人不復反矣！」

孔明設宴相待，令他永爲洞主，所奪之地，盡皆歸還，孟獲諸蠻，無不感戴。

但是，也有反面文章，質疑七縱七擒的眞假，還說是必然沒有的事。依據《二十五史》這部大書中《三國志集解》卷三十五（晉、陳壽撰三國志，宋•裴松之作注，宋•盧弼集解）引述《通鑑集覽》（見本篇之末原文四）的話大意是說：

七縱七擒，在某幾種書籍裡都受到誇贊，其實這是極端缺乏常識的事。吾人都知：對於蠻夷的邦國，自當要使其心服；但是，擒獲了番夷的首領，卻屢次放走他，這簡直是等於小兒在玩遊戲一般。一次兩次已經多了，哪能可以到七次呢？即使說：這酋長像是砧板上的肉，不怕他跑掉，但終究不是善善之策。而且，那個時期，諸葛亮的急切任務，是在安定好南方之後，即要北伐中原，哪有這多時間來屢次釋放又屢次捉拿，徒肆耽耗時日的道理？由此看來，必然不可能產生這種事理也。

這樁公案，是眞是假？該信該疑？《漢晉春秋》有據？

通鑑輯覽原注

三年春亮率衆南征 趙一淸曰方輿紀要卷七十郁鄢廢縣在敘州府西南漢縣屬犍爲郡後漢省諸葛武侯南征置郁鄢郡成晉曰存駹
其秋悉平軍資所出國以富饒 五見後主傳華陽國志四云諸葛亮乃爲夷作圖譜先畫天地日月君長城府次畫神龍
漢晉春秋曰亮在南中所在戰捷 宋本在作至 聞孟獲者爲夷漢並所服 宋本無並字劉家立曰疑作所並服非衍文 募生致之既得使觀於營陣之閒問曰此軍何如獲對曰向者不知虛實故敗今蒙賜觀看營陣 通鑑無看字 若祇如此即定易勝耳亮笑縱使更戰七縱七禽 局本誤作七禽七縱通鑑輯覽曰七縱七擒爲記載所豔稱無識已甚蓋蠻夷固當使之心服然以縛渠屢遣直同兒戲一再爲甚又可七乎卽云几上之肉不足慮而脫縛試虜發柙當虎終非善策且彼時亮之所急者欲定南而伐北豈宜屢縱屢擒耽延時日之理知其必不出此劉家立曰張若鼂滇雲紀略七擒孟獲一擒於白崖今趙州定西嶺一擒於鄧賧豬洞今鄧川州一擒於佛光塞今浪穹縣巡檢司東二里一擒於治渠山一擒於愛甸今順寧府地一擒於怒江邊今保山縣騰越州之間一以火攻擒於山谷卽怒江之蟠蛇谷弼按滇雲紀略所云俱在今雲南大理府永昌府境 而亮猶遣獲獲止不去曰公

三國志集解　蜀書　十四
卷三十五　諸葛亮

天威也南人不復反矣 此用馬謖攻心之策所以成功也 遂至滇池 胡三省曰滇池縣屬益州郡池周回二百餘里水源深廣而末更淺狹有似倒流故謂之滇池滇音顚一統志滇池在雲南府昆明縣南呈

還是《通鑑集覽》有理？誰是誰非，留請讀者明鑒！

【原文一——諸葛南征】：（劉禪）建興元年，南中諸郡，並皆叛亂。三年春，亮率眾南征，其秋、悉平。（晉、陳壽：《三國志》、卷三十五、蜀書五、諸葛亮）

【原文二——七縱七擒】：諸葛亮至南中，聞孟獲者，爲夷漢所服，募生致之，使觀於營陣之間。問曰：此軍何如？獲對曰：向者、不知虛實，故敗。若祇如此，定易勝也。亮笑，縱使復戰。七縱七擒，而亮猶欲遣獲。孟獲止而不去，曰：公、天威也，南人不復反矣。（晉、習鑿齒：《漢晉春秋》）

【原文三——不復反矣】：漢諸葛亮至南中，孟獲拒亮，亮生致之。既得，使觀於營陣之間。問曰：何如？獲曰：向者不知虛實，故敗也。今蒙賜觀營陣，若祇如此，即定易勝耳。亮笑，縱之。更戰，七縱七擒，而亮猶遣獲。獲止、不去，曰：公、天威也，南人不復反矣。亮遂至滇池。（宋、司馬光：《資治通鑑》、卷七十、魏紀二、世祖文皇帝下、黃初六年、秋七月）

【原文四——必不出此】：七縱七擒。爲記載所懿稱，無識已甚。蠻夷國當使之心服，然以縛渠屢遣，直同兒戲。一再爲甚，又可七乎？即云几上之肉，不足慮；然終非善策。且彼時亮之所急者，欲定南而伐北，豈宜屢縱屢擒，耽延時日之理？知其必不出此。（《通鑑輯覽》、見《三國志集解》、卷三十五注）

一九　八指元勳黃克強

革命黨人推翻滿清，歷經多次起義，屢仆屢起，士氣如虹。一九〇六年黃興發動鎮南關反清之役失敗後，又策劃在廣州再舉。

黃興（黃克強，一八七二—一九一六，湖南善化人，留學日本）組織了敢死隊，準備在廣州起義，但密運槍械多次多批時，爲滿清暗佈的奸細偵得風聲，致清軍已有戒備。總司令黃興因決定提前於國曆一九一一年四月二十七日，即農曆三月二十九日舉事。他親率革命同志，身先士卒，直攻廣州總督衙門。逼近大門口，擊斃衛隊管帶金某。衝入二堂，續斃衛兵十多人，同志也犧牲了三位，直闖內進，發覺總督張鳴岐外出開會未歸，乃放火燒衙，轉往市區南大門進擊。

這時敵我展開激烈巷戰。清廷水師提督李準的部隊趕來增援，革命同志林時爽欲與敵軍李準部隊的內應者互通訊號招撫時，突然頭部中槍喪命。黨人被迫冲散，或死或傷。黃興在戰亂中右手中彈，斷了食指及中指兩根手指。

此役被捕的同志，如林覺民（有「與妻訣別書」）、方聲洞（有「起義前稟父書」）喻培倫（有「革命黨人殺不盡的」名言）等人，都視死如歸，壯烈殉國。事後集得遺骸七十二具，由黨人潘達微合葬於黃花岡（原紅花岡改名），浩氣長存，光昭萬古。

之後，吳稚暉寫了《黃花岡薤露歌》曰：「……黃花落，黃花開；花開花落年年在，斯人一去不復回。」

于右任撰詩云：「黃花岡下路，一步一沾巾；恭展先賢壠，難爲後死身。當年同作誓，今日羨成仁；採得雞冠子，殷勤寄故人。」詞意都十分欽仰。

黃興斷了兩指，傷處非常痛。他乘一小船，渡海到了香港，與趙聲相見，抱頭痛哭，暈了過去，經施急救，良久才甦醒轉來。嗣後女同志徐宗漢回來，見狀大驚，才陪往雅麗士醫院動手術割治，由徐宗漢權且假充妻子在手術書上簽了字，由此後來結爲夫婦。

黃興像

黃興療傷後並未氣餒，且組成「東方暗殺團」，繼續奮鬥。他有《蝶戀花》詞云：「不道珠江行役苦，祇憂博浪椎難鑄」之句以明志。

隔了半年，辛亥武昌起義，黃興仍然是總司令。革命成功，民國肇建，黃興乃是開國功首。因他少了兩個手指，故被譽稱爲八指元勳。

【原文一—八指元勳】：革命黨人經多次起義未成，仍策定在廣州再舉。黃興組織敢死隊，但密運軍火爲奸細偵得風聲，清廷已有戒備。黃興決定提前於四月二十七日即農曆三月二十九日舉義。黃興親率同志，直攻總督衙門，擊斃衛隊管帶金某，直衝督署二進，斃敵十餘人，同志三人死難，直入內進，總督公出未歸，乃放火燒署，再趨南大門。雙方激烈巷戰。同志林時爽招撫李準所部時，突中槍死。黨人被迫沖散，或死或傷。黃興在戰亂中右手被擊傷，斷二指。被捕者如林覺民、方聲洞、喻培倫等，均視死如歸，壯烈殉國。計得遺骸七十二，集葬於黃花岡。黃興斷指痛極，乘小艇過海到香港。稍後，女同志徐宗漢回，見狀大驚，陪往雅麗士醫院動手術。徐依例權以妻名簽字于手術書，由此而結爲夫婦。黃興因被稱爲八指元勳。（民國、吳相湘：《孫逸仙先生傳》、第二十一章、廣州三二九行動）

【原文二—博浪之椎】：黃興，字克強，取「興我中華，克服強暴」之意。縣考上榜前，有詩云：「一試豈能酬我志，此行聊慰白頭親」之句。一九〇三年，組「華興會」，爲同盟會之原動力。革命起義十次，大都由他主導。一九一一年四月廿七日廣州之役，即農曆辛亥三月廿九日，當時使用農曆，故史稱三二九之役。黃興進攻總督衙門，被流彈射中食指中指，幸而脫險，往香港療傷後，又組東方暗殺團，有詞句云：「不道珠江行役苦，祇憂博浪椎難鑄」以勵志。（民國、吳相湘：《民國百人傳》、黃興）

二〇　八磚學士

唐德宗時有位李程，字表臣，是李神符的第五代孫。李神符曾任開府儀同三司（這個職級的「儀」制相「同」於「三司」，官位很高），封襄邑王，死後謚恭，有傳記。

李程是進士出身（舉人赴首都參加禮部考試錄取者爲進士），官任翰林學士，派在翰林院當值，替皇帝撰寫聖旨誥諭，以及表疏批答等文案工作（另一說與集賢院分掌制誥），名望清高，受人尊重。

那座翰林院有個北廳，北廳之前，有一條花磚步道，是出入必經之路。每當早上，太陽照到步道上第五排石磚之際，就是這些翰林學士們上班的時刻到了。其他的翰林同僚們，都按時到翰林院上班，唯有這位李程學士，生性懶散，每每要等到太陽曬到第八排花磚時才姍姍遲來，成了常例。同院的人，就給他取了個綽號，稱他爲「八磚學士。」

宋代陸游，撰有《放翁詩集》，其中「晚起詩」曰：「欠伸看起東窗日，也似金鑾過八磚。」就是引用了這個故事。

清代阮葵生《茶餘客話・卷三》「詠在館庶常（在翰林院館諸文士）」七絕詩云：「曉值歸來數八磚，但逢三五去朝天，東堂舊有承恩事，大例闕支月俸錢。」也提到這第八排東都留守，死後有諡。

懶散漢終將轉變爲勤恪士，李程後來在唐敬宗朝中做過同平章事（有似宰相之職），和碑影。

【原文一—翰林志】：唐德宗時，李程官翰林學士。學士入署，常視日影爲候。日及五磚，爲入直之候。李程性懶，好晚入，日過八磚乃至，時號八磚學士。（唐、李肇：《翰林志》、列四庫全書、史部、職官類）

【原文二—新唐書】：李程、擢進士宏辭，召爲翰林學士。學士入署，常視日影爲候。李程性懶，日過八塼乃至，時號「八塼博士」。寶歷中，拜尚書左僕射。李程爲人，辯給多智，然無儀檢，無重望，卒年七十七。（宋．歐陽修：《新唐書》、卷一百三十一、李程傳）

【原文三—舊唐書】：李程，貞元十二年進士擢第，又登鴻辭科，入朝爲翰林學士。唐敬宗時，任同平章事。李程藝學優深，然性放蕩，不修儀檢，物議輕之。（後晉、劉昫：《舊唐書》、卷一百六十七、李程）

二一　九百元買單靴

唐朝末尾的「五代」，包括梁唐晉漢周五朝，後來才由都點檢趙匡胤受禪接替，國號大宋，擁有天下。

那時有位馮道（八八二—九五四，字可道），他連續在唐晉漢周四代十四個皇帝朝中爲官，居宰相職位也有二十多年，封燕國公，自號長樂老，新五代史中有傳記。

又有一位和凝（八九八—九五五，字成績），進士出身，也在各代中爲官，漢晉兩朝官任右僕射（音朴夜，是左右宰相），封魯國公，舊五代史中有傳。

馮道和凝兩人同在中書省（就是宰相府）擔任左右僕射。有一天，和凝問馮道：「你的官靴是剛新買的，價錢多少？」

馮道舉起左腳，一面說道：「九百！」

和凝生性躁急，一聽沉不住氣，立刻回頭責問旁侍的小差官：「我的官靴，爲何要花一千八百才買得到？」馬上要想罵他，罰他。

馮道慢慢地再抬起右腳，柔聲補充道：「這隻官靴，也是九百！」

和凝這才頓悟，不覺莞爾，被逗得滿堂大笑收場。

【原文一─靴價幾何】：馮道與和凝同在中書，一日，和問馮曰：公靴新，價值幾何？馮舉左足示之曰：九百。和凝性褊急，遽回顧小吏云：吾靴何得用一千八百？因詬責之。馮徐舉其右足曰：此亦九百。（明、曹臣：《舌華錄》、冷語第六）

【原文二─千八買靴】：故父爲言五代時事者，云：馮相道、和相凝，同在中書。一日，和問馮曰：公靴新買，其直幾何？馮舉左足示和曰：九百。和性褊急，遽回顧小吏云：吾靴、何得用一千八百？因詬責。馮徐舉其右足曰：此亦九百。於是哄堂大笑。時論謂宰相如此，何以鎭服百僚？（宋、歐陽修：《歸田錄》、第十則）

【原文三─單靴九百】：五代、馮道與和凝，同在中書省。一日，和問馮曰：公靴新買，其値幾何？馮舉左足，曰：九百！和性褊急，遽回顧旁侍之小吏曰：吾靴何得用一千八百？欲詬責之。馮徐舉右足示曰：此亦九百！」和意遂解。（明、俞琳：《經世奇謀》、卷之二、應猝類）

二二　九歲崔英讀孝經

五胡亂華時代，有個崔英，年方九歲。有一天，他在前秦君主苻堅的宮殿中讀書，是個聰敏勤學的兒童。

那苻堅（三三八—三八五）是五胡十六國中「前秦」的皇帝，史書上說他博學多才藝，有經濟大志，在位二十七年，在五胡諸國中最稱強盛，死後追諡爲宣昭帝，號太祖，《晉書》中有傳。

這一天，苻堅在宮殿睡午覺，其他的兒童走過時，都加緊腳步快速通過。獨有崔英書唸完了，不慌不忙，緩緩而行。苻堅並未睡著，都察覺到了，好奇的叫住崔英，問道：「爲甚麼只有你經過我身邊時，還慢慢的走呢？」

崔英說：「陛下是好皇帝，就如同慈父一樣。不是那凶殘的夏桀王，也不是暴虐的商紂王，我不用害怕。」

苻堅問道：「你在讀書呀，讀的甚麼書？」

崔英說：「孝經。」

苻堅問道：「孝經說的甚麼？」

崔英答：「在上不驕。」

按《孝經．諸侯章第三》說：「在上不驕，高而不危。制節謹度，滿而不溢。高而不危，所以長守貴也。滿而不溢，所以長守富也。富貴不離其身，然後能保社稷。」猜想是苻堅既爲天子，崔英就引述這段保國榮身的話來回奏，答覆得很爲切要。

苻堅感到有興趣了，坐了起來，追問道：「書裡還有哪些義理呢？」

崔英說：「自天子至於庶人章，要上愛下，下敬上。」

按《孝經．天子章第二》說：「愛親者不敢惡於人，而德教加於百姓。」《孝治章第八》說：「明王以孝治天下，治國者不敢侮於鰥寡，故得百姓之歡心。」《事君章第十七》說：「君子之事上也，進思盡忠，退思補過，故上下能相親也。」這些都是治國的要義。

苻堅覺得崔英年紀雖只九歲，見解很對，滿心歡喜，贊許道：「你說的都不錯嘛，等你十七歲時，我一定任你做大夫。」

崔英回答說：「日月的運行，有它的常規，今天落下，明天還會看到。但陛下是至尊，國事繁忙，以後再想見面談話，就很難了。如果認爲合意，現今就可委任，何須等待將來呢？」

苻堅安慰他道：「不要忙，等一等無妨呀，待到十七歲時，一定會召見你的，君王說話算話。」

崔英到了十七歲，果然任命爲諫議大夫。

【原文—九歲讀孝經】：崔英，年九歲，在秦王苻堅宮内讀書。堅殿上方臥，諸生皆趨，英獨緩步。怪而問之：英曰：陛下如慈父，非桀紂君，何用畏乎？又問卿讀何書？曰：孝經。堅曰：有何義？曰：在上不驕。堅爲之起，問更有何義？曰：自天子至于庶人章，上愛下，下敬上。堅曰：卿好，待十七，必用卿爲大夫。英曰：日月可重見，陛下至尊，不可再睹洪恩，士或可用則用，何在後期？堅曰：須待十七，必召卿也。及期，拜諫議大夫。（清、陳夢雷：《古今圖書集成》、理學彙編、學行典、第九十六卷、讀書部、紀事。又見：唐、馮翊子：《桂苑叢談》）

【另文—七歲知日食】：建和元年正月，日食，尚書僕射黃瓊以狀奏聞。太后詔問：所食多少？瓊思其對，而未知所況（還不知應怎樣形容日食）。其子黃琬，年七歲，在傍曰：何不言「日食之餘，如月之初」。黃瓊大驚，即以其言應詔，而深奇黃琬。
（南朝宋、范曄：《後漢書》、黃琬傳）

【另文—七歲賜及第】：宋、趙贊，字元輔。幼聰慧，七歲，誦書二十七卷。應神童舉。皇帝詔曰：「都尉之子，太尉之孫。幼能誦書，弱不好弄。克彰庭訓，宜錫科名。」特賜童子及第，仍附長興三年禮部春榜。（元、托克托：《宋史》、卷二百五十四、列傳第十三、趙贊傳）

二三　十獅是石獅

本題「十獅是石獅」如用注音標出，就是「ㄕˊㄕㄕˋㄕˊㄕ」（漢語拼音是shí shī shì shí shī），都是同音字(homophone)。由於我國文字，全是單音(mono syllable)，字數雖有幾萬，但只有四百零六種相同的語音，用四聲來分讀，這是中文漢字的特色。

由於這一特點，乃有文士運用同音字連綴起來寫成整篇文章，今錄舉一篇，據說是語言學家趙元任大師的遊戲之作，原題爲「施氏食獅史」(ㄕㄕˋㄕˊㄕㄕˇ)敘說一位施姓人士吃獅的故事，亦趣亦奇。茲將原文抄示如下，並在右旁加上注音符號，左旁標示漢語拼音，可互作參照，供請樂賞：

「石室詩士施氏，嗜獅，誓食十獅。氏時時適市

shí shì shī shì shī shì　shì shī　shì shí shí shī　shì shí shí shì shì

視獅。十時，適十獅適市。是時，適施氏適市

shì shī　shí shí　shì shí shī shì shì　shì shí　shì shī shì shì shì

。氏視是十獅，恃矢勢，使是十獅逝世。氏拾
shì shì shì shí shī, shì shǐ shì, shǐ shì shí shī shì shì. shì shí

是十獅屍，適石室。石室濕，氏使侍拭石室。石
shì shí shī shī, shì shí shì. shí shì shī, shì shǐ shì shì shí shì. shí

室拭，氏始試食是十獅屍。食時，始識是十獅屍，
shì shì, shì shǐ shì shí shì shí shī shī. shí shí, shǐ shí shì shí shī shī,

實十石獅屍。試釋是事。」
shí shí shí shī shī. shì shì shì shì.

以上不算標點，實有九十三個字。很像一篇「拗口令」，讓你的舌頭打結。實則這個「ㄕ」的同音字尚不止此，另有示失ㄕ什式軾弒豕仕奭虱屎眡塒弛柹師豉祏舐蒔葹蓍筮絁諟謚貰鉈鉐蝕飾駛鳲匙鰣鰤鳾都是，因不易組綴成意義相連的句子，故未納入。

此文引起了另一位在美學人楊富森博士的興趣，他也用同音字戲寫了「欲漁遇雨」之文，敘述他朋友于瑜邀他到渝江釣魚，但他先要賣掉一塊玉給另一朋友俞禹。不料遇到大

雨，淹沒了房宇，雨止後，才去釣魚。原文如下：

余與于瑜欲漁遇雨：
ㄩˊㄩˇㄩˊㄩˊㄩˋㄩˊㄩˋㄩˇ
yú yǔ yú yú yỳ yú yỳ yǔ

「余欲與于瑜漁於渝。于遇余於余寓，語余：
ㄩˊㄩˋㄩˇㄩˊㄩˊㄩˊㄩˊㄩˊ　ㄩˊㄩˋㄩˊㄩˊㄩˊㄩˋ　ㄩˋㄩˊ
yú yỳ yǔ yú yú yú yú yú。yú yỳ yú yú yú yù，yù yú：

『欲漁歟？與余漁於渝歟？』余語于瑜：『余
ㄩˋㄩˊㄩˊ　ㄩˇㄩˊㄩˊㄩˊㄩˊㄩˊ　ㄩˊㄩˇㄩˊㄩˊ　ㄩˊ
yù yú yú？yǔ yú yú yú yú yú？yú yǔ yú yú：yú

欲鬻玉，俞禹欲余玉。余欲遇俞禹於俞寓。』
ㄩˋㄩˋㄩˋ　ㄩˊㄩˇㄩˋㄩˊㄩˋ　ㄩˊㄩˋㄩˋㄩˊㄩˇㄩˊㄩˊㄩˋ
yù yù yù，yù yǔ yù yú yù。yú yù yù yú yǔ yú yú yù。

余與于瑜遇俞禹於俞寓，逾俞隅，欲鬻玉與俞。
ㄩˊㄩˇㄩˊㄩˊㄩˋㄩˊㄩˇㄩˊㄩˊㄩˋ　ㄩˊㄩˊㄩˊ　ㄩˋㄩˋㄩˋㄩˇㄩˊ
yú yǔ yú yú yù yú yǔ yú yú yù，yú yú yú，yù yù yù yǔ yú。

遇雨，雨逾俞宇。余與于瑜禦雨於俞寓，余鬻玉與俞禹。雨愈，余與于瑜瑀瑀逾俞宇，漁於渝。」

以上不算標點，實有一〇七字（包含題目七字）。高明學人的戲樂之作，必不僅此二篇，今再引另一「醫生自縊」奇文如下：

「伊姨殪，遺億鎰。伊詣邑，意醫姨疫。一醫醫伊姨，翌、姨殪，億鎰遺。疑醫，以議醫。

ㄧ ㄧˇ ㄧ ㄧˊ ㄧˋ ㄧˇ ㄧˊ ㄧ ㄧˊ ㄧ ㄧˇ ㄧˇ ㄧˇ ㄧˋ ㄧˋ ㄧˇ
醫以伊疑，縊、以移伊疑。伊倚椅以憶，憶以
yī yǐ yī yí yì yǐ yí yī yí yī yǐ yǐ yǐ yì yì yǐ

ㄧˋ ㄧˋ ㄧˊ ㄧˇ ㄧˋ ㄧ ㄧˋ ㄧˋ ㄧ ㄧˋ ㄧˋ ㄧˇ
億鎰遺，以議醫，亦縊。噫！亦異矣。」
yì yì yí yǐ yì yī yì yì yī yì yì yǐ

以上不算標點，實有五十七字。文頗艱澀，因譯爲語體，以助了解：

「他姨媽死了，遺失了一億鎰錢財。他去見縣官申訴，本意是請位醫生來治姨媽之病；一位醫生醫治他姨媽，第二天，姨媽死了，億鎰錢財也不見了，懷疑醫生搞了鬼，來誹議醫生。醫生由於受疑，上弔了，用死來移除他的疑心。他倚著椅子回憶：記得因一億鎰金遺失，以之誹議醫生，他也上弔死了。唉！也眞是奇怪呀！」

又有林語堂大師，戲用「ㄧㄢ」的同音字，鋪衍寫了一篇「倉頡」故事，總共用了一〇七個同音字，刊載於民國五十四年（一九六五）年七月十六日台北中央日報副刊：

『倉頡的夫人姓「嚴」，又娶姓「閻」的爲妾，後又納「顏」氏爲小妾。一日，「嚴」夫人設「筵」，「延」請「閻、顏」二氏在「巖巖」餐館吃「醃」肉。「顏」夫人瞥個冷「眼」看這席「醃」肉，心生煩「厭」。「閻」夫人則病態

「懨懨」，只顧吃「烟」，不太發「言」。她又塗了「兗」州「臙」脂，可是「掩」不了她的「醃」菜「顏」色。這兩位鶯鶯「燕燕」，不免爭麗鬥「妍」。而正夫人「嚴」，看不慣「顏」夫人的「豔」，一氣早已生了乳「癌」，醫生又叫不吃「鹽」，看到人家大嚼大「嚥」，不免流「涎」，坐久也就「厭」了。忽然「簷」前飛來一「燕」，卻被「堰」上的「雁」，來趕這「簷」前「燕」。使這「簷」前「燕」，躲入「宴」廳，停在「硯」上。「嚴」夫人「嫣」然笑道：『你看那隻「燕」，護著那塊「硯」。』「閻」夫人不顧這「筵宴」間「硯」上有「燕」無「燕」，既然來赴「宴」，就一面吸「煙」，一面誇贊「醃」肉，一口一口的「嚥」，「嚥」到「饜」足了，才「偃」下筷子。「顏」夫人「言」道：『你吃「饜」了，怕今兒晚上要夢「魘」，你看這話「驗」不「驗」？』「閻」夫人瞅她一「眼」，回「言」道：『你「臙」脂已流到口「沿」，若再發「言」，回頭連「臙」脂也會「嚥」到「咽」喉裡去「醃」了。』「嚴」夫人「眼」看「顏、閻」二位妒「豔」爭「妍」，「儼」然要「演」出鬥毆，乃用「言」敷「衍」說：『你們說甚麼「鹽」話？我家裡「鹽」多著咧。』「宴」會畢，「嚴」夫人乳「癌」發「炎」了，不多天「奄奄」死了。由「閻、顏」兩夫人給她「掩」埋了。倉頡乃「研」究如何「晏」然造字，使後代「嚴、閻、顏」三姓人士，不再反「眼」相鬥「焉」。』

中國文字眞是豐富、優美、靈便、可愛，洵爲無價之寶。但如今大家都漠視中文，甚至當衆說「兄弟的中文一直不好」而不害臊。唸中文系的撈不到飯吃，認識幾個外國字的才吃香走運。爲甚麼大家把和氏之璧，當成頑石瓦片看待呢？

【原文】：以同音字成文，據聞有趙元任撰施氏食獅史云：石室詩士施氏，嗜獅，誓食十獅。氏時時適市視獅。十時，適十獅適市。是時，適施氏適市。氏視是十獅，恃矢勢，使是十獅逝世。氏拾是十獅屍，適石室。石室濕，氏使侍拭石室。石室拭，氏始試食是十獅屍。食時，始識是十獅屍，實十石獅屍，試釋是事。又有在美學人楊富森博士亦撰釣魚遇雨文曰：余與于瑜欲漁遇雨：余欲與于瑜漁於渝。于遇余於余寓，語余：欲漁歟？與余漁於渝歟？余語于瑜：余欲鬻玉，俞禹欲余玉，余欲遇俞禹於俞寓。余與于瑜遇俞禹於俞寓，逾俞隅，欲鬻玉與俞。遇雨，雨逾俞宇。余與于瑜禦雨於俞寓，余鬻玉與俞禹。雨愈，余與于瑜踽踽逾俞宇，漁於渝。又有一醫生自縊文云：伊姨殪，遺億鎰。伊詣邑，意醫姨疫，一醫醫伊姨，翌、姨殪，億鎰遺，疑醫，以議醫。醫以伊疑，縊，以移伊疑。伊倚椅以憶，憶以億鎰遺，以議醫，亦縊。噫、亦異矣！今由以上三例，可見中文同音字之豐之美，實非其他外國文字可及也。（民國、牛綱正：《湘濱漫話》）

二四　十讀不如一寫

唐·張參，官任國子司業，就是擔任國子監的副手。那國子監又稱國子祭酒，乃是國立太學的校長，因此國子司業便是全國唯一最高學府的副校長。

他親手抄寫「九經」。那九經就是九種經書，包含：易經、詩經、書經、周禮、儀禮、禮記（這叫三禮）、左傳、公羊、穀梁（這叫春秋經三傳）九種。他常說：「讀書（用嘴巴唸書，有口無心，唸後即忘），不如寫書（用手抄書，一筆一劃，不敢苟且）。受益更為深刻。」

唐高宗皇帝，雖然貴為天子，國事紛繁，他也親自抄書，遍寫九經；而且下筆工整，前後字體一致，都用端楷。這是以往歷代皇帝所做不到的。

唐高宗還抄寫了一卷《漢光武紀》，賜給執政徐俯。並對徐俯說：「你從前勸我要讀《漢光武紀》，我深思之後，覺得『讀十遍還不如寫（抄）一遍』。我認為這樣做是對的，是最有效的，而且也做了。現在我把抄寫好了的卷子賞賜給你！」

前朝皇帝地位如此崇高，居然這樣的勤於治學，我們豈可不思效法嗎？

宋代蘇軾撰有一篇《李氏山房藏書記》，文中有一段大意是說：「從前得書不易，那時的讀書人，對史記漢書，都是自己親手抄來讀。近世由於木版印刷快而易，書多了，容易買到了，大家反而不讀書了，這乃是當今文人的通病。」

古諺說：「讀書不如寫（抄）書。」親手抄寫之後，自會記得特別牢實，我們仍要信奉這句座右銘才是！

【原文一—十讀不如一寫】：唐、張參爲國子司業，手寫九經。每言：讀書不如寫書。高宗以萬乘之尊，萬機之繁，乃亦親灑宸翰，遍寫九經，雲章燦然，始終如一。自古帝王所未有也。又嘗御書漢光武紀，賜執政徐俯曰：卿勸朕讀光武紀，朕思：讀十遍不如寫一遍，今以賜卿。聖學之勤如此。（宋、羅大經：《鶴林玉露》、手寫五經）

【原文二—讀書不如寫書】：蘇文忠公作「李氏山房藏書記」曰：「吾猶及見老儒先生言其少時，史記漢書，皆手自抄，日夜誦讀，唯恐不及。近歲，諸子百家，轉相摹刻，學者之於書，多且易致。其文辭學術，當倍蓰昔人。而後學之士，皆束書不觀，遊談無根。」蘇公此言，切中今時學者之病。古語云：「讀書不如寫（抄）書。」信哉！（明、都穆：《聽雨紀談》）

【另文一—親手寫十三經】：蔣湘帆寓揚州，手寫十三經。高東軒相國進呈御覽，皇上恩賜國子學正銜，人以爲榮。今該十三經俱在南書房，排列架端，余在内廷猶見之。同僚司諫戴璐補述：壬子刻石經於國學，即用蔣湘帆所繕之寫本。（清、阮葵生：《茶餘客話》、卷六、南書房寫本）

二五　百家姓版本多

姓是用來辨識族氏來源的，中國人對姓氏且特別重視。宋代邵思《姓解》三卷，收錄了二五六八個姓，是依照文字偏旁來作姓的分類。明代陳士元《姓觿》十卷，收錄了單姓複姓三六二五姓，是依照韻目來分類，他認爲姓氏紛亂，非觿（音攜，是解繩結的錐子）不能解結，故名《姓觿》。而清代陳夢雷《古今圖書集成》裡《氏族典》說：素存《姓府》收六三六三姓，較之《氏族典》收三七四六姓爲尤多。然最不可解者，《氏族典》中，對清代國姓「愛新覺羅」（是滿族語，滿清皇族的姓。清聖祖康熙帝姓愛新覺羅，名玄燁。「愛新」意譯爲「金」，「覺羅」意譯爲「族」）竟然不載，應是缺失云云。

收集姓氏的書，除了上述《姓解》《姓觿》《姓府》之外，還有：

姓氏急就篇——宋。王應麟撰。文詞古雅。見本篇末「原文四」。

姓氏書辨證——宋。鄧名世撰。以左傳國語爲主。凡言姓氏之書，皆詳爲考證。朱子語類說鄧之才學甚博，非虛語也。

萬姓統譜——明、凌迪知撰。每姓之下，略紀其本姓及歷代名人履貫事跡。蒐羅甚廣，足備考訂。

姓氏尋源—清，張澍撰。取歷代姓氏，分韻編次，每姓之下，考證其得姓之始。凡前人謬說，亦加以是正。

姓氏解紛—清，黃本驥撰，就姓觽刪繁補闕而成，依韻編次。

但有許多姓十分罕見、稀少，有許多姓可能已經改變、消失。有人乃採用常見的姓，將之排成韻語，組綴爲讀本，以便誦習記憶，就成爲《百家姓》了。所謂百家，是代表有很多的氏族之意，其實包含了好幾百個甚至幾千個姓。

《百家姓》不止一種讀本。今日最通行的是宋代編成的，四字一句，綴爲韻文，讀起來順口。全書共一三五句，包含單姓複姓四七二個。它的開頭與結尾數行如下：

趙錢孫李　周吳鄭王　洪陳褚衛　蔣沈韓楊　朱秦尤許　何呂施張………

呼延歸海　羊舌微生　梁丘左丘　東郭南門　東門西門　百家姓終

據宋代王明清《玉照新志》說：這宋本百家姓是五代十國中的吳越國（錢鏐建國，都杭州，據有蘇浙閩，亡於宋）時代的作品，撰者已不可考。由於那時天下正統是宋朝趙匡胤作皇帝，故以「趙」爲首姓。吳越國是錢氏所建，故以「錢」爲第二。「孫」是忠懿王（錢弘俶）正妃的姓。「李」是南唐李氏。至於第二句「周吳鄭王」則依序按武肅王（錢鏐）以下嬪妃的姓而編排的，因此可稱爲「宋代百家姓」。不過書中的句子，只是押了韻而已，句的本身缺乏意義。

據商務《辭源》所述，宋人尚有所謂《千家姓》，云已列入宋代陳振孫《直齋書錄解題》中。但《直》書只列舉書目，沒有正文內容，今天已不可考了。

到了明代，由朱元璋建國，相傳另有《皇明百家姓》，據說是吳沈（明初任東閣大學士，後官國子博士）撰寫的，見《黃華錄》。此書將「朱」列爲第一姓，共收一九六八姓，可稱爲「**明代百家姓**」。可惜未能普及，今已失傳，只知道第一句是：

朱奉天命（奉姓見《姓苑》；天姓見《通志・氏族略四》；命姓見《通志・氏族略五》）

以後到了清朝，有位摶沙拙老，撰《閒處光陰》自述說：「清聖祖康熙皇帝頒行了《御製百家姓》，見清代王士禎《居易錄》，每句都有佳意。我長大後，僅記得起首四句。歷經三十多年，忽然在古董店爛紙堆中檢得一本，雖有殘缺，尚可以義尋之」云云。雖然這「**清代百家姓**」在當時未曾流行開來，但其詞句確然十分典雅。爲不讓它湮沒消失而可惜，今特將全文錄下共賞：

清本百家姓　清康熙帝撰

孔師闕黨　孟席齊梁　高山瞻仰　鄒魯榮昌　冉季宗政　游夏文章
蓋都顏閔　殳郤蘇張　余宛伊傅　何賈孔龐　軒轅皇甫　夏侯殷湯
莘苗祁伊　華封祝唐　甯俞明濮　桓侯胥匡　卓許司馬　施賁范郎
赫連万俟　鍾離濮陽　燕向王謝　魚勾嚴姜　夔宣韶樂　禹貢萬方
鄭衛滕薛　秦穆宋莊　衡芳諸葛　滑稽東方　黃巢屠暴　石家富強
程賴刁斜　廣任安常　尉遲靳寇　宇文焦房　池邊那柳　東堵扶桑

郭汲童馬　武牧狄羊　逢蒙段羿　養弓杭楊　扈敖阮籍　昝麴杜康
查支裴鬱　洪水湛汪　耿慕元白　亢尚歐陽　溫公紀古　左史公羊
劉巫井宿　項畢烏江　蕭姬聶鳳　徐母闞操　呂伏丁董　申屠袁晁
單于冷薄　鞏都沃饒　長孫仲孫　利後瞿勞　聞人盧駱　慕容樊喬
皮韋索束　戎戚干戈　蔣鍾逯竹　陶宓林柯　鈕庫公冶　步舒澹台
鄧錢酈印　路米曾柴　時沈郁李　連茹紅梅　邴邢鄔郝　鄂郜酆郃
班荊管鮑　全趙藺廉　馮崔暨相　充國成田　臧仲居蔡　淳于單談
霍應空谷　韓危藍關　益賀伍竇　戴郟雙甘　平包陸計　諸習陰符
上官權幸　司農司徒　倉松尉柏　豐艾融蒲　凌雲厲翼　蒯熊令狐
翟羅莫顧　宦祿歐婁　景叢諸晏　霍隆于周　岑邱沙浦　麻葛毛裘
蒯通能卜　龔喻儲牛　花盛姚魏　桂弘蓬宮　宰須慎簡　庾倪司空
糜費甄別　奚訾荀龍　潘車廖滿　聞惠懷容　卞和隗璩　秋胡乜金
黎閻辛鞠　虞芮屈申　仇咸吳越　吉繆朱陳　壽翁彭祖　太叔公孫
邵雍解易　貝葉譚經　終於樂巴　姓終百家

以上共一一八句，含四百多姓。文藻優美，句調鏗鏘，典故雅馴，對仗工穩，應是諸本中最佳的了。例如首句「孔師闕黨」：闕黨就是闕里，孔子所居，是說孔子為闕黨的師長。次句「孟席齊梁」：席是西席，是對老師的敬稱，是說孟子是齊宣王梁惠王的老師。

其餘各句，都有來源，如「卓許司馬」是說卓文君許身司馬相如。「項畢烏江」是說項羽在烏江自刎畢命。「燕向王謝」是引用「舊時王謝堂前燕」有名詩句。「武狄牧羊」是說蘇武在匈奴狄方牧羊十九年。「班荆管鮑」是引班荆道故成語及管仲鮑叔交友故事。「全趙藺廉」是說藺相如和廉頗結爲刎頸交以保全趙國。「溫公紀古」是說司馬光撰資治通鑑紀錄古事。「韓危藍關」是說韓愈遠貶廣東，途經藍關絕嶺時，大雪封山，馬不能行的典故。都是有意義的。

但其中仍有遺漏，如佘、褚、尤、哈、端木、微生、西門、左丘等姓；也有重複的，如孔、終、家、諸等姓。或許是傳抄錯誤吧，諸都有待查正。

清代除上述康熙御製百家姓之外，據中華書局．大字修訂本《辭海．上册》述說：「清．崔冕（字貢收，巢縣人）撰有《千家姓》一卷。冕以原有《百家姓》語無文義，因就史傳詳加繙閱，得複姓三十四，單姓九七二，計千餘六姓，聯屬其文，較原書爲精賅雅馴。」只是如今已找不到這本書了。

三民書局《大辭典．上册》也有「千家姓文」的記述，內容相同。

及至民國，廣東省也刊印過另一種《百家姓》，以「陳」姓爲首，或許是由於陳濟棠（一八九〇——一九五四）稱霸爲南天王之故也，可算是「**民國百家姓**」，但迄未流行，內容不詳。

在這許多姓中，像殳、斜、郟、胝，似乎已極稀有，十分罕見，甚或已經消失了。而有趣的是夏與侯、諸與葛、赫與連、司與馬、單與于、申與屠、范與姜，都是單姓，但又有夏侯、諸葛、赫連、司馬、單于、申屠、范姜（台灣多此姓）等複姓。其次必須分辨佘余、田甲申、凌淩、鍾鐘、元阮、丘邱、烏鄔、朱邾、俞喻，近似而各不相同。

已故湘潭趙韞如先生，撰有三十四字對聯，全用姓字綴成，爲「孔孟百家姓綴聯獻瑞」，聯曰：

孔孟竟淵源，子姓繁榮，繼繼承承，昌昭後學；

顏曾贊統緒，孫支啓茂，綿綿翼翼，道廣先賢。

另據新華社報導（二〇〇二年七月廿八日聯合報轉載）：中國科學院遺傳研究所發表：中國有五十六個民族，姓氏已超過二萬二千個。但是不少的姓已隨時代變遷而消失，現今使用的漢姓約三千五百個，依序是李王張劉陳，楊趙黃周吳，徐孫胡朱高，林何郭馬。中國有一半人口都集中在這十九個姓裡。爲首的李姓人口達八千七百萬。李王張劉陳五姓人口達三億五千萬。而宋代百家姓之首的趙、明代百家姓及千家姓之首的朱、清代百家姓之首的孔，按人口數而言，分別只是第七第十四及第七十二位。

姓氏研究，對人類學、遺傳學、民族學、社會學、及譜牒學等領域都有關，值得深入追尋。

該研究所依據國家統計局的資料，計收納了單姓五三二七個，雙姓四三二九個，三字姓到九字姓二三一六個。用電腦按人口多寡排序、撰成《新編百家姓》（沒有把「毛」

「鄧」排在前面），開始的內容是：

李王張劉陳　楊趙黃周吳　徐孫胡朱高　林何郭馬羅
梁宋鄭謝韓　唐馮于董韋　程曹袁鄧許　傅沈曾彭呂
蘇盧蔣蔡賈　丁魏薛葉閻　余潘杜戴夏　鍾汪田任姜
范方石姚譚　廖鄒熊金陸　郝孔白崔康　毛邱秦江史
顧侯邵孟龍　萬段雷錢湯　尹黎易常武　喬賀賴龔文
…………

總之，姓氏的來源甚廣，諸如㈠以國爲姓如唐、夏、殷、周。㈡以官爲姓如史、尹、樂正、司馬。㈢以爵爲姓如王、侯、公、葛伯。㈣以地爲姓如池、關、南郭、西門。㈤以次序爲姓如孟、仲、季、第五。㈥以技爲姓如巫、屠、陶、卜。㈦以動物爲姓如馬、牛、熊、羊。㈧因華化而改姓如宇文、慕容、獨孤、爾朱。㈨尚有三字姓的如阿不罕、可朱渾、乙速孤、吐谷渾、步大行、莫多婁、烏古孫。㈩四字姓的如愛新覺羅、耨盌溫敦、井彊六斤等等。

按「百家姓」一書，自宋朝以來，便已是從前私塾中普遍作爲初學兒童誦讀的課本。以致宋代陸游寫有「秋日郊居詩」曰：「兒童冬學鬧比鄰，據案愚儒卻自珍，授罷村書閉門睡，終年不著面看人。」陸游自作詩下注解說：「農家十月遣子入學，謂之冬學。所謂《百家姓》之類，謂之村書也」云云（見《劍南詩稿》）。可作本篇之結尾。

【原文一—趙錢孫李】：百家姓乃是兩浙錢氏有國時，不著撰人所編著，何哉？其書首云：趙錢孫李。蓋趙乃本朝國姓，故以趙爲首。錢氏奉正朔，故以錢爲次。孫乃忠懿王之正妃，其次則南唐李氏。次句云周吳鄭王，皆武肅而下之嬪妃也。（清、翟灝：《通俗編．文學．百家姓》。引自：宋、王明清：《玉照新志》）

【原文二—趙尊國姓】：今鄉村小兒所習之百家姓一書，蓋由宋人所撰，以趙爲首，尊國姓也。（清、錢大昕：《十駕齋養新錄》、卷十六、姓氏）

【原文三—百家姓村書】：「兒童冬學鬧比鄰，據案愚儒卻自珍，授罷村書閉門睡，終年不著面看人。」自注曰：「農家十月遣兒童入塾學，謂之冬學。所謂百家姓，謂之村書也。」（宋、陸游：《劍南詩稿。秋日郊居》）

【原文四—姓氏急就篇】：書名。南宋王應麟撰。依史游急就篇的體例，以姓氏聯貫成篇。多七言或三言一句，便於記誦，文字古雅，不減游書。雖以記錄姓氏爲主，而陳述名物，安排典故，意義融貫。（台北、三民書局：大辭典、上册、第一〇九六頁。筆者按：宋史卷四百三十八，列傳第一百九十七，有王應麟傳。文末列有王的著作書目，唯僅列有姓氏急就篇之書名而已）

【原文五—千家姓文】：千家姓，書名，清代崔冕撰，一卷。內載複姓三十四，單姓九百七十二，聯綴成文，較「百家姓」爲精賅雅馴。（三民書局：《大辭典》、上册、五六一頁、千字部）

二六　千字文有兩三種

千字文是用一千個不相同的單字，編撰成四字一句的韻文，便於誦讀記憶，也是從前幼童啓蒙時的讀本。

唐・武平一《徐氏法書記》說：南北朝時，梁武帝蕭衍命殷鐵石搨出一千個字不重複者，召周興嗣組綴成《千字文》一書。共二百五十句，每句四字，計一千字。既是對偶，又都押韻。由於原文甚長，今只節引部份文句如下：

天地玄黃　宇宙洪荒　日月盈昃　辰宿列張
寒來暑往　秋收冬藏　雲騰致雨　露結爲霜
海鹹河淡　鱗潛羽翔　女慕貞烈　男效才良
禍因惡積　福緣善慶　尺璧非寶　寸陰是競
孝當竭力　忠則盡命　似蘭斯馨　如松之盛
嵇琴阮嘯　恬筆倫紙　謂語助者　焉哉乎也

這些詞句，都可使學童增加知識，砥礪人品。例如一尺長的璧玉不必視爲珍寶，但一寸的時光必須善於利用。又如嵇康很會彈琴，阮籍長於嘯歌。再如蒙恬製作毛筆，蔡倫發明造紙。句子都搭配得佳妙。

但是，以《康熙字典》爲例，它收錄單字四萬多個。如取用其中一千字，應當都選常用字。然《千字文》中未有「一三六七十百乙丁卜丈久凡已不內午升太刀小」，卻有罕用字「俶虢邙凊臬」。還有「同」字兩見（同氣連枝、寓同囊箱），這或許是手民誤植，似是小有瑕疵罷。

由於這本書富於啓發性，以致還衍生出好多種輔助讀本，例如《千字文釋文》《續千字文》《廣易千字文》等都是。由此看來，這「千字文」的價値還眞的不可忽視。

但《千字文》也有別本。《梁書・蕭子範傳》說：南平王要蕭子範撰《千字文》，文辭很美。唐、魏徵《隋書》、後晉劉昫《舊唐書》及清・顧炎武《日知錄》都說：千字文有二本：一是周興嗣撰，一是蕭子範撰。更有《鬱陶齋帖》說：鍾繇也撰有千字文，由王羲之書寫。這書的起首四句是：

二儀日月　雲露嚴霜　夫貞婦潔　君聖臣良

它的結尾兩句，則與周興嗣的書相同。而清代錢泳《履園叢話》出題篇說：南昌相國彭文勤公（名彭元瑞，與紀曉嵐齊名，卒謚文勤）嘗以周興嗣千字文顚亂，另行組綴成一本書，一字不易，進呈祝嘏（呈給皇帝慶壽），清高宗稱其敏慧。如此一來，似又鬧出了雙胞及三胞四胞案來。只是這些異本已經找不著了。

以往有句俚語叫「三、百、千」，乃是三字經、百家姓、千字文的省稱。明人呂坤

《社學要略》說：「讀《三字經》以習見聞，《百家姓》以便日用，《千字文》以明義理。」這三本書是我國迄今爲止保存最好、問世最早、使用最久、和影響最大的啓蒙讀本。它有教育性強、通俗易懂的長處。

這三本書以前是初入學的啓蒙書本，因此有人詠之曰：「三字經溫天地人，百家姓唸趙錢孫；村童勤讀書聲朗，又唱千文宇宙洪。」到了清代，牛應之《雨窗消意錄》述一詩云：「漆黑茅柴屋半間，豬窩牛圈浴鍋連；牧童八九縱橫坐，天地元黃喊一年。」都有嘲戲的意味。

不過，這三本書，經過長時期的篩汰而仍未滅失，確然還是進學的基礎課本，乃能一直流傳存活到現在，如今仍有再行咀嚼的價值，不信請隨手翻翻看看，開卷還是會受益的。

【原文一—周撰】：梁武帝於鍾王書中，拓出千字，召周興嗣韻之，一日綴成。（唐、李綽：《尚書故實》）

【原文二—周撰】：梁．大同中，武帝敕周興嗣撰千字文，以賜八王。注：又云：武帝令殷鐵石於書中搨一千字不重者，召周興嗣韻之。（唐、武平一：《徐氏法書記》）

【原文三—周撰】：智永千字文一卷，鼂氏曰：梁周興嗣撰，釋智永所書。（元．馬端臨：《文獻通考》、經籍考、經、小學）

【原文四—蕭撰】：南平王使蕭子範製千字文，其辭甚美，命蔡薳注釋之，自是別本。（唐、姚思廉：《梁書》、蕭子範傳）

【原文五—周蕭各撰】：千字文一卷，梁．給事郎．周興嗣撰。千字文一卷，梁．國子祭酒．蕭子範作之。（唐．魏徵：《隋書》、經籍志）

【原文六—蕭周各撰】：千字文一卷，蕭子範撰。又一卷，周興嗣撰。（後晉、劉昫：《舊唐書》、經籍志）

【原文七—周蕭各撰】：千字文，元有二本：一爲周興嗣撰，一爲蕭子範製。（清、顧炎武：《日知錄》、卷二十一、藝文、千字文）

【原文八—鍾繇撰】：魏太守鍾繇千字文，右將軍王羲之敎書。起四句云：二儀日月，雲露嚴霜。夫貞婦潔，君聖臣良。結二句與周氏同，是此書原有另本矣。（明、王肯堂：《鬱岡齋帖》）

【原文九—三百千】：三字經、百家姓、千字文，皆孩童啓蒙學館必讀之書，今則渾稱之曰「三百千」矣。（清、黃協塤：《鋤經書舍零墨》、書名不通篇）

二七　萬卷歷史寫不完

文以記事，如要週全盡意，文句就會長；如要簡省潔淨，文句就須短。這長短繁簡豈不是兩難？怎麼辦？恐怕要兼從精鍊求簡及賅備求全兩者都宜顧到才好。請看下面的故事：

北宋文豪歐陽修（一〇〇七—一〇七二，字永叔）進士甲科登第，做過翰林院侍讀學士，宋仁宗時，做到參知政事，等於副宰相。

他在翰林院的日子裡，有一天與同院學士閒遊，偶然看到一匹無人控制的脫韁之馬，在大道上急奔，馬蹄踏處，竟將一隻躺在道路上的狗踩死了（原文是「有奔馬斃犬於道」七個字，此爲第一式）。

歐陽修問同院說：「能不能試著把這件事寫下來？」

同院唸道：「有犬臥通衢（大道也），逸馬（逃走或狂奔的馬）蹄而死之。」（不算標點用了十一個字，此爲第二式）

歐陽修說：「你這樣寫來，文字用多了。假如要你寫唐朝或漢代的歷史，恐怕你寫上一萬卷還不曾寫完呢！」

同院請教道：「依內翰（對翰林的別稱）你的高見，應當怎樣寫記才簡省呢？」

歐陽修說：「我會簡化爲『逸馬殺犬於道』（只有六個字，此爲第三式），不就夠了？」

以上是依據《唐宋八家叢話》所記載的。歐陽先生撰《新唐書》二百二十五卷，自稱與《舊唐書》比較：事增於前，文省於舊（記事比以前增多，文字比舊書減省）。又撰《新五代史》七十五卷：義例嚴謹，文筆高簡。後來蘇軾的《韓文公廟碑》贊佩歐陽修「文起八代之衰」，這些都值得我們多多學習。

上面的故事並沒有完，宋代沈括撰的《夢溪筆談》中也記述了這馬踩死了狗的事，請見篇尾的「原文二」。爲免累贅，不翻譯了。該文又有四種不同的記敘法：「有奔馬踐死一犬」（第四式，七字）。「馬逸、有犬遇蹄而斃」（第五式，八字）。「有犬死奔馬之下」（第六式，七字）。「適有奔馬踐死一犬」（第七式，八字）。

這樁簡單小事，七種寫法不同，下筆可就難了。記錄這事有三個要點：奔馬、臥犬、大道。第四五六七句沒有寫出通衢大街道，可能誤爲曠野荒郊，似有瑕疵。

要言之，記述文在寫實，首求要點不漏，次求明白通順，然後刪削贅字複文，以達精鍊簡潔之旨，三者齊備，斯爲上品也。究竟哪一句爲佳，還請讀者評鑑。說不定你會提出第八種表達法吧？

歐陽永叔像

【原文一—歐與同院所記】：歐陽修在翰林日，與同院出遊，有奔馬斃犬於道。公曰：試書其事。同院曰：有犬臥通衢，逸馬蹄而死之。公曰：使子修史，萬卷未已也。曰：內翰以爲如何？曰：逸馬殺犬於道。（《唐宋八家叢話》）

【原文二—穆張兩人各記】：往歲文人多尚對偶爲文。穆修、張景輩始爲平文（意爲散文）。穆、張嘗同造朝，待旦於東華門外。方論文次，適見有奔馬踐死一犬。二人各記其事，以較工拙。穆修曰：馬逸、有犬遇蹄而斃。張景曰：有犬死奔馬之下。沈括另記曰：適有奔馬，踐死一犬。（宋、沈括：《夢溪筆談》）

二八　土偶木偶兩鬥嘴

戰國時代，齊國孟嘗君想投靠秦國。勸止他不可前去的人很多，孟嘗君都沒聽信。擅長說話的蘇秦也要來進諫。孟嘗君想爲難他，傳言道：「人世間的事，我都知道了（不必多費脣舌），只欠鬼事我還不全知道而已。」

蘇秦說：「我正是來講鬼事的。」孟嘗君才姑且一見。

（註：本文依據劉向的《戰國策》，說是蘇秦，但太史公司馬遷的《史記・卷七十五・孟嘗君列傳》則說是蘇代，見本篇末「另文」，不知孰是？）

蘇秦對孟嘗君說：「今天我來，渡過淄水時，看到一尊泥巴塑的土偶鬼與另一尊桃木雕的木偶鬼互相鬥嘴。木偶鬼說：『你是河水西岸邊的泥土塑成的，八月間雨季一到，淄水水漲，你就會沖進河裡，變回泥巴了。』

「土偶鬼回嘴譏道：『我本來是泥巴，即使回復成泥，那也等於回到西岸自己的老家，正合我意。至於你呢？你本是遙遠的東國桃樹砍下來刻削成形的，雨季一來，你也會沖進河裡，浮呀飄呀，隨著波濤流失到哪裡去你都身不由己，完全無法知道的了！』

「你孟嘗公子是齊國人，齊是你的生身之國，父母之邦，豈可忘本？至於秦國，乃是個國境四面都有山關阻隔的閉鎖之國，進出都很艱險，有如虎口，你若進入虎口，就會像那尊木偶鬼一樣，不但不能平安返回祖國，還只怕會遭受料想不到的災禍，讓土偶鬼看笑話呢！」

孟嘗君一聽，確然有理，去秦國的念頭就打消了。

【原文—蘇秦】：孟嘗君將入秦，止者千數而弗聽。蘇秦欲止之。孟嘗曰：人事者吾已盡知之，吾所未聞者獨鬼事也。蘇秦曰：臣之來也，固且以鬼事見君。孟嘗君見之。蘇秦曰：今者臣來，過於淄上，有土偶人與桃梗相與語。桃梗謂土偶人曰：子、土也。八月降雨下，淄水至，則汝殘矣。土偶曰：吾、西岸之土也。吾殘、則復西岸耳。今子、東國之桃梗也。刻削以爲人。降雨下，淄水至，流子而去，則子漂漂者將如何耳。今秦四塞之國，譬若虎口，而君入之，則臣不知君所出矣。孟嘗君乃止。

（漢、劉向：《戰國策》、齊策）

【另文—蘇代】：孟嘗君將入秦，賓客莫欲其行，諫不聽。蘇代謂曰：今且代從外來，見木偶人與土偶人相與語。木偶人曰：天雨，子將敗矣。土偶人曰：我生於土，敗則歸土。今天雨，流子而行，未知所止息也。今秦虎狼之國也，而君欲往，如有不得還，君得無爲土偶人所笑乎？孟嘗君乃止。（漢、司馬遷：《史記》、卷七十五、孟嘗君列傳第十五）

二九　不可貪玩要唸書

唐代杜悰，唐憲宗時爲駙馬都尉（就是皇帝的女婿，妻岐陽公主），唐武宗時爲尙書左僕射，唐懿宗時爲太傅，也做過劍南京川節度使，一生出將入相，很有政聲。

杜悰年幼時，常到昭應觀（道教的宮廟叫觀）近旁的野地上和一群小孩兒遊戲。某天，有個老道士來到路邊，單獨呼叫杜悰。杜悰走近道士身邊，道士用手撫摩著杜悰的肩背，關愛的柔聲說道：「小郎君，你要勤於唸書。不要跟著這些野孩子貪玩，將來才可以做大事，挑重擔。」這兩句話，影響了杜悰一生。

他又指著昭應觀說：「我就住在這個宮廟裡面，你能夠勻點時間來看看我好嗎？」道士走開了。杜悰以後，抽了個空，進到廟裡去逛逛。只見廟中很是荒涼而清冷，空蕩而單調。但走入後進，卻有一高高的內殿，供奉著太上老君的神像（道教的始祖，又叫混元帝君，就是老子）。當初那個老道士和杜悰談話時，道士的半邊臉上顯現出紫黑的不同膚色，那時杜悰並未留意。如今仔細端詳這座老君的像，容貌和那見過的老道竟然極爲相同。而這個後殿由於年久失修，屋頂漏雨沒人管，雨水淋過塑像的半邊臉，以致半面臉色變得暗黑了。

杜悰深受感動，從此少有嬉玩，發憤攻書，終於做到太傅。
厚德載福的人，自有神佑。努力耕耘的人，必會豐收。

【原文】：杜悰、為小兒時，常至昭應觀，與群兒戲於野。忽有一道士，獨呼悰，以手摩㧊曰：郎君勤讀書，勿與諸兒戲。指其觀曰：吾居此，頗能相訪否？既去，悰即詣之。但見荒涼，他無所有。獨一殿巍然存焉，內有老君像。初、道士半面紫黑色，至是詳視其像，頗類向所見道士，乃半面為漏雨所淋故也。（宋、李昉：《太平廣記》、卷第四十、杜悰。又見：《玉泉子》、作者不詳，一卷，多記唐人雜事，四庫提要列為子部小說家類）

三〇　不該講話鼈死了

大凡愚頑的人，如果口舌不謹，喜歡胡亂講話，就可能惹上亡身之禍。佛門慈悲，用這則寓言開示。

從前，有一隻鼈（就是甲魚，又叫團魚，似龜，但裙邊是軟肉，味美）優游在湖水中，以小蝦小蟲爲食，過得十分快樂。

有一年，遇到嚴重旱災，湖泊都乾涸了。由於牠爬行很費力，無法自行到達遠處有水藻有食物的池塘，眼看就要渴死餓死了，心中異常焦急。

此時有一群大白鶴，從他處飛來，停憩在湖邊。鼈就爬去哀求，請大白鶴濟牠度牠，幫忙帶到有水的池塘裡去。

有隻大白鶴見牠可憐，同意救助牠，就用大嘴啣起鼈身，張開翅膀高飛。途經城市上空，鼈看到下面的繁華世界，忍不住問道：「這是甚麼地方呀？怎麼這樣熱鬧哇？」大白鶴閉緊嘴巴，沒有理會。

這隻鼈以前從來沒有上過天空，好奇極了，一逕不停的東問西問。大白鶴被牠惹煩了，不得已回應道：「你不要講話好嗎？」

哪知大白鶴一張口，嘴裡啣著的這隻鼈便掉下去了，跌在地上，摔得頭昏眼花，半天動彈不得。被人捉到，殺來吃了。

喜歡亂開口的，會像此鼈一樣！

【原文】：昔有一鼈，遭遇枯旱，湖澤乾竭，不能存活。時有大鶴，來住其邊，鼈從求哀，乞相濟度，鶴嘴啣之，飛過都邑。鼈不默聲，問此何處？如是不止，鶴便應之。口開鼈墜，人得屠食。夫人愚頑，不謹口舌，其譬如是。（唐、西門寺沙門、釋道世：《法苑珠林》、卷五十九、思愼篇、第四十四、愼過部）

三一 父親偷羊兒告狀

詭辯的人，盡說歪理，可惜沒人戳穿它。例如本篇，兒子檢舉父親，哪能算孝？自願代死又求赦，哪能算信？全是一派胡言，我們若被他蒙蔽，豈不就受騙了？

楚國有個標榜凡事都依正直之道作行為標準的兒子，他的父親偷了羊，這個兒子便去告狀舉發。執法的人抓到他父親，重重判了死罪。兒子又請求由自己代父受刑，那時的律法可以代死，不久就要斬首了。

快要行刑前，這個兒子又申辯道：「我父親偷了羊，我知道了，就誠實的來告發，我這是何等的守信呀！父親要問斬，我又挺身願意自身代死，我這又是何等的盡孝呀！像我這樣一個既守信又盡孝的好人都要殺頭了，請問我們楚國還會有不被殺掉的國民嗎？」

楚王覺得他言之有理，便赦免他不殺了。

【原文】：楚有直躬者，其父竊羊，而謁之上。上執而將誅之。直躬者請代之。將誅矣，告吏曰：父竊羊而吾謁之，不亦信乎？父將誅而吾代之，不亦孝乎？信且孝而誅之，國將有不誅者乎？荊王聞之，乃不誅也。（戰國、秦、呂不韋：《呂氏秦秋》、十二紀、當務）

三二　天神獨救孫必振

天帝庇佑善良人士的方式，不是凡夫俗子所能測度的。

孫必振登上渡船過江，要去對岸。船剛啓行，離岸不遠，忽然狂風大起，雷電交加，烏雲密佈，就要下大雨了。渡船被強風刮得左搖右晃，全船乘客，十分驚慌。

此時忽見天上黑雲中出現一位金盔金甲的天神，手持金字令牌，緩緩下降。乘客們一齊抬頭細看，只見金字牌上寫著斗大的孫必振三個字，人人看得眞切。

衆人對孫必振說：「你肯定是犯了天條，天神舉牌指名要捉拿你。請你另換一條船，不要連累我們一同遭殃就是了。」孫必振正要辯解，大家卻不由分說，把他推趕到旁邊的一條小漁舟上。他將身子站穩，這漁舟也就隨著江流盪向岸邊。他回頭一瞧，豈知那艘渡船被強風一刮，突然翻覆，船底朝天了。

【原文】：孫必振、渡江，値大風雷，舟船蕩搖，同舟人大恐。忽見金甲神立雲中，手持金字牌下示，諸人共仰視之，牌上大書孫必振三字。衆謂孫曰：汝有犯天譴，請自爲一舟，勿相累。孫尚欲言，衆不待其肯可，視旁有小舟，共推置其上。孫既登舟，回視，則前舟覆矣。（清、蒲松齡《聊齋誌異》、卷十二、孫必振）

三三 今夕止可談風月

南北朝時代，常是豪強者廢掉或殺掉前朝皇帝，自己就此奪下江山，政風極壞。但在當時政治混亂的濁流中，也有好人出現，令人觀感一新。梁朝時的徐勉，就是其中之一，似乎今天都難有比得上他的廉直好官呢。

徐勉（四六六—五三五），字修仁，孤貧好學，幼勵清操。梁武帝登基時，封為尚書左丞，官聲甚好。

天監六年（梁武帝蕭衍的年號，即公元五〇七），徐勉受到賞識，升為吏部尙書。吏部負責選派官吏，擢用人才。徐勉身為首長，他掌握進退之權，處理得公平公正，杜絕倖進。他既長於書牘，又善於辭令。雖然公文堆積如山，訪客坐滿廳室，也能一面應對賓客，一面筆不停揮，眞可謂手腦兼施，獲得上下稱仰。

有一天夜晚，公務較少，難得偷閒，徐勉得以和多位朋友聚會品茗聊天，氣氛倒也融洽。就在這大家歡娛之際，一位友人叫虞嵩的，趁機請求派他作詹事五官（掌理東宮太子庶務之官，是個肥美的職缺），答允不答允似乎都難應付。

徐勉卻另有說詞，聲言道：「如此良夜，好友聊天，今夕聚會，只合談清風明月，不適合談授官派職，那是吏部的公務，自有一套制度讓大家遵循。至於我們各人的才能品德，輿論都有公評，那掌管取捨進退的尙書府（就是徐勉主管的吏部）也當會有平允的處置，今天夜晚在這裡最好不談公事，輕鬆一點，莫負今宵好嗎？」他沒有作任何承諾，也沒有傷及朋友的自尊，保持了超然的立場，不會因有私交就給予特殊的照顧。大家都佩服他能謹守公私分際。

徐勉的官位雖然顯赫，俸祿也必豐厚。但他沒有營求產業，不買田地山莊，不置華屋大廈；家中亦無多餘的積蓄，少有金銀珠寶。一些舊識朋好，勸他積點錢財，多少爲子孫後代打算。徐勉說：「別人留給子孫以財富，我但希望留給子孫以清白。子孫如果成器，他們自會有華車廣廈。子孫如果不爭氣，反而使他們變壞，再多的錢財最後還不是敗光送給別人嗎？」

【原文】：南朝梁之徐勉，字修仁，篤志好學。高祖踐阼，拜尙書左丞。天監六年，遷吏部尙書。勉居選官，彝倫有序。既閑尺牘，兼善辭令，雖文案塡積，坐客充滿，應對如流，手不停筆。嘗與門人夜集，有虞嵩求詹事五官。勉正色答云：今夕止可談風月，不宜及公事。時人咸服其無私。勉雖居顯位，不營產業，家無蓄積。故舊或從容致言，宜爲子孫計。徐勉答曰：人遺子孫錢財，我遺之以清白。子孫如有才也，當自致輜軿；如其不才，終爲他人所有。（唐、姚思廉：《梁書》、卷二十五、列傳第十九。又見：宋、孔平仲：《續世說》、卷第三、方正）

三四　水泡不能撈起來

有個國王的女兒（就是公主），甚得父皇的溺愛。有一天，下了大雨，皇殿前的御池中積滿了水，水面上浮起許多水泡泡，映著斜陽，反射出五彩霞光，十分可愛。

公主對國王說：「爹爹呀！我想要把那些美麗的水泡，鑲到我的髮夾上，那就合了我的心意了。」

國王道：「水上的浮泡，是掬拾不起來的，怎麼能鑲嵌到你的髮夾上去呢？」

公主撒嬌不依，說道：「我想要嘛！如果做不到，我就賭氣去自殺！」

國主拗不過女兒，就召來皇宮裡的一批巧匠，訓示道：「你們都學成了奇功巧技，無所不能。我今下令，要製出一個用水泡鑲成的髮夾，給我公主用。如果造不出來，就得斬首！」

巧匠們紛紛稟告說：「我等實無能耐製作這種髮夾，望皇王寬恕免罪！」

正在難以裁示之際，有位老匠自告奮勇，走向前排，稟告國王說：「這個髮夾，我可以製造得出來！」

國王十分高興，轉告女兒說：「有個年老巧匠能夠做了，你該自己去看看他是怎樣做的。」

公主見了巧匠，巧匠說：「我年老眼花，看不出哪個水泡好，哪個水泡醜。請公主你自己去挑選，撈上來給我加工，這才會合你的心意。」

公主果眞去撈水泡，但手一碰到，水泡就破了，一個也沒撈上來。公主撈了一天，身子疲乏了，心情厭煩了，不再想要這種髮夾了。

女兒回去向國王訴道：「水泡之美是虛幻的，不會久長。人間的情也是虛假的，苦多樂少。我已通悟，看破人生，不再任性胡鬧了，說不定某一天我會去誦經禮佛呢。」

【原文】有國王女，爲王所愛。時天降雨，水上有泡。女見水泡，意甚愛敬。女白王言：我欲得那、水上之泡，以爲髮鬘。王告女曰：水上浮泡，不可獲持，何可取得，以爲髮鬘？女白王言：說不得者，我當自殺。王聞女語，尋召巧師，而告之曰：汝等奇巧，靡事不通。速取水泡，作與我女。若不爾者，當斬汝等。巧師白王：我等無能、取泡作鬘。有一老匠，自占堪能。即前白王，我能作鬘。王甚歡喜，即告其女：今有一人，堪任作鬘。汝可自往，躬親瞻視。時彼老匠，白王女言：我素不別、水泡好醜。伏願王女，躬自取泡，我當作鬘。女尋取泡，隨手破散，不能得之，如是終日，竟不得泡。女自疲厭，捨而棄之。女白王言：水泡虛僞，不可久存。人間虛僞，樂少苦多。我已通悟，將會禮佛。（多僧集譯：《佛教大藏經》、雜部一、姚秦涼州沙門竺佛念譯：《出曜經》、卷第二十四、觀品第二十八）

三五　毛先舒不要看相

毛先舒，字稚黃，明末清初人，生於浙江仁和。作詩音節流暢，爲「西泠十子」之首（指在西湖西泠橋畔結社作詩的十位文士）。他精於韻學，著有《聲韻叢說》《韻學通指》《東苑詩文鈔》《晚唱集》，《聖學眞語》《思古堂集》等書。時人語曰：浙中三毛，東南文豪。有一天，他的友人推薦一位相士陳先生要爲他看相，介紹時說這位相士的相術，足可與漢代初年替周亞夫看相奇準的許負相比（史記絳侯世家說：許負爲周亞夫看相，鐵口斷他三年封侯，八年爲相，都說中了。），値得一試。

毛先舒回應道：「若論貧賤，這本是我現在所自有的嘛。若論富貴，那本不是我所希望的嘛。若論年壽的短長，這本是命中早經注定了的嘛。我們只可修養身心、不憂不懼的過日子就是了。至於我的命運如何？我自己已經詳細的審愼的評估過，沒有必要煩勞這位大師動嘴動舌了呀！」

【原文】：有客荐相者陳生於毛稚黃，謂其術可比之許負。毛曰：貧賤吾所自有，富貴本非所望。夭壽不貳，修身俟之。僕自相審矣，無煩此公饒舌。（清、王晫：《今世說》、賞鑒、有荐相者）

三六　王旦不要玉帶

北宋宰相王旦（封魏國公，諡文正），性情沖淡，物質欲望低少。住所簡約，衣服被褥也很樸素，是個不講究外表華美的人。

有人販賣玉帶，就是用玉片鑲嵌而成的腰帶，是裝飾品，也代表身份地位崇貴。《新唐書・李光進傳》說：皇帝在通化門前爲他送行，賜他玉帶。這乃是高官才有資格佩用的。

王旦家中晚輩，見玉器商人所販賣的玉帶十分可愛，就留下來呈給王旦說：「這條用古玉串飾的玉帶，玉片晶瑩剔透，綠碧玄白相間，象徵福祿壽喜俱全，高貴而富厚。穿著官服時，配上這條玉帶，會大大增加手采。」

王旦叫這位晚輩把玉帶先自試繫在腰上，然後問他道：「你還看得見這條華美的玉帶嗎？」

這位晚輩回道：「玉帶圍在我腰腹之間，我自己哪會看得到？」

玉帶圖

王旦說：「是呀，這玉帶確實美好。但玉塊鑲了這麼多片，自會有相當的重。如今要自己負擔重量，只是求別人看到說美，豈不是對自己過勞了嗎？何必這樣虧待自己？」

家中晚輩醒悟了，將玉帶退還給賣者，不要了。

【原文一──續通鑑】：王旦沖淡寡欲，所居甚陋，被服質素。有貨玉帶者，子弟以爲佳，呈旦。旦命繫之，問曰：見佳否？曰：繫之，安得自見？旦曰：自負重而使觀者稱好，無乃勞乎？亟還之。（清、畢沅：《續通鑑》、宋紀、眞宗。又見：趙伯平：《續通鑑雋語》、宋紀、眞宗、王旦七）

【原文二──舌華錄】：宋、王旦被服質素，有人貨玉帶者，弟以稱佳，呈與王旦。旦命弟繫之。已而問曰：還見佳不？弟悟，急還之。（明、曹臣：《舌華錄》、慧語第一、王旦）

當官的人，行了善政，做了好事，是不是都要算在自己的頭上呢？不如此的，恐怕稀少得像鳳毛麟角吧？

三七　王曾恩不歸己

北宋王曾（九七八——一〇三八），文才精敏，品德端正。他參加鄉試省試廷試都列名第一，累官右僕射、平章事（《宋史》有「王曾」傳）。在宋仁宗時代，掌理國政，長達十年。在此期間，朝廷內外，升官的和撤職的官員，不計其數。表面上都是奉到皇帝的聖旨所諭告，卻不知道各人的進退，其實全是王曾所主導的。他深自韜晦，從不張揚。

同朝大臣范仲淹（九八九——一〇五二）與他交誼甚好，偶然把這件事請問王曾。王曾坦率回答道：「如果執政的人（負責決定政策的首長），都把有善有恩的事歸功於自己（依照當今的風尚，美好的事都會設法扯過來往自己臉上貼金），然則那些有錯有怨的事情又推給誰去承擔呢（依照當今的風尚，過錯都會推卸給下屬單位去接受懲罰）？」范仲淹十分佩服。

【原文】：王曾前後輔政十年，其所進退士人，莫有知者。范仲淹嘗以問曾。曾曰：夫執政者恩欲歸己，怨使誰當？仲淹服其言。㈠清、畢沅：《續通鑑》、宋紀、仁宗。㈡又見：趙伯平：《續通鑑雋語》、宋紀、仁宗。㈢明、鄭瑄：《昨非庵日纂》、汪度第十）

三八　可曾見到好縣長

北宋有位范延貴，在朝廷任「殿直」（就是皇帝的侍從武官）之職。他奉派押送一批士兵，到了金陵（南京）。其時張詠正任職爲金陵太守。那張詠（九四六—一〇一五，謚忠定），和寇準是好朋友，後來做到禮部尚書。爲官正直而嚴明。與范延貴交談時問道：「范殿直，你一路長途行來，可曾見到有好的地方官沒有？」

范延貴說：「早幾天經過袁州府所轄的萍鄉縣。縣長叫張希顏，他從宋眞宗景德年間（一〇〇四—一〇〇七）迄今，就是萍鄉縣長。我雖不認識他，也沒有見過面，但他的確是個好縣長。」

張詠問道：「何以見得？」

范延貴回答說：「我一進入萍鄉縣境，就發現那些傳遞文書驛站的公家建築都整飾得很體面，四境道路都修補得很平整，各處橋梁也都維護得很完善。而鄉間的水田旱土，都已開闢墾殖，地利沒有廢棄，人

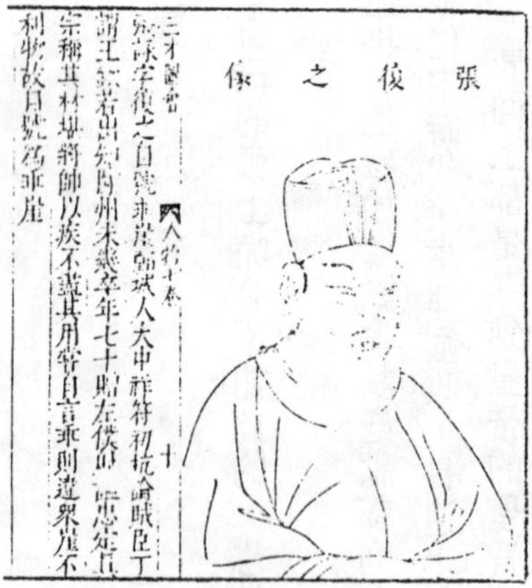

民也不懶惰。及至進入市區，那些茶樓酒店裡都沒看到有博奕賭場，商舖貨物的交易買賣雙方都不見爭吵。到了晚上，我睡在招待所裡，聽到街坊上夜間更鼓報時的也都很準點。從這許多方面看來，就可知道這縣長是個很有善政的好官了哇。」

張詠用心聽完，不禁開懷大笑道：「依據你這番細密的觀察和公正的評斷，不但那個張希顏誠然是個好地方官，我認為你范大人也是個處處留心治績的好京官也！」即時將二人一同薦舉給朝廷。張希顏不久調升為發運使（即轉運使，掌管江淮漕運，是要職），范延貴也晉級為閤門祇候（又叫閣門祇候，或閣門宣贊舍人，都是內閣官職，管傳宣引贊之事，為武臣之清選）。而且都有良好的表現。

以上是南宋時代愛國詩人陸游（一一二五—一二一〇），字務觀，別號放翁的一篇「隨筆」，只是日常小事一樁，沒有甚麼了不起。卻可以看到這位縣長，才眞的是勤政愛民。以古鑑今，似乎現在要找出一位夠得上稱道的地方首長還眞難得碰到。

【原文】：有范延貴者，為殿直。押兵過金陵，張忠定公詠為守。因問曰：天使沿路來，還曾見好官員否？延貴曰：昨過袁州萍鄉縣，邑宰張希顏，雖不識之，知其為好官也。忠定曰：何以言之？延貴曰：自入萍鄉縣境，驛傳橋道皆完葺，田萊墾闢，野無惰農。及至邑，則廛肆無賭博，市易不敢喧爭。夜宿邸中，聞更鼓分明。以是知其必善政也。忠定大笑曰：希顏固善矣，大使亦好官員也。即日同荐於朝。希顏後為發運使，延貴亦閤門祇候，皆號能吏。（宋、陸務觀：《老學庵筆記》）

三九　只爲一堵牆

「有土此有財」！一寸不肯讓嗎？即算活時爭到了，死後哪能帶著走？

清代張英，字敦復，號樂圃，桐城人（安徽桐城文風盛，鄉儒方苞倡桐城派），康熙年間進士，爲起居注官（記錄皇帝言行起居），入直南書房（又稱南齋，輪値爲皇帝近臣）。官至文華殿大學士，卒謚文端。

他在北京供職，老家仍居桐城。宅旁有一片空地。有一年，鄰家新建房屋，起造圍牆，不經意誤佔了張家三尺土地，等到完工才發現。錯誤已經鑄成，無法退讓，雙方弄成僵局了。

此時張英已貴爲禮部尚書（朝廷六部首長之一），官位顯赫。桐城家裡人便寫信投訴他，指控鄰居蠻橫無理，要張英轉告桐城縣長出面，逼迫鄰居拆牆還地。

張英接信後，沒有正面作答，只批回七言絕句一首云：

「千里修書祇爲牆（馳書告狀，僅指一牆）

讓他三尺又何妨（睦鄰爲上，三尺無傷）

長城萬里今猶在（長城萬里，聳峙北方）

不見當年秦始皇　（始皇何在？政息人亡）」

家人接看了這首詩，知道是要息事寧人，便遵從而不再追訴了。鄰居探知了這段經過，也感動而深自悔過，便自動打掉圍牆重建，不但讓出張府的三尺之外，又再退縮三尺，空出一條寬敞的巷道來，方便大衆行走。

雙方禮讓，傳爲美談。後人便將這條巷道稱之爲「六尺巷」。

同樣的事，除張英之外，其他書中還另有第二、第三兩樁：

第二樁是宋代楊玢，爲鄰居侵地，他寫下息爭詩曰：「四鄰侵我我猶伊，畢竟須思未有時，試上蒼元前殿望，秋風茨草正離離。」見附錄原文二。

第三樁是明代楊翥，也爲之覆書勸讓道：「普天之下皆王土，再過些兒也不妨。」見附錄原文三。他們的胸襟氣度，都很弘大。

【原文一—張英】：清代康熙年間，桐城張英故居，鄰家建屋，圍牆誤侵張家界址，錯已鑄成，無法退讓。張時已位居顯要，供職京師。家人馳書以告，指責鄰户蠻橫，要求轉囑地方官出面評斷。張得書，未置可否，僅寄七絕一首作覆，云：「千里修書祇爲牆，讓他三尺又何妨，長城萬里今猶在，不見當年秦始皇。」家人得書，謹遵指示，未再追究。事爲鄰家得知，深感愧疚，乃折除圍墻重建。除退還張府三尺地界外，復自行再退縮三尺，空出一條巷道。後人遂以六尺巷名之。（清、朱秋雲：《秋暉雲影錄》）

【原文二—楊玢】：宋、楊玢，官尚書，以老致仕，返長安。舊居多為鄰里侵佔，子弟欲詣官府訴狀。玢自批於狀尾云：「四鄰侵我我猶伊，畢竟須思未有時；試上蒼元前殿望，秋風茨草正離離。」子弟不復敢言。（明、李暉吉：《龍文鞭影》、二集、上卷、楊玢讓鄰）

【原文三—楊翥】：明、楊翥，明宣宗時為檢討，後升禮部尚書，德冠一時。鄰家構舍，其甭溜墜其庭（鄰家增建房舍，屋簷的滴水，落到楊家的庭院裡）。公不問。但曰：晴日多，雨日少也。或又侵其址，家人欲訟。楊翥覆書勸止，有：「普天之下皆王土，再過些兒也不妨」之句。（明、鄭瑄：《昨非庵日纂》、汪度第十）

四〇　吃飯不要付飯錢

本篇原文作者馮夢龍在此故事開始之前就特別指出：「凡幻戲之術，多是僞妄。」我們可不要受騙。

話說南京市上，來了個推車賣藥的老翁，車上裝置著一尊觀音大士立像，旁邊有兩排藥櫃。他問明了來求神藥病人的病情後，拿出幾種藥丸，先在觀音大士斜伸的手掌中滑過，凡是停留在掌心中的，表示沒有通過神的認可，與病情不合，不能給。凡是順利滾落到手掌下的藥盤裡的，表示神已同意，是有療效可以給人的仙丹，賣藥者誇稱治病必靈，求者甚衆，日進千錢。

有個當地人陳敬觀看了好多天，想要學這手掌選藥之術。每當黃昏人散之後，就邀賣藥者到餐館喝酒吃飯。奇怪的是陳敬不須付酒飯錢，食後逕自離開，店家根本看不見。如此白吃了三天，賣藥者問他這是哪一種道術？陳敬說：「這只是一種小幻術。你把施藥的法術教我，我就把隱身的秘方傳授給你。」

賣藥者說：「我的方法簡單，觀音手掌心裡嵌有磁石，藥丸上若附有鐵屑，就被吸住，我取下來另一處收存，下次仍可再用。沒有鐵性的藥丸會自由滑下，就可給人。藥丸藥性平和，病人服了不會壞事。」

陳敬這才明白了，也回報說道：「我的隱身方法更簡單，只是事先付了錢，囑咐店家假裝看不見而已。」

【原文】：凡幻戲之術，多係僞妄。金陵人有賣藥者，車載大士仲掌立像問病，將藥從大士手中過，有通過手掌而滾下入藥盤者，則許人服之，日獲千錢。有邑人陳敬從旁久觀，欲得其術。俟人散後邀飲酒家，不付酒錢，飲畢逕出，酒家如不見也。如是者三，賣藥人叩其法，曰：此小術耳，君許相告，幸甚。賣藥人曰：我無他，大士手心裝磁石，藥有鐵屑則吸住矣。陳敬曰：我更無他，不過先以錢付酒家，故絕不相問也。彼此大笑而罷。（明、馮夢龍：《增廣智囊補》、卷下、雜智、小慧）

四一　好人爲何絕後

善良的人，爲何沒有後代，且聽高僧解說。

有對好心的老年夫婦，膝下無子，十分抱憾。因去請教一位有道的高僧說：「我二人素行善良，一生沒有害過人，爲何絕後，豈不有違天理？」

高僧釋示道：「你倆在前世沒有虧欠過別人，別人在前世也沒有虧欠於你倆，哪會有兒子呢？」

這是說：若是生了佳兒，那是今世由他來報答我在前世給他的施助之恩。若是生下劣子，那是今世由他來收取我在前世欠他的未償之債。依此來看，有兒不必歡喜，無子也不須悲傷也。

【原文】：昔有老而無子者，問諸高僧。僧曰：汝不欠人者，人又不欠汝者，烏得有子？蓋生佳兒，所以報我之緣。生頑兒，所以取我之債。生者勿喜，死者勿悲也。

（清、蒲松齡：《聊齋誌異》、卷十三、四十千）

【另文】：有一富人無子，問禪師以往因果？禪師曰：你不少他的，他不少你的，他來怎的？（明、徐樹丕：《識小錄》、無子說）

四二　先罰後升用李勣

對待英雄人物，要講求操縱之術。「施以大恩後，自會有貼力的報答。」說穿了，就是玩權術，耍手段，收攬人心。

唐代李勣（五九四—六六九，字懋功），佐唐太宗四方征伐，平竇建德，俘王世充，破劉黑闥，擒徐圓朗。立功最偉，封為英國公。本姓徐，賜國姓為李。死後追贈太尉，諡曰貞武，《唐書》有他的傳記。

他是衛疆保國的重臣，資格最老，勤勞最著。唐太宗貞觀二十三年（在位的末年），太宗病勢垂危，對兒子唐高宗（那時還是太子）說：「國事要靠李勣，但你對他無恩，他不會服從你。非得使個手段來收服他才行。我明天就責怪他辦事不力，罰他降官，充軍到外地去。我死後，你登上皇位，就由你升他為宰相，調他回京，位居百官之上。如此一來，他因沐受了你的大恩隆典，就會貼心報答你了。」

果然，李勣被罰，降調到外郡去作疊州都督。等到唐高

李懋功像

宗登位後，召他回京，擢拔爲尚書左僕射（等於宰相）。李勣從此更盡瘁於國事了。

【原文一——先黜再升】：貞觀二十三年，唐太宗寢疾。謂高宗曰：汝於李勣無恩，我今將責出之。我死後，汝當授彼以僕射之位，勣即荷汝恩，必致其死力。乃出勣爲疊州都督。高宗即位，冊拜爲尚書左僕射。（後晉、劉昫：《舊唐書》、卷六十七、列傳第十七、李勣）

【原文二——感恩圖報】：唐太宗疾，謂太子曰：汝於李勣無恩，我今以事出之。我死，汝登位後，宜即授以僕射，彼必感恩圖報，致其死力矣。乃授疊州都督。唐高宗立，遂徵勣爲尚書左僕射。（宋、歐陽修：《新唐書》、卷九十三、列傳第十八、李勣）

【原文三——李靖獻計】：唐太宗謂李靖曰：卿嘗言李勣知兵法，然非朕控御，則難服也。他日太子將治事，何以御之？靖對曰：爲陛下計，莫若先黜勣，令太子復而用之，不亦可乎？太宗乃以事黜李勣。及高宗立，召勣爲尚書左僕射。（今人、任畢明：《龍虎集》、勝篇、李靖操縱李勣）

【原文四——不服就殺】：唐太宗有疾，謂太子曰：李勣才智有餘，然與汝無恩。我今黜之，若彼即行，將來可用爲僕射。如彼徘徊顧望，定當殺之（讀者請注意，這就是做領導者的厲害絕情之處，很可怕，唐太宗說的正是以權術箝制人的眞心話）。乃貶他爲登州都督。李勣預知其意，甫受命，不至家而去。（明、李暉吉：《龍文鞭影》、二集、上卷、徐勣就官）

四三　尖角方口不相通

（一）

從前的士人十年寒窗苦讀，目標是參加國家考試：鄉試錄取叫秀才，省試通過成舉人，進皇都參加京試上榜者爲進士。每場考試，考卷都用毛筆書寫，以致曾有因書法字體的好壞對錯而上榜或落榜的情事。

某年，有位在鄉試中主持考政的典試官（由他決定秀才錄取與否）評閱某一考卷後，隨手放在落選卷堆中，另一位襄試官偶然發現這份卷子書法秀美，翻讀一遍認爲文詞也很暢達，爲了憐才，也爲了免有遺珠之憾，特爲檢出，商請典試官重予考慮。

典試官說：「此卷的確優良，應算甲等，我對它印象很深刻，本該錄取。只是他在卷子裡將生員的「員」字，上截應該作「口」，他卻手寫成「厶」。厶意思，就是古寫的「私」字，他把這個員字寫錯了，所以不能錄取。」

那位襄試官仍想圓轉，說道：「這一點疏忽似乎只是小毛病嘛，或者能夠曲予體諒，通融一下，不就好了嗎？」

典試官回應道：「我們作文，乃是集字而成句，集句而成篇。士子唸書，先要認字，這是造句的基本材料。如爲平日寫作，隨便一些無妨，但參加國家的正規考試時，寫字不當犯錯。如果正方的口可以換爲尖角的厶，那末『句與勾，呂與台，和與私，吉與去，右與厷，拮與抾，兄與允』，能不能都可以互通互換呢？」

襄試官理屈，無法回答。典試官判道：「台呂私和，兩者相訕，句勾吉去，秀才下次。」終於落第，沒有錄取。

（二）

唐代單長鳴（單音善，是姓。唐有飛將軍單雄信，明有兵部尚書單安仁），考取進士上了榜，公佈週知，看榜的人很多，單長鳴也擠去看了。返回後即刻寫了狀紙，要控告那出榜的考選官員。

他的理由是：「我姓『單』，單字上端是兩個四方的『口』，可是寫榜的人寫『単』，將上端改爲兩個尖角的『厶』。這對我是一種侮慢，也對我宗族上的祖先構成一種羞辱，故此遞狀告他。」

受理狀訴主司者開始時還沒有弄清楚究竟是爲了甚麼理由值得來告狀，過了一陣明白了，卻認爲這點小差誤何必大費筆墨來打官司呢？不免勸道：「甚麼尖角方口，這只是小事一椿，也就無所謂呀！」

單長鳴抗爭道：「怎叫無所謂呢？大人如果認爲方口尖角可以互相通用，那末請教你一句『吳厷兄台』的文句，能否寫成『矣右允呂』，可以嗎？」主司者無言以應。（編者按：《康熙字典》中有此二字：貟在貝部，单在厶部）

【原文一—句勾吉去】：往昔士子應考鄉試省試及禮部殿試，均用毛筆寫卷，致有因書法字體之優劣而定取捨者。某年一典試官，將某一考卷閱後置於落選卷堆中，而另一襄試官偶見該卷書法秀美，文詞亦暢，爲免有遺珠之憾，檢出商請典試官重予核閱。典試官曰：此卷實佳，唯卷中手書生員之員字，上端應爲口，該士寫爲厶，厶乃私字，有錯，故不能取也。襄試官曰：此似爲小節，能曲請通融乎？典試官曰：如正方之口可換寫成尖角之厶，則句與勾，呂與台，和與私，吉與去，右與厷，兄與允，皆可互通且能互換乎？襄試官無以應。典試官判曰：台呂私和，兩者相訛；句勾吉去，秀才下次。終判落第。（清、朱秋雲：《秋暉雲影錄》）

【原文二—吳厷兄台】：唐代進士單長鳴，袖狀訴吏，云：某姓單，寫榜者別寫爲单，實貽宗先之羞也。主司初不喻，久之，乃曰：尖角方口，亦何謂耶？單長鳴抗爭曰：不然，明公倘以爲方口尖角得以互書，然則吳厷兄台閣下一語，可以換寫爲矣右允呂閣下乎？主者不能對。（唐、高彥休：《唐闕史》）

四四　存錢只說三十萬

蘇東坡《前赤壁賦》有名句說：「且夫天地之間，物各有主。苟非吾之所有，雖一毫而莫取。」這話寫下來不難，做起來可眞不易。尤其前漢時代，一百萬並非小數目，今有人焉，一文錢也不要，豈可不予傳揚？

漢代閻敞，字子張，任官爲郡掾（秦分天下爲三十六郡，一郡約當一省。首長叫太守，輔佐的屬官叫掾佐或掾屬。掾音院）。郡太守名叫第五嘗（第五是複姓，嘗是名。漢有司空第五倫，唐有鹽鐵使第五琦）。後來，第五嘗奉到皇帝詔命徵派他調升別處任職。由於京令急切，即須起程赴任，一時間只得將歷年所積存的俸祿及家財一百三十萬銀錢，寄存在閻敞處。爲了愼重，閻敞將錢埋在堂屋地下，其他人都不知道。

第五嘗離任後，不久，時疫流行，全家都突染急病死了，僅存活了一個孫兒，纔九歲。第五嘗在臨終時，曾對小孫子提及有錢三十萬寄存在閻敞處。等到孫兒長大成年了，便來拜會閻敞，順便試探著問起有沒有先祖父寄存的遺款？閻敞接待這位孤孫，一則以悲，一則以喜，即刻把埋藏的錢一百三十萬，分毫不差的還給他。

孫兒提醒說道：「先祖父只提到寄存三十萬，沒有說是一百三十萬，是不是你給我太多了？」

閻敞答道：「我想令先祖大概是在重病之際，記憶迷糊，把錢數說錯了。你不必懷疑，這一百三十萬都該全數歸還你的！」

【原文—閻敞一百三十萬】：閻敞，字子張，爲郡掾。太守第五嘗被徵，以俸錢百三十萬寄敞，敞埋之於堂下，後、第五嘗舉家病死，唯餘孤孫九歲。嘗未死時，曾說有錢三十萬寄敞。及孫長大，試謁閻敞問之。敞見孫，悲喜不勝，即悉數取錢還孫。孫曰：祖僅言三十萬，無一百三十萬。敞曰：府君病困謬言耳，郎君勿疑。（明、鄭瑄：《昨非庵日纂》、種德第三、閻敞條）

【另文—歐陽歸還五百兩】：南北朝陳、有歐陽頠，字靖世。初、交州刺史袁曇緩，密以金五百兩寄頠，囑以百兩還合浦太守龔蒍，另四百兩付兒智矩。餘人弗之知也。頠尋爲蕭勃所破，貲財並盡，唯所寄金獨在，曇緩亦尋卒。至是，頠並依信還之。時人莫不歎服其重然諾如此。（清、張廷玉：《子史精華》、卷一百二、人事部六、交與。又見：唐、姚思廉：《陳書》、卷九、列傳第三）

四五　行爲不檢誣爲賊

有個叫李二混的人，家貧無法度日，只好徒步前往北京，另找生活。他路上行經郊野，遇到一位少婦，騎著驢子，與他同道。李二混跟上，大膽向她搭訕，少婦不答。漸漸又放肆向她講些輕薄調戲的話，女的也沒有生氣。

第二天，在路上，又遇見了，李二混再向她招呼示好，少婦沒有理會。問她今晚何處打尖投宿，少婦也未回話，卻丟下一個帕巾小包在地上，鞭著驢子趕前走了。

李二混拾起巾包，打開一看，全是一些銀簪金鍊珍貴首飾。李生正爲盤纏缺少發愁，這些恰可充當旅費。傍晚抵達城裡，先就找上一家當舖典當換錢。老闆一看，正好是昨夜這家當舖被偷的一部份失物。即時報官，抓他入獄，大受拷打，李二混受不了，只好招供爲賊，服刑。這是紀曉嵐向董秋原說的。李生輕薄，自食惡果，浪蕩子應引以爲戒。

【原文】：有李二混者，貧不能自存，而赴京師謀食。途遇一少婦騎驢。李逞與語，微相調謔，少婦不答，亦不嗔。次日又相遇，少婦擲一帕於地，鞭驢逕去。李啓其帕，乃銀簪珥數事。適資斧竭，傍晚入城，持謁質庫，正質庫昨夜所失。報官拘之，大受拷掠，竟自誣爲盜，服刑。（清、紀曉嵐：《閱微草堂筆記》、槐西雜志之三）

四六　扣押國王滅其國

唐朝末年，天下大亂，經過「五代」「十國」，由趙匡胤統一，建立宋朝。十國之中，有個「吳越」國（八九三—九七八），由錢鏐創建，國都在杭州。宋太祖既有天下後，這時吳越國君叫錢俶，他敬畏天威，親來朝覲。宋太祖依禮接見，安排他在賓宮住宿。朝中自宰相以下滿朝大臣，都呈上奏書，請求將錢俶扣押，並奪取土地，滅其國家。宋太祖沒有採納，屆時讓他歸國。

錢俶辭行時，宋太祖賜給他一個木匣，匣蓋貼了封條，告諭他說：須到半路上，才可獨自秘密拆封細看。

錢俶走到自己國境，才開匣遍觀，才知道匣中盡是宋朝大臣們上稟宋太祖的奏疏，全都建議請求拘留他，並且趁此奪其地滅其國。幸而宋太祖寬宏大量，沒有留難。

宋太祖像

錢俶既感恩，又害怕，等到宋太祖平定江南

後，便自動請求削除國號，獻上國土，納入宋朝版圖了。

【原文一—扣留奪其國】：吳越錢俶來朝，自宰相以下咸請留俶而取其地。帝不聽，遣俶歸國。及辭，帝取群臣留俶章疏數十軸，封識遺俶，戒以途中密觀。俶居途啓視，皆係留己不遣之奏章也。俶自是感懼。江南平，遂乞納土降。（元、脫克脫：《宋史》、卷三、本紀第三、太祖三）

【原文二—錢俶納土降】：錢俶，爲五代吳越國王，錢鏐之孫，原名弘俶，字文德。性寬和，好吟咏。宋太祖統一天下，錢俶納土，國除。著有「政本集」。（元、脫克脫：《宋史》、吳越世家，錢俶）

【另文一—吳越都杭州】：吳越，國名。自西元九〇七至九七八，五代十國之一。錢鏐所建。都杭州，據有今浙江、江蘇、福建等地。爲十國中最安定之國，水利興治發達。後亡於宋，凡三世，五王，立國七十二年。（民國、柏楊：《中國帝王世系錄》、上冊、帝王篇）

四七　西洋日月稱謂

清代梁章鉅（一七七五—一八四九），字閎中，晚號退庵。嘉慶進士，官江蘇巡撫，兩江總督。地方利弊，了然胸中。有著作七十餘種。

他在道光年間，以疆臣退休，繼《歸田瑣記》之後，又撰有《浪跡叢談》。此書中記有「外洋月日」一篇，若與英文比對，頗饒趣味。今特錄出，以供同好欣賞。（括號內中英文爲筆者所添注）。梁之原文（僅有中文）曰：

「予在粵西，見粵東有刻本載外洋月日者，姑存之以廣異聞云：暎咭唎（即英吉利、英國。是English，爲英國人之訛譯）、咪唎嚂（即美利堅 America）、及大小西洋（即大西洋 Atlantic Ocean）、大小呂宋（Luzon 菲律賓之呂宋島）、啡囒西（France 法國）、荷囒（Holland 即荷蘭）等國。每歲以冬至後十日爲元旦（經查對 2001、2002、2003 三年之冬至都是十二月廿二日，加十天便是次年的一月一日爲陽曆的元旦）。足三百六十五日爲一年，每到四年，於二月閏一日（陽曆四年一閏，閏年全年爲三六六日。我國陰曆則是三年一閏，五年再閏，十九年七閏，閏年有十三個月，那一個月稱爲閏月）。自奉耶穌教之年算起，迄今一千八百三十九年，即道光十九年乙亥也（按次年即發生鴉片戰爭）。今將西洋諸國各月分、名色、及其日數（按那時中國僅用陰曆，每月大小及日數與外國的陽曆完全不同）開列如左：

正月：曰「然奴阿釐」(January)—共三十一日

二月：曰「飛普阿釐」(February)—平年共二十八日，閏年二十九日

三月：曰「馬治」(March)—共三十一日

四月：曰「嗾悖釐爾」(April)—共三十日

五月：曰「咩」(May)—共三十一日

六月：曰「潤」(June)—共三十日

七月：曰「如來」(July)—共三十一日

八月：曰「阿阬士」(August)—共三十一日

九月：曰「涉點麻」(September)—共三十日

十月：曰「屋多麻」(October)—共三十一日

十一月：曰「娜民麻」(November)—共三十日

十二月：曰「釐森麻」(December)—共三十一日

其稱我國之月分，亦別有名色，如：

正月：曰「乏士們」(first month)

二月：曰「昔鯁們」(second month)

三月：曰「塌們」(Third month)

四月：曰「咶們」(fourth month)
五月：曰「輝色們」(fifth month)
六月：曰「昔士們」(sixth month)
七月：曰「森們」(seventh month)
八月：曰「噎們」(eighth month)
九月：曰「那引們」(ninth month)
十月：曰「鼎們」(tenth month)
十一月：曰「林們」(eleventh month)
十二月：曰「都嗾爾們」(twelfth month)

【原文】：余於清朝道光丙午，以疆臣引退，因隨地養疴，而近於浪跡。憶年前有《歸田瑣記》之刻，今茲復逐日有作，未可仍用歸田之名，因題爲《浪跡叢談》。浪跡存其實，叢談則猶之瑣記云爾。（筆者按：梁章鉅（一七七五—一八四九）福建長樂人，嘉慶進士，道光時官巡撫兼總督，聞見廣博，著作數十種。此篇「外洋月日」，其原文已插記入語譯文中，此處免予重複引用。讀者藉由此篇，當可窺知距今一百六十四年前（西元一八三九）清朝大臣對西方文化之瞭解程度。）（清、梁章鉅：《浪跡叢談》、外洋月日、商務印書館出版：歷代小說筆記選、清、第三冊）

四八　朱舜水不拜安南王

明末朱之瑜（一六〇〇—一六八二），號舜水（日本尊稱他爲文恭先生），浙江餘姚人。遵禮知書，是位大儒。曾有一位別宗而姓朱的人，帶著宗譜家譜，及皇帝的聖誥等證物來說：「我是朱熹（朱文公）的後代。朱熹的兒子在餘姚做過縣令，子孫留住在此成家，傳到現在。因仰慕先生的高義，想要認先生爲同一宗族。」大家翻開族譜查對，兩個宗派的世系大都相同，但只其中一代有疑問。

本族的人都贊同兩派合宗，但朱舜水嚴肅的說：「其中既有一代不明確，那以後的繁衍便都不可靠了。而且人貴自立，只要能發揚光大，從自身就可立派開宗，何須攀附朱熹夫子去沾光呢？」同族的人，都信服他的高見。

明末魯王監國九年（一六五四），恩詔朱舜水爲徵士（皇詔禮徵學博才高的人叫徵士，又美稱徵君）。那時清世祖順治皇帝已統治天下，追擊南明三王，各地烽火頻仍，詔書輾轉傳遞了三年，朱舜水已去了安南交趾（今越南的北部地區），要請外國援兵助復明朝。此時才由日本商船帶來詔書。他因請援沒有頭緒，便想從安南回國，共赴國難。

不幸這時（一六五七）安南國王傳檄全國，要羅致中原上國知書識字的文人。地方官將他提報。差官按名找人，蠻橫地逮捕他如同捉拿匪盜，抓到官衙面試詩文。朱舜水只寫交數句：「我名朱之瑜，因中國大明江山傾頹，我不甘心歸降清朝剃髮，避來貴國。年紀老大，憂心如焚，詩文末技無可取。」乃將他解往外營沙（地名，安南音讀爲陵甲）。

外營沙是安南國王屯兵之所，國王即時下令押見。這時文武大臣齊集，持刀武士圍立了數千人，要他向國王跪拜。朱舜水身爲上國徵士，不能屈膝番邦，跪拜有辱國體，就假裝言語不懂，只施長揖。旁人揪住他的衣袖，按他下拜，他甩脫不從。國王大怒，命長刀手押出，關入艚所（專管唐人及外國船舶之所），要他思過。但他堅持不屈，決心一死。

國王派一黎醫官勸他道：「你如一定不拜，必會殺掉，何苦這樣不自愛惜？」朱舜水抗聲答道：「今天我遵禮而死，這是盡節。含笑入於九泉，死當無憾，何必多言！」

第二天清晨，他囑咐了身後之事，等候死訊。安南國王也派人查訪，得知他在中國的一切，身爲徵士，是位忠節大儒，既沒有犯任何過錯，不敢殺他，以免得罪中華上國。由於主意改變，反而心生佩服，轉而想要使朱舜水投誠效命，輔佐王室。

朱舜水先生遺像

過了幾天，國王賜給他一封信函，其中說：「姜太公輔助周文王，得以君臨天下；陳平襄佐漢高祖，乃使漢室興隆。」意欲說服他在安南爲官。但他一心志在恢復明室，婉言覆函辭謝了。其後，他設法回到國內，前往廈門，參贊了鄭成功（一六二四——一六六二）北伐南京的攻戰計畫。

由於這段事故，安南全國都知道朱舜水的貞忠義烈，反而敬重有加。後來舜水先生將這番遭遇詳細的記錄下來，名之曰《安南供役紀事》。

【原文】：文恭先生，諱之瑜，姓朱氏，號舜水。明浙江餘姚人。明禮知書。嘗有人攜家譜，來謂曰：我朱文公之後裔也。文公之子爲餘姚令，子孫因家焉，欲認先生爲同族。及閱譜，世系都同，唯一世可疑。宗族皆欲從之，先生正色曰：一世不明，則餘不足據。若能自立，可自作祖。宗人皆服其卓識。監國九年，魯王詔爲徵士，而先生已在交趾。是時安南國王檄取中原識字人，差官舉先生，掩捕如擒寇虜。使先生作詩。但寫：朱之瑜，因中國天傾日喪，不甘薙髮從虜，避來貴邦，潰耄憂焚，作詩無取。遂押往外營沙，即日命見。文武大臣悉集，露刃環立者數千人，欲其下拜國王。先生故爲不解，又牽袖按抑令拜，先生揮脫之。國王大怒，必欲殺之，而先生執意彌固。有黎醫官勸曰：君必不拜，見殺無疑，何不自愛？先生厲聲曰：今守禮而死，何必多言！次日囑託後事。國王亦差人查訪，知其履歷，於是殺計已弛。數日後，國王致書，有太公佐周而周王，陳平助漢而漢興等語。先生覆書婉卻之。自此全國悉知先生貞烈義勇，反相敬重。其後，先生錄此事實，名曰安南供役紀事。（日本、今井弘濟、安積覺（均爲朱舜水學生）同撰：《舜水先生行實》——刊入《朱舜水全集》爲附錄）

【後記】：朱舜水是明末大儒，和顧炎武、黃宗羲、鄭成功、袁崇煥同時。滿清入關，明魯王監國於舟山，他也赴舟山盡心匡助。曾去安南五次，到日本七次，都是去請援兵。最後一次到日本時，明祚已近尾聲，滯留不得回國，只好羈寓日本。因他德高學碩，受到日本宰相德川光圀（德川家康之孫。他祖父開創日本兩百六十年太平盛世）的禮敬，迎朱舜水回江戶（今之東京），尊以師禮，敬爲國師。不便直呼姓名，乃用其故鄉河川爲號（餘姚縣有河曰舜水），稱爲舜水先生。他編纂了《大日本史》，建立學宮，開創水戶學派，將中華儒學宏揚於日本。更在民間親授蠶桑製絲之術，醫藥種痘之方。於日本天和二年（一六八二）逝世，年八十三歲，日本謚曰「文恭」。德川光圀祭之以文曰：「嗚呼先生，明之遺臣。天下所仰，衆星拱辰。學貫古今，邦國儒珍。函丈師事，恭禮寅賓。嗚呼哀哉，來綏來臻。」且輯有《朱舜水先生文集》，日人稻葉岩吉博士撰有《朱舜水全集》，日人五十川剛伯撰有《明朱徵君集》（餘略）。朱舜水傳漢學於東瀛，肇明治之維新，是四百年來，影響日本之唯一中華大儒。我國歷史上卻至今未立專篇（四庫全書中集部極多，獨缺朱舜水集），遺骸也長埋異域。日本人寶其遺物，守其祠墓，中國人卻不聞不問，豈非大憾？他在日本的行止，因「全集」文長，不克盡錄，只好節譯他安南之役的經過，以見其節義之一斑，略示景仰之微意焉耳。

德川光圀

四九　老而不廢

三國・曹操《步出東西門行》說：「老驥伏櫪，志在千里。烈士暮年，壯心不已。」南朝宋・范曄《後漢書》中《馬援傳》說：「丈夫爲志，窮當益堅，老當日壯。」唐代王勃《滕王閣序》也回應說：「老當日壯，寧知白首之心。窮且益堅，不墜青雲之志。」你我都會老，這是自然定律，不必嫌棄老人，或許老年人仍有某些長處。

〔一〕

戰國時代，齊國的孟嘗君，是四君子之一，喜好招徠賓客。天下奇士，都願集於其門。有位楚邱先生，披著皮裘，去投效孟嘗君。孟嘗君接待了他，但對他說：「先生，你年歲老了，春秋高了，記憶力衰退了，容易健忘了。你打算怎樣來輔助我指導我呢？」

楚邱先生回答道：「你是要我丟石頭比遠嗎？去追趕那奔馳的兵車和戰馬比快嗎？如果是這樣，我會因勞而死。但我另有所長：你是要我策劃一項深密的計劃嗎？設定一套長遠的謀略嗎？要我對某些難題來破疑解惑嗎？如果是這樣，那我還只是開始進入壯年，全都可以游刃有餘，哪裡算老呢！」

（三）

周代的鬻子，名熊，楚國人，是周文王的老師。自周文王以下的人，都向他求知問學。後人集合他的遺事餘文，編爲《鬻子》一書。《文心雕龍，諸子》及《四庫提要》中都有敘述（是我國第一本「子」書）。鬻子本人則在《史記・周紀》裡有簡述。

他九十歲時，見了周文王，向文王開示道：「如果要我去追趕野獸，捕捉麋鹿，由於我年紀老大，那是做不到了。但如要我坐而論道，或策劃國家大政，那我還算年輕，足足可以勝任有餘呢。」

由以上二事看來，正合「薑是老的辣」之意。可證年愈高則經驗愈富，確然會勝過一般少不更事的常人。

【原文一|楚邱】：楚邱先生披裘見孟嘗君。孟嘗君曰：先生老矣，春秋高矣，多遺忘矣，何以教文？先生曰：使我投石超距乎？追車赴馬乎？吾則死矣。使我深計而遠謀乎？設精神而決嫌疑乎？吾乃始壯耳，何老之有？（明、蕭良有：《龍文鞭影》、初集、卷下、楚邱始壯）

【原文二|鬻子】：鬻子名熊，楚人。爲文王師，明大道，自文王以下皆曾問道於鬻熊（左傳・僖二六年有記。史記。周紀亦有簡述）。年九十，見文王曰：使臣捕獸逐麋，則吾已老矣。使臣坐策國事，尚年少也。（宋、李石：《續博物志》、鬻子條）

五〇　何不七十九

活與死的決擇，原本是個大難題。有道是：「千古艱難唯一死」，又說：「好死不如賴活」，不都是耳熟能詳嗎？其實、我們若是深入一層思之，冷靜客觀一些去想一想：僅僅「活著」，這還只算是手段；活著之餘「要幹甚麼」？這才是人生的目的（換句話說：壽命或長或短，並非緊要，但看他如何行事，才見賢愚；也猶如：賺錢誰少誰多，不必介懷，只看他怎樣花錢，便分高下）。如果活著專謀自身之利，損人利己，恐是大衆的禍害；唯有無私奉獻，使他人受益，這個社會才可共享祥和與康樂，自己也將獲得滿足與安慰；或許這才是正確的「人生觀」吧！

試看南宋末年，國勢衰頹，北方元兵南侵，勢如破竹。南宋有位保土衛民的重臣名叫夏貴（一一九六—一二七九），擔任淮西（即淮河上游，又稱淮右）邊防將帥，抵抗元軍。

淮西閫帥夏貴放棄守衛，於德祐（宋恭帝年號）丙子年（公元一二七六，即元世祖忽必烈至元十三年）投降元朝，被改派爲中書左丞（大約是掌國家文書的文職閒官）。投降之時，他已滿七十九晉八十歲了。一晃到了己卯年（一二七九），夏貴八十三歲，閻王拘他去陰間，死了。

夏貴一生享盡了宋朝的高官厚祿，到八十歲暮年卻投降於蒙古族的元朝，祇偷活了四年，許多人都罵他不該臨老變節，靦顏事仇。死後，有人送他五言詩一首，譏曰：「自古誰無死？惜公遲四年！問公今日死，何似四年前？」

又有人到他的埋骨處，題詩在墓碑上挖苦他，詩云：「享年八十三，何不七十九？嗚呼夏相公，萬代名不朽？」

我們看：夏貴是國之大臣，以八十衰朽殘年，變節降敵，偷生苟活，僅只四年，無恥之尤，劣行可殺。想他也過得窩囊，良心受譴，遺臭萬古，宜乎遭人唾罵也。

【原文一─自古誰無死】：夏貴爲淮西閫帥，德祐丙子降元，授中書左丞，時年八十矣。己卯薨。有人贈詩云：自古誰無死，惜公遲四年；問公今日死，何似四年前。又有人弔其墓云：享年八十三，何不七十九？嗚呼夏相公，萬代名不朽。（宋、胡省三：《資治通鑑胡注表微》、生死篇第十九）

【原文二─何不七十九】：夏貴崎嶇戎馬，幾廿年，固宋末一勞臣。使其能保危疆，當與岳飛韓世忠比烈。即不然，以身殉國，亦當與李芾、李庭芝同列忠義傳。乃不能守其初志，正月宋亡，二月貴遂降。宋史因其降而不爲立傳，元史又以其無績可紀亦不立傳，絕然一生勞瘁，付之東流。計其時，年已大耋，苟活亦祇四年。故有人弔之曰：享年八十三，何不七十九？嗚呼憂相公，萬代名不朽？（清、趙翼：《廿二史箚記》、卷二十六、宋史）

【原文三—惜公遲四年】：至元丙子春，淮西閫帥夏貴，歸附大元，宣授中書左丞，至元己卯薨。有贈以詩云：自古誰不死，惜公遲四年！聞公今日死，何似四年前？又有人弔其墓云：享年八十三，何不七十九？嗚呼夏相公，萬代名不朽！（元人、撰者名闕：《三朝野史》、至元丙子條）

【原文四—丹心照汗青】：宋、文天祥（一二三六—一二八二），進士第一，抗元被俘，作「正氣歌」。曾有「過零丁洋」七律云：「辛苦遭逢起一經，干戈寥落四周星，山河破碎風拋絮，身世飄零雨打萍。惶恐灘頭說惶恐，零丁洋裡嘆零丁。人生『自古誰無死』，留取丹心照汗青。」（今人、霍松林：《宋詩三百首》、文天祥）

【另文一—張弘範滅宋】：宋代張弘範，投降元朝，督兵南下侵宋，俘文天祥於五坡嶺，敗張世傑、陸秀夫於崖山，因以亡宋。乃於崖山石壁刻字曰：「張弘範滅宋於此。」以記奇功。後有人在句前加一「宋」字，成爲「宋張弘範滅宋於此。」又有人題詩於其側曰：「勒石奇功張弘範，不是胡兒是漢兒。」（商務：《中國人名大辭典》）

五一　何得每事都盡善

「官大學問大」，自古已然，如今尤烈。高官在位，不論對政治經濟，或是對科技天文，都能夸夸而談，頻作訓示。阿諛拍馬者，一齊附和，稱贊聖明。只有本篇王述，卻不賣帳苟同，當面戳穿，不妨一看。

晉代王述，有才有識，但行年三十，還未出名。父親王承，爲中興名臣第一，祖父王湛，博通經史，可謂出身書香門第。

司徒王導（二六七—三三九），晉元帝時爲丞相（也稱大司徒），尊爲仲父。後受元帝遺詔，輔佐晉明帝。又受明帝遺詔，輔佐晉成帝。歷經三朝，出將入相，官至太傅。當他作大司徒時，請王述任中兵屬（中兵曹掌畿內之兵，中兵屬是其輔佐），王述很有表現。

每當集議商討大政時，只要王導一開口講話，滿座官員，莫不齊聲贊美，認爲見識高超，論斷正確，王導也以爲當然，次次如是，成了慣例。王述看不過去了，獨排衆議，正也說道：「我們又不是堯舜，哪能每件事都會盡美盡善，屢屢坦受恭維呢？」王導雖權傾一時，竟然向他表示歉意。

王述因官聲特優，外派爲臨海太守，又升建威將軍，再任會稽內史（襲爵藍田侯，卒謚簡。因此《世說新語》稱他爲王藍田）。他每次拔升新職，並不假意推辭；但他不願幹的，就絕不接受。長子王坦之勸父親在升官時，禮應稍示謙遜，這是官場慣例，也可彰顯自己的風度。

王述問道：「你認爲我才器不夠，幹不了嗎？」

兒子說：「那倒不是。但謙讓一下，也是美德呀！」

王述不以爲然，駁道：「既然說我足以勝任，爲甚麼要故意謙退？別人都說你比我又強又好（王坦之後來官任中書令），若此看來，你確定還比不上我囉！」

【原文—何得每事盡善】：王述、年三十，尚未知名。司徒王導，辟爲中軍屬。嘗見導每發言，一座莫不贊美。述正色曰：人非堯舜，何得每事盡善？導改容謝之。後述出補臨海太守、遷建威將軍、會稽內史。述每受職，不爲虛讓；其有所辭，必於不受。至是、子坦之諫，以爲故事應讓。述曰：汝謂我不堪耶？坦之曰：非也，但克讓自美事也。述曰：既云堪，何爲復讓？人言汝勝我，定不及也。（唐、房玄齡：《晉書》、卷七十五、列傳第四十五）

【另文—何可事事皆是】：王藍田（即王述，襲爵藍田侯，故稱王藍田）爲人晚成，時人乃謂之癡。王丞相（即王導）辟爲掾。常集眾，王公每發言，眾人競贊之。述於末坐曰：主非堯舜，何可事事皆是？丞相甚嘆賞。（宋、劉義慶：《世記新語》、賞譽第八、王藍田爲人晚成）

五二 利剪殺賊脫險

一位陶姓婦人，仗著一雙天足（清朝女子都纏足，成爲三寸金蓮，卻不良於行。少數未纏足者叫天足，謔稱大腳仙），走路很快捷。那時太平天國戰禍迅速蔓延，眼看兵災就要到了。她讓丈夫帶著兒女先行逃避，自己待收好家當後隨即跟來。

哪知亂兵馬隊一忽兒就來到了，她無暇從容收拾，急促間只拿了一把鋒利的剪刀就趕忙跑出大門逃命，她避開官道，繞走小路，卻被一個賊軍頭目看到。這軍酋馬鞭一揮，追了上來，喝住陶婦，不得逃跑。陶婦也很鎮定，聞聲站住，並不害怕。那賊目下得馬來，把陶婦推倒在地，就要姦淫她。

在這四下無人的空曠野地裡，一個獨身女人，抗拒只會送命的。陶婦很沉著，一面假意依從，慢慢解鬆衣服，一面咧嘴露齒，嗤嗤而笑。賊酋問她有何可笑？陶婦說：「我看你太不曉事了。你是打仗的戰將，進退全靠騎馬，如今不顧馬兒栓了沒栓，萬一馬跑走了，你也就沒轍，完了！」

賊頭目覺得頗爲在理，但四下一看，沒有一棵樹一塊大石可以來繫住韁繩，在不知如何是好之際，陶婦說：「我倒有個主意！」問她甚麼主意？她說：「你的韁繩夠長，何不暫時綁在自己的腳脛上，不是萬無一失嗎？」

賊頭目認爲可行，就坐下身子，伸出左腿，低頭把韁繩環繫在腳踝上，扯緊免得鬆脫，當然還要打個結，才不會散掉。

此時陶婦趁他不備，暗中摸出利剪，用盡大力，猛然戳進馬的肚腹裡。馬匹受了極痛，狂怒咆哮，拔腿急奔。剪刀刺入腹肉中，愈跑愈痛，愈痛愈飆，跑了十多里還不肯停止。拖著那賊軍頭子，腦破骨折，死了。

陶姓婦人慢慢整理好衣裳，檢起賊酋留下來的金銀背包，尋到丈夫兒女，團聚了。

【原文】：周姓婦，自恃足大善走。太平軍戰亂將及，囑良人先挈子女逃逸，己則摒擋後趕來。不意，兵馬已四至，無已，僅取一利剪出門，覓小道避走。忽一賊酋揚鞭追及，喝之止。婦亦不懼，賊目下馬，推婦于地，將淫之。婦佯解衣帶，笑而嗤之。賊問云何？曰：我惜汝愚也。汝等跳梁，全賴驥足，設馬遽逸，奈何？賊思頗近理，然四顧無一樹一石可以攬轡。女云可獻一策。賊求計，女曰：盍以韁繫於汝足乎？賊稱善，乃彎腰繫縛，不稍鬆。婦潛取剪刀，乘不意，驀以剪猛刺馬腹，馬負痛，遽咆哮，拖賊疾奔，剪在馬腹肉中，愈奔愈痛，痛則狂飆，十里外猶不輟，而賊已額爛骨折死矣。陶婦徐整衣裙，拾賊所遺銀錢背囊，覓路尋得丈夫子女重聚。（清、宣鼎：《夜雨秋燈錄》、大腳仙殺賊）

五三　我孫要考第一名

考試作弊的花樣很多，有的帶小抄進場，有的請替身代考，有的與鄰座換考卷，有的和場外通訊息，這些伎倆，都很笨拙，不算高明，誰能比得上秦檜的狡譎而且不露聲色？請看他為要孫子穩考第一名而施的妙計。

南宋時，有位程厚，字子山，在朝中任中舍之職，和宰相秦檜有交往（秦檜排斥異己，凡與他通聲氣的都非善類）。有一天，受邀來到相府，被引入內室書閣中。室內陳設簡單，靠窗處有一書桌和一坐椅，程厚便在書桌前坐下靜候。只見桌上擺了一本卷子，那是用紫色繞邊，中為淡青色的縹帛當紙製成的上等卷帙，有人已經在帛上寫成了文章。

程厚一看題目，乃是「聖人以日星為紀賦」，作者署名是「學士秦塤撰」。程厚熟知秦檜有個兒子叫秦熺，撈了個進士頭銜，孫子叫秦塤，正在準備今年應考。這本卷子，便是他預行練習寫出的摹擬作業。

程厚坐著沒事，便翻開欣賞，覺得文詞尚順，寫得還不壞。他反來覆去的閱看，不但題目記牢了，連帶內容文句也幾乎可以背誦了。

這樣時間過了好久，傳話的說是秦相爺正另有急務待理，不能抽身來見。但府裡的侍役奉上龍鳳茗茶，送來玉粱糕點，十分慇懃，到了晚飯之際，又及時擺上佳餚美酒，款待週到，讓他獨自享受。直到天將黑了，秦檜仍未出面，程厚不便再留，只得告別回家了。一直猜不透約他進府的目的何在？

隔不了幾天，程厚奉派擔任京試進士的主考官，秦塤本屆也是應考的舉子之一。這時程厚才恍然大悟，想通了。

臨場由主考官出題，他爲了要巴結秦檜，就以「聖人以日星爲紀賦」作試題，命士子作文賦。試畢評卷，秦塤取得了第一名。

【原文】：程厚子山與秦檜善。爲中舍時，一日，邀至府第，入內閣一室，蕭然獨案。上有紫綾縹一冊，寫「聖人以日星爲紀賦」，尾有「學士秦塤呈」字樣。文采頗麗。程兀坐靜觀，反復成誦。唯酒餚問勞沓至，及晚，檜竟不出，乃退，程不測也。後數日，差知貢舉（派爲國家考試主考官），始大悟，即以此題命賦。擅場，塤遂首選。（明、馮夢龍：《增廣智囊補》、卷下、雜智）

五四　我會預知有刺客

用盡心機保命，大人物多半如是。但奸計不可洩露，假若被後代人知道而且寫記了，流傳了，豈不是臭名永彰了嗎？

三國時代的曹操（魏太祖，一五五—二二〇），疑心很重，總是怕人謀殺他。因此常對別人宣稱：「我生來就有『預先感應』之能，別人要傷害我時，我會『心動』。」

但是僅說空話難以令人相信，曹操因向一個親近的隨從官私下吩咐說：「你偷帶一把利刀，走近我身邊。我就宣稱我在『心動』，預先感應，知道你要來行刺。我會命令衛士捉住你，搜索你，審問你，而且判你斬首。你祇須承認確實要刺死我，卻因我有『預感』而失敗了。其他一切，都會按法律程序進行，你不要怕，斬首時準會沒事。之後，我會重重賞你。」

隨從官信從了，沒有戒心，照計畫行事，最後卻眞的被殺頭了。臨死的那一刻，他還認爲只是假戲眞做，說好了的，不會送命。

曹操像

從行刺、被抓、審問、到行刑這一連串的事實，都是鐵證。大家確信曹操天生有預感，那些眞想謀刺的人都洩氣不敢妄動了。

【原文】：魏武（曹操）常言人欲危己，己輒心動。因語所親小人曰：汝懷刃密來我側，我必說心動，執汝使行刑。汝但勿言，保無他故，事後當有厚報。親者信焉，不以爲懼，遂斬之。此人至死不知也。左右以爲實，謀刺者挫氣矣。㈠南宋、劉義慶：《世說新語》、假譎第二十七、魏武常言條。㈡又見：明、馮夢龍：《增廣智囊補》、卷下、雜智、狡黠、曹操條。㈢又見：唐、李冗：《獨異志》、曹操密語左右條。）

五五 我娶罵我者爲妻

看問題，每以利己爲出發點。有誰不是如此呢？

戰國時代，陳軫由楚國到秦國爲臣，張儀要離間他，陳軫便想離秦回楚。他對秦惠王引述了一個寓言故事：

從前，有個楚國人，娶有兩個妻子。他的鄰居，來挑逗大太太，大太太很正經，不依從，還罵他，未能如願。這人轉而去挑逗小太太，小太太比較隨便，就默許了。過沒多久，那擁有兩個妻的丈夫死了。另外一個朋友就問這位挑逗的鄰人說：「你若要娶她們之中的一個爲妻，你娶大的呢？還是小的呢？」

這位挑逗的鄰人斷然答道：「我娶大的！」

朋友問：「大的咒罵你，小的私許你，你爲何還要娶大的呢？」

挑逗者解釋道：「這完全不相同嘛。她如果是別家的女人，就希望她能應許我。但是，她如做了我的妻子，就希望她忠於我而去罵別人才好啦！」

【原文—楚人兩妻】：陳軫謂秦王曰：楚人有兩妻者，鄰人誂其長者，長者詈之。誂其少者，少者許之。居無幾何，有兩妻之夫死。客問誂者曰：汝取長者乎？少者乎？

答曰：取長者。客曰：長者詈汝，少者私汝，何爲取長者？曰：居彼人之所，則欲其許我也。今爲我妻，則欲其爲我詈人也。（見①漢、劉向：《戰國策》、秦策、陳軫去楚。②南朝宋、范曄：《後漢書》、卷二十八上、馮衍列傳。③唐、魏徵：《群書治要》、卷二十二。④明、俞琳：《經世奇謀》、一卷、紓禍類。⑤明、顧元慶：《簷曝偶談》）

【另文錄參—取不嫁者】：曹參爲宰相，請蒯通爲上客。或謂通曰：先生之於曹相國，受寵莫若先生者。先生知梁石君與東郭先生，世俗所不及，何不進之？通曰：諾。迺見曹相國曰：婦人有夫死三日而嫁者，有幽居守寡不出門者。足下如欲求婦，則何取？曰：取不嫁者。蒯通曰：然則求良臣亦猶是也，彼東郭先生梁石君，齊之俊士也。隱居不嫁，未嘗卑節下意以求仕也，願足下禮之。曹相國皆以爲上賓。（東漢、班固：《漢書》、卷四十五、蒯通卷第十五）

【另文附參—齊女兩袒】：齊有女，二人求之。東家之子醜而富，西家之子好而貧。父母不能決，問女所欲，曰：偏袒，令我知之。女乃兩袒。問其故？女曰：余欲東家食而西家宿也。（東漢、應劭：《風俗通義》）

五六　狄仁傑不問仇人名

清末李寶嘉寫了一部《官場現形記・二七》說：「宰相肚裡好撐船」，是形容胸懷寬大，能容萬物。如果世人的修養能夠進入到這一個層次，那末人際間的紛紛擾擾，就會少掉許多了。舉狄仁傑一例。

唐代狄仁傑（六三〇—七〇〇），由地方官的刺史、司馬，升任朝中宰相，很得武則天女皇帝（六二四—七〇五）的信任。《新唐書》有他的傳記。

有一天，武則天私下問他：「狄卿，你以前在汝南為官時，政聲治績本都很好，但某位大官與你有仇隙，他打小報告來舉發你犯了大罪的謗書還留在我這裡，你想要知道是誰嗎？」

狄仁傑陪罪道：「陛下明鑒：您若認為那檢舉內情的確是我的過失，我當認錯痛改，以報答宸恩。您若認

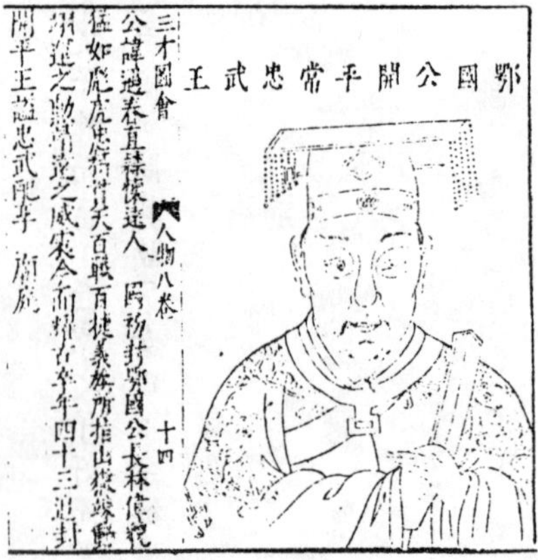

武則天像

狄仁傑像

爲不是我的過失，則陛下已明辨是非，那是我的榮幸。至於那個人是誰，我還是不要知道爲妙。因爲一旦知道姓名，一生都忘不了，這樣並不好。」

【原文─譖者不願知】：武后謂狄仁傑曰：卿在汝南，有善政。然有譖卿者，欲知之乎？狄謝曰：陛下如以爲過，臣當改之。如以爲無過，臣之幸也。譖者爲誰，不願知也。（見㈠：明、《御製賢臣傳》、相鑑、卷之七。又見㈡：《新唐書》、卷一百一十五。又見㈢：宋、孔平仲：《續世說》、卷一、德行）

【另文─終身不會忘】：宋、呂蒙正有氣量。初參知政事，入朝，有朝士指之曰：此子亦參政耶？蒙正佯不聞。同列不能平，令詰其姓名。蒙正遽止之，曰：一知姓名，終身不能忘，不如弗知也。（宋、孔平仲：《續世說》、宋紀、眞宗）

五七　狄青巧撒雙面錢

宋朝名將狄青（一〇〇八—一〇五七），愼謀能斷，勇而有智。宋仁宗時與西夏作戰，狄青戴上銅面具，敵人驚為天神下降，大勝。官至樞密使，謚武襄。

這一年，他統率大軍，奉命遠赴雲南廣西邊陲異域去征討建立「南天國」的儂智高（自號仁惠皇帝，是儂族頭目，說侗傣方言）時，由於敵軍勢大，山川險阻，要遠涉蠻荒，深入不毛之鄉，水土不服，瘴癘尋侵，能不能活著回來，全軍都有畏心。

中國南部民俗，大多崇信鬼神。狄青大軍到了桂林南嶺山脈之南，趁便帶著部將去寺廟拜神求福，祈請神靈指示，能不能打勝仗？他手握一百個銅錢，對神靈禱告說：「如能保祐我軍大勝，這一百枚錢幣統統要正面朝上！」跟隨的將士極力阻止他，說：「若不如願，恐會大壞軍心，挫敗士氣，不可魯莽輕試。」

狄青不聽，執意求神，就在大家瞪眼注視之下，一撒手，百錢盡出，散佈一地，竟然個個都正面朝上。大家一看，衆口一齊歡呼，吼聲震懾林野。狄青也大喜，這個預兆太好了。下令錢幣不許動，拿來一百枚鐵釘，把那疏疏密密的銅錢，就原處一一釘牢在地面上，再用青紗網罩住，親手愼重封訖，宣佈說：「等勝利凱旋回來，再來謝神取錢！」

這個吉兆傳了開來，大家都很振奮，堅信必有神助，部隊出發南征，果然士氣如虹，乘夜強奪崑崙關，繼而攻下邕州，打得儂智高大敗，逃往大理城，死了。狄青得勝班師回來，前往拔釘取錢，那些幕僚及參謀們一齊檢看錢幣，才發現原來錢的兩邊都是相同的，全是正面。

故事記完，有分教：大軍「遠」征，深入「蠻」區，士氣低沉，心生「畏」懼。如何去「畏」，秘訣是「騙」，大家相「信」，勇氣立現。不但「振」己，而且「懾」敵，天「神」助我，勝利定矣。

【原文】：南俗尚鬼，狄武襄征儂智高時，敵勢方盛，道路險阻，人有畏心。狄青大軍始出桂林之南，謁神祝曰：勝負無以爲據。乃取百錢，自持之與神約曰：果大捷，則投此錢，應盡錢面。左右力諫止，謂倘不如意，恐阻師。狄青不聽，萬眾方聳視，狄已而揮手，倏一擲，百錢皆面。於是舉兵歡呼，聲震林野。青亦大喜，顧左右取百釘來，即隨錢疏密佈地而帖釘之，加以青紗籠，手自封焉。曰：候凱旋，當謝神起釘取錢。其後，平邕州還師，如言取釘，幕府士大夫共視，乃兩面錢也。（見㈠：元、脫克脫：《宋史》、卷二百九十、狄青傳。又見㈡：明、馮夢龍：《增廣智囊補》、卷下、術智、權奇、狄青。又見㈢：今人、任畢明：《龍虎集》、妙編、狄青）

狄青像

五八　每天去偷一隻雞

錯誤的行為，不願馬上改正，錯了。即使逐漸減少了犯錯的次數，還是錯了。知道已經錯了仍不想改正，更是錯得沒有理由寬解。

戰國時代，宋國（國都約在今河南商丘。春秋時，宋襄公是五霸之一）的大夫戴盈之，掌理全國稅收，官聲不錯，也有心求好。他知道宋國人民的稅負太重，有意改革，想朝輕徭薄賦的路上走去，但總是下不了決心。

有一天，他向孟子（亞聖。元前三七一—前二八九）請教說：「我知道：在田賦方面，應按土地農作物的收成，國家只應抽取十分之一的田糧，便可以減輕農民的負擔。至於在商稅方面，應該廢止各個關卡上的貨物稅，讓商品能免稅流通於全國，便可以紓解商人的困境。這兩者都是良法美意，且合於先王之道。但是，宋國現刻還做不到，我打算慢慢放寬，等到明年再完全減除，你看好不好？」

孟子回應道：「我先引個寓言來解說吧！譬如現在有一個人，每天偷鄰家大養雞場一隻雞，偷了不少的日子了。朋友對他說：『你每天偷雞，這不是正人君子的行為，要馬上住手才是。』這人說：『我也知道不對，但現刻馬上停止我還不太甘願，只想慢慢地減少。這樣吧！我改爲每個月偷一隻雞，等到明年再完全歇手，這樣好嗎？』（偷雞不管多少，都犯了竊盜罪）你想想看，我們如果知道錯了，那就趕快改掉，爲甚麼要拖拖拉拉，等待明年呢？」

【原文】：戴盈之曰：什一、去關市之征。今茲未能，請輕之，以待來年然後已，何如？孟子曰：今有人日攘其鄰之雞者。或告之曰：是非君子之道。曰：請損之，月攘一雞，以待來年然後已。如知其非義，斯速已矣，何待來年？（戰國、孟軻：《孟子》、滕文公章句下）

五九　每家七盞上元燈

久居高位的人，常不懂得民間疾苦。

宋代蔡君謨，官任福州太守（又稱知府知州或府尹，是一郡最高行政長官）。眼看農曆正月十五日上元節（其夜稱上元夜，又叫元宵節，或燈節）快要到了，爲求市面熱鬧，下令州郡所有住戶，每家一律要掛出花燈七盞，共慶燈節，太守將要巡街，遍賞繁燈美景。

有位陳烈，侯官人（屬福州府，民國改爲閩侯縣，後又改稱林森縣），字季慈。宋仁宗時，歐陽修薦舉他任國子直講，他不想上京求名，推辭不就。到宋哲宗元祐初年，皇帝下詔任他爲福州教授，因係服務本鄉，他到職了，但不受祿（不領薪俸）。家裡收到租谷有剩時，就周濟貧困人戶，是位介僻端直的學儒。

花燈命令頒行了，陳烈遵照著率先製掛了一盞特大的花燈，有一丈多高，燈內燃著好幾層多枝巨燭，通明透亮，燈衣上用大字寫了一首詞：

富家一盞燈，太倉一粒粟；（花費僅是最大糧倉裡的米粒一顆）

貧家一盞燈，父子相對哭。（無錢不能製燈，違令者必須坐牢）

風流太守知不知，猶恨笙歌無妙曲！（恨歌舞還缺少好曲相配）

蔡太守看到了，才驚覺老百姓的反應很不好，就取銷了自己坐官轎出巡全城的排場，也收回了每戶張燈七盞的命令。

【原文一—七盞花燈】：蔡君謨守福州，上元日，命民間一家點燈七盞，陳烈作大燈，長丈餘，大書云：富家一盞燈，太倉一粒粟；貧家一盞燈，父子相對哭。風流太守知不知，猶恨笙歌無妙曲。君謨見之，還輿罷燈。（宋、晁說之：《晁氏客語》：記述北宋遺事，多爲他人所述，且注出姓名，故叫客語）

【原文二—福州教授】：宋仁宗時，歐陽修薦陳烈爲國子直講，陳烈不就職。宋哲宗元祐年間，任爲福州教授。（元、托克托：《宋史》、卷四百五十八，列傳第二百十七、陳烈傳）

六〇　兒多兒少都說好

〔一〕

布政使是一省的財賦長官，按察使是一省的司法長官。某一天，布政使宴請按察使，席間交談，布政使以兒子衆多爲憂，而按察使則僅有一子，又耽憂太少了。

有位屬官在餐桌邊作陪，因向只有獨子的按察使寬慰道：「子好不須多嘛！」按察使聽罷，心中感到舒坦多了。

布政使忍不住問道：「我愁兒子太多，你又怎麼說呢？」

屬官回應道：「大人，子好不愁多嘛！」

主賓都大爲稱贊他善於說話，而且還照顧他升了官位。

〔二〕

李中谿沒有兒子，由於傳承無後，一直心中不樂。

一位好友開導他說：「你是讀書人，應會知道孔子至聖先師沒有指望他兒子伯魚（名鯉，字伯魚，先孔子逝世，見《論語》先進及《史記》孔子世家）當作儒學的傳經人。又請看釋迦牟尼佛祖沒有將他兒子羅睺（羅睺羅 Rahula，舊譯羅吼羅，新譯羅怙羅，簡稱羅睺 Rahu，見《佛本行集經》五五）作爲佛教的傳承人。再請看老子道尊也沒有讓他兒子宗（老子的兒子名宗，爲魏將，封於段干，見《史記》卷六十三）當作道教的傳道人。倘若儒釋道都要自己的兒子來作繼承人，那末三教都會絕滅無傳了呀！」

由此看來，無子不須憂嘛！

【原文一—子好不須多】：相傳某布政，請按臺酒。坐間，布政以多子爲憂，按君止一子，又憂其寡。吏在旁云：子好不須多。布政聞之，因謂曰：我多子，汝又云何？吏答曰：子好不愁多。二公大稱賞，共汲引之。（明、馮夢龍：《增廣智囊補》、卷下、語智、善言、布政司吏）

【原文二—無子不須憂】：李中谿無子，恒不樂。其友謂之曰：孔子不以伯魚傳，釋迦不以羅睺傳，老聃不以子宗傳。若待嗣而傳，三教絕矣。（明、曹臣：《舌華錄》、慧語第一、李中谿條）

【原文三—喪子慰以詩】：顧南雅學士，忽喪其子，極爲傷痛。余以詩慰之曰：「亡羊當補牢，喪馬弗輕逐。君是南國才，豈效西河哭？不見東家翁，有子俱碌碌。不見西家子，雖多何足齒？人生擾擾無彭殤，直是一夢炊黃粱。百年長作牛馬走，促促總爲兒孫忙。吁嗟乎！多男多累何時了？有子不如無子好。東門不哭增離憂，伯道無兒少煩惱。」（清、錢泳：《履園叢話》）

六一 受餓受凍怎叫康

有位士人，天生硬骨。他本是個窮人，給他錢財，他說是儻來之物，拒而不收。他本是個平民，給他高官，他說是嗟來之食，也不接受。爲甚麼？他說：我的物質生活雖然匱乏，但我的精神生活卻很富足。像這位士人，才眞的不愧爲有品有格。他是誰？他就是撰有《黔婁子》一書的黔婁先生。

黔婁先生是春秋末期到戰國初期的隱士。由於家貧，後代文人便以他作爲貧士的代表。例如唐．元稹《遣悲懷》詩「謝公最小偏憐女，自嫁黔婁百事乖」。黔婁貧而有志，這是有名的悼亡妻之佳句。

蘇東坡也有詩說：「但令有婦如康子（黔婁死後謚康，故稱康子），安用生兒似仲謀（孫權字孫仲謀）。」上句是贊美黔婁先生的妻子的。根據晉．皇甫謐《高士傳》說：黔婁先生死了，曾西來弔喪，看到喪宅有人正在替黔婁先生覆蓋一床布做的被單。但被單長度不夠，蓋了頭卻露出了腳，蓋了腳又露出了頭。曾西建議說：「將被單歪斜著蓋就行了。」黔婁的妻子沒有接受，含悲回覆道：「我先生在世之日，其言行一絲一毫都不肯偏斜，我如在他死後斜蓋布被，會違反我先生的夙志，這是不可以的。」

曾西另外請問道：「黔婁先生歿後，有沒有決定他的諡號呢（人死後，按他生前言行，評定好壞，給予稱號，叫諡）？」妻子說：「諡號叫康。」

曾西認爲不合實情，問道：「先生在時，吃飯不能飽腹，穿衣不夠暖身，爲何要用康泰的康作諡號呢？」

妻子答釋道：「我先生在世之日，初則魯國國君要請他出任宰相，他推辭不就職，這是因爲他本就享有比宰相更高貴多多的節操，他的『貴』還有餘呢！之後，另外齊國國君要送他黃金一百斤，他又不肯受，這是由於他原來就保有比黃金更富足多多的品德，他的『富』也尚有餘呢！他甘於接受天地間清淡的蔬食，也安然謹守天地間謙卑的身分，無憂無怨，心滿意舒，諡之曰『康』，不是很適合的嗎？」

讀者請不要錯認黔婁先生是個怪人，其實他是有所不爲、然後有所爲（《孟子離婁》：人有不爲也，而後可以有爲）的高士。這種人，如果多有一些，那末國家社會中的烏煙瘴氣必然會減少一些，大家會過得更爲舒坦也。

【原文一—黔婁子序言】：黔婁子書、一卷，周、黔婁先生撰。皇甫謐高士傳云：黔婁先生，齊人也。修身清節，不求諸侯。又言：著書四篇，言道家之用，號黔婁子。漢書藝文志：道家黔婁子四篇，注：齊隱士，守道不詘，威王下之。（歷城、馬國翰：《黔婁子序》）

【原文二—黔婁子附考】：黔婁先生者，齊人也。修身清節，不求於諸侯。魯恭公聞其賢，使致禮賜粟三千鍾，欲以爲相，辭不受。齊王又禮之以黃金百斤，聘以爲卿，又不受。著書四篇，號黔婁子，終身不屈，以壽終。（皇甫謐、高士傳《黔婁子附考》）

【原文三—黔婁謚曰康】：東坡云：但令有婦如康子，安用生兒似仲謀。黔婁先生卒，曾西來弔，見覆以布被，覆頭則足見，覆足則頭見。曾西曰：斜其被則斂矣。其妻曰：先生生而不斜，死而斜之，非先生之意也。西問：何以爲謚？妻曰：謚康。西曰：先生存時，食不充飽，衣不盡形，何以謚康？妻曰：昔先生，君欲用爲國相，辭不爲，是有餘貴。君賜粟，辭不受，是有餘富。甘天下之淡味，安天下之卑位，謚爲康，不亦宜乎？魏書：生子當如孫仲謀，劉景升兒子，豚犬爾。（宋、朱翌：《猗覺寮雜記》、黔婁先生章。又見：明、顧元慶：《簷曝偶談》、黔婁卒章）

六二　奉上黃金想升官

想要升官，獻上厚禮；我送你收，雙方都喜。
好個彥回，居然不取；史籍留芬，誰能相比。

話說南北朝時代，中國橫切成兩半：黃河流域叫北朝，江淮流城叫南朝。南朝由宋齊梁陳相繼更迭，到隋文帝才北南統一。

南朝宋代有位褚彥回（四三五—四八二，名褚淵），是宋武帝劉裕的女婿（稱爲駙馬），享有清高的聲譽。《南齊書》列傳中載有「褚淵傳」。

到了宋明帝時，褚彥回官任吏部尙書，掌管銓敘升遷。有一人想升高官，來拜會褚彥回，在接談的過程中，來客趁著有一段時間只有兩人在時，乘間從寬大的袖袍中，取出一個大金餠獻上，懇請照顧升官，低聲說：「沒有旁人知道的。」

褚彥回道：「你如確應得官，就不必要送此重賄，官位必然會是你的。如果一定要送，我是尙書，不得不向皇帝奏報。」

來客聽了，大爲驚恐，收起金餠，告辭走了。

【原文—密送金餠】：褚彥回、幼有清譽。宋明帝即位，遷吏部尚書。有人求官，密袖中將一餅金，因求請間，出金，曰：人無知者。彥回曰：卿自應得官，無假此物。若必見與，不得不相啓。此人大懼，收金而去。（宋、費樞：《廉吏傳》、卷下。又見：唐、李延壽：《南史》、卷二十八、列傳第十八）

【另文—楊震四知】：弘農楊震（西元？—一二四），孤貧好學。諸儒爲語曰：關西孔子楊伯起。教授二十餘年，而志愈篤。後遷荊州刺史，東萊太守。當之郡，道經昌邑，故所舉荊州茂才王密，爲昌邑令，夜懷金十斤，以遺震。震曰：故人知君，君不知故人，何也？密曰：暮夜無知者。震曰：天知、地知、你知、我知，何謂無知者？密愧而出。（見㈠：清、尹會一：《四鑑錄》、卷一、師儒。又見㈡：《後漢書》、卷八十四、楊震列傳。又見㈢：宋、司馬光：《資治通鑑》、卷四十九、漢紀四十一）

【附文—無己清介】：陳無己，性清介。傅堯俞憐其貧，懷銀往見，欲以周之。坐間聽其議論，耿介清高，遂不敢出示其銀而辭歸。噫，夜光之珠，必有其珠色。如陳無己者，孰敢玷之？（明、鄭瑄：《昨非庵日纂》、氷操）

【他文—三次送簾】：唐代尚書李廙，有清德。其妹、劉晏妻也。劉晏嘗謁李廙，延至寢室，見其門簾甚敝，乃命妻潛度廣狹，以竹絲織成門簾，不加緣飾，將以贈之。三次攜入其門，不敢發言而去。（明、鄭瑄：《昨非庵日纂》、氷操）

六三　妾婢仍是處女身

〔一〕

所謂品德，最好從日常平凡生活的行爲表現上來判斷，才最眞實，最靠得住。

宋代趙鼎（一〇八五—一一四七，謚忠簡），山西省人。宋高宗時，任尚書右僕射，同中書門下平章事（就是宰相），忠正端潔，《宋史》裡有他的傳記。

在他掌理國政時，有位臣僚叫關永堅，也是山西人，在上淮地區覓到一個滿意的官位，將要去上任。但關家家況貧乏，備辦行裝及長途旅費都無錢支應。不得已，打算將女兒許人做妾，換得錢鈔才好成行。

趙鼎得知內情，油然起了同情心，慨然濟助他全部所需的資費。關永堅很感激，便將女兒送來給趙公作妾。趙鼎不肯接受，但關的決心不容改變，也只得姑且留置。

隔了幾年，關永堅任官期滿回來了，與趙鼎見了面。趙鼎說：「你家女兒很乖，該讓她回家了。」關永堅說：「我上次欠你的銀錢，尚未還清呢！」趙鼎一笑置之，派人將女兒護送歸回關家，並付她一筆資財，助他另外覓個佳婿婚配，終於與一合意郎君名叫汝霖的成親了。

關家女兒自述道：「我在趙大人的相府裡，日子過得愉快，我居內堂，服侍趙相爺盥浴梳洗，鋪床疊被這些私務。趙爺對我很好，雖然我在府內過了兩三年，如今出嫁了，但我仍是處女之身。」

汝霖和泗州知州王伯路私交甚厚，將此事源源本本說了出來。

（二）

北宋時期，自從四川發生王均李順的亂事之後，凡是派往四川任官時，都不准帶家眷同往，禁令久未解除。

有位張詠（九四六—一〇一五），宋太宗時考上進士，爲官清正嚴明，有「一錢誅吏」故事（庫吏偷錢一文判斬），和寇準交情很厚，做到禮部尙書。此時他受派爲四川益州刺史（掌理全省軍政大權），他也是單身赴任。

府裡上下官員不少，都知道張詠行事嚴肅，無人敢於蓄婢或納妾。張詠爲顧念下屬單身生活寂寥之不便，就自己帶頭買到一個女婢，來服侍他獨身服官的飲食起居等貼身私務。這樣一來，僚屬們便可以放開心情，不再拘束，生活也大都調適了。

張詠在四川爲官四年，被朝廷調升到京都時，就將女婢歸還她的父母，並資助銀兩，讓她擇個好對象嫁人。結婚時，這女婢仍然是個處子。

【原文一—趙鼎】：趙忠簡公鼎，秉政日，使臣關永堅，亦山西人，匄官淮上，貧不辦行，欲貨息女。公憐之，隨給所須。永堅乞納女，公卻之。力請不已，姑留之。後永堅解秩還，公一見語之曰：爾女無恙。永堅謂宿逋未償，公笑不答。且助資送費，囑求良配，歸汝霖。女言：雖累年月，侍丞相巾櫛，及嫁，尚處子也。汝霖與泗州知州王伯路厚，語其詳。王云：前輩於此等事，優爲之。特今之人爲難能。司馬溫公、曾魯公，各有似此一事傳於世，文多不載。（宋、周煇：《清波雜志》）

【原文二—張詠】：自王均李順之亂後，凡官於蜀者，多不挈家眷以行，至今成都猶有此禁。張詠知州，亦單騎赴任。是時，一府官屬，都憚於張詠之嚴峻，莫敢蓄婢。張不欲絕人情，遂自買一婢，以侍巾櫛。自此官屬稍稍置姬屬矣。張詠在蜀四年，被召還京師，還婢於其父母，出貲以嫁之，仍處女也。（宋、魏泰：《東軒筆錄》。又見：明、鄭瑄：《昨非庵日纂》、方便第十七）

六四　明太祖斬常遇春妻

明朝常遇春（一三三〇—一三六九），像貌奇偉，勇力絕人。他輔佐明太祖朱元璋打下江山，自稱能帶十萬兵縱橫天下，旁人譽爲「常十萬」。他力挫元兵，克服南京，平定陳友諒，擒拿張士誠，作戰未嘗敗北。明太祖倚爲左右手，十分寵信。死後追封爲開平王，明史中有《常遇春傳》。

明朝得了天下，常遇春官居鄂國公。但他的妻子妒心極重。明太祖賜給常遇春一名侍女，常遇春偶然贊說這名侍女的玉手柔美。妻子知道了，竟然即時下令將侍女的手砍斷，心狠手辣，莫此爲甚。

常遇春又怒又懼，上朝時臉色久不平靜。明太祖再三追問是何緣故？良久常遇春才吐出實情。太祖大笑道：「這只是小事一椿嘛！再給你另一位侍女不就得了。今且開懷飲酒，聽樂觀劇，先散散心吧！」

於是常遇春陪著皇帝留在便殿中飲酒觀

明太祖朱元璋像

（國立中央博物院藏）

劇，明太祖抽空到別室，密令御林校尉，馳往開平王府裡，傳宣聖旨，喚出常遇春妻，將她斬首，再回皇宮覆命，而常遇春尚在座中看戲。

明太祖告他說：「你那極端醋妒的酷妻，你沒法對付，我已經替你把難題解決了。」

【原文】：太祖時，開平王常遇春妻甚妒。上賜侍女，王悅其手，妻即斷之。王憤且懼，入朝面色不恬。上詰再三，始具對。上大笑曰：此小事也，再賜何妨，且飲酒寬懷。密令校尉數人，至王第，誅其妻。（明、謝在杭：《文海披沙》、戮妒婦）

六五　狀元終於入閣

品格與才幹哪一項重要？走門路去鑽營求官對不對？誰來評斷？

明代彭時，字純道，明英宗正統年間進士第一名。明憲宗時，官吏部尚書、文淵閣大學士。立朝三十年，持正存大體，有古大臣風。卒謚文憲，著有《可齋雜記》、《彭文憲集》等傳世。

他還撰有《彭文憲公筆記》，其中有一篇自記入閣經過，頗值我們參閱省察，今語譯之如下。

明英宗天順元年（一四五七），皇上在文華殿召見我（彭時自稱），問道：「時卿，你是正統十三年（一四四八）我欽定的狀元郎，不是嗎？」我回奏道：「微臣不才，蒙皇恩拔擢，忝佔鰲頭（對狀元的俗稱），至今感激，不敢忘記。」不久，聖旨頒下，命我到文淵閣任職，從此入閣了。那時節，希求這個高位的人很多，想不到竟然選拔了我。

想起早年，原有閣員徐有禎被罷黜後，一位有權勢的貴人對別人說：「我本想薦舉彭時入閣，但一直未和他接見面談，所以我還沒有動作。」聽到這話的人告訴我彭時說：「你不妨前往拜會他一下嘛，他一定很喜歡的。」我回答說：「平素我一直不慣於去拜見有權勢的人。」

另有一位愛護我的朋友勸我：「現今有人帶著珍奇禮物及豐厚禮金去拜謁顯要貴人都很難見得了面，你是別人想要你去看看他，空著一雙手就可以去，對你又有甚麼損失或傷害呢？」

我回應他說：「承你的厚愛，十分感謝，但我決不前往。記得六年前，有沈司歷大人三次來邀我，我都迴避不敢去見。我好友蕭聰郎中對我說：『沈官人才氣過人，將來你升官的機運就有賴於在今時建立起關係。現在你不去見，將來會後悔的。』我答道：『我本來沒有抱任何奢望想升官，怎會後悔？而且從去年起我只圖做好這個修撰侍讀本職，不願鑽營妄進。如果現在前往求人升官，雖然官階升高了，但總感到品節有虧，是一種對不起良心的做法呀！』」

這時我妻李宜人（隨丈夫的官職而得封號的叫宜人）也開言道：「官位要自然得來才好。不然，即使做到尚書顯職，但如得來不光彩，就全算不上榮耀。假如上天沒有照顧，安守目前的位置也可滿足了。」我看重她這番話。

待我入閣的詔命頒下，才證明了升官不升官，天意自有安排，不是人力所能強求的。

【原文一——不肯求官】：天順元年九月初三日，上御文華殿召臣時入見，問曰：爾是正統十三年狀元耶？時對曰：臣不才，蒙聖恩拔擢，至今感戴不忘。已而命下，著文淵閣辦事。蓋當時希冀者眾多，不意復及時也。早年內閣徐有禎被黜，有負權寵者語人曰：我欲荐彭某入閣，因未與接識，故未果。其人傳言曰：可往一見之，彼必喜。余對曰：素不慣往見人。有相愛者曰：今人持重賄求見不可得，爾徒手一見何傷？余對曰：承厚愛，然決不往。六年前，有沈司歷三次來邀，余避之不見。蕭聰郎中謂余曰：沈有才，將來進用之機在此。今不見，後將有悔。余曰：我本無他望，何悔之有？李宜人亦曰：官自來爲好，不然，雖做尚書，亦何足榮？余甚重其言。及入閣令下，始知顯晦自有時也。（明、彭時：《彭文憲公筆記》、天順元年）

【原文二─眞君子也】：彭時，字純道，正統十三年進士第一。授修撰，進侍讀。天順元年，帝坐文華殿，召見彭時，問曰：汝非朕所擢狀元乎？彭時頓首稱謝。明日，命入閣。李賢服其直諒，曰：彭公，眞君子也。（元、托克托：《宋史》、列傳第六十四、彭時）

【另文一─呈身御史】：韋澳，武宗時擢宏詞，十年不調。兄溫，與中丞高元裕友善。溫謂澳曰：高二十九持憲綱，欲與汝相面，汝必得御史。澳不答。溫曰：高君端事，汝不可輕。澳曰：然恐無「呈身御史」，竟不詣元裕之門。後爲京兆尹。（宋、孔平仲：《續世說》、卷三、方正。又見：宋、李昉：《太平御覽》、第四百一十卷、絕交）

【另文二─識面臺官】：宋、孫抃，皇祐中，爲御史中丞。薦唐介吳敦復爲御史。或問曰：君未與相識而薦之，何也。抃曰：昔人恥「呈身御史」，今豈求「識面臺官」耶？後二人俱以剛介著聞。（明、蕭良有：《龍文鞭影》、初集、卷上、孫非識面）

六六　孟子首句我不懂

吾人不可自滿自傲。《論語・子罕》孔子說：「吾有知乎哉？無知也！」反而顯出孔子因謙虛而偉大，這裡有一反例。

王聖美，博學。當他初任縣長時，名望還未傳開來。某次，他去拜見一位身居高職的顯赫人物。當時這位大官正向另一位客人暢論《孟子》一書的意見，談興正濃，對王聖美的來訪，無暇分神理會。王聖美靜坐一旁，聆聽他發表高論，覺得頗有未符義理之處，不便插言，但心中暗哂之。

這位高官盡情說了好久（有句流行話：官大學問大，此之謂也），偏過頭來，回顧王聖美問道：「諒你也曾讀過《孟子》這部書吧？」

王聖美答道：「我一生愛讀這本書，但全都不懂書中的意義。」

主人有興趣了，問：「不懂的是哪些章節呢？」

王聖美說：「從頭第一章開始就不通曉。」

孟子

主人追問：「怎麼會不通曉？你且試著說說看！」

王聖美應道：「開頭的第一句『孟子見梁惠王』，這我就不懂！」

◇按《孟子》一書，首篇便是《梁惠王章句上》，開始第一句話就是「孟子見梁惠王」。朱夫子（朱熹）的註解考證是梁惠王三十五年的事。

這位大官甚爲怪異，問道：「孟子去見梁惠王，這句話很淺白明顯，難道你認爲會有很深的奧義嗎？」

王聖美道：「孟子自己多次說過『不見諸侯』，爲甚麼又去見梁惠王呢？這我就沒法理解了呀！」

◇按《孟子．滕文公下》「陳代曰：不見諸侯，宜若小然。孟子曰：非其招，不往也。」（孟子弟子陳代問：不肯去見諸侯，似乎是守小節，可以去見呀！孟子解釋說：諸侯招見小吏尚且要依照禮儀，至於身爲君子的學人，哪有不待招而自動往見諸侯的道理呢？）又同一章《孟子．滕文公下》「公孫丑問曰：不見諸侯，何義？孟子曰：古者不爲臣不見。」（孟子解釋說：因爲沒有在這個國家做官，不是臣僚，因此不見，這是古義。）再有《孟子．萬章下》「萬章曰：敢問不見諸侯何義也？孟子曰：庶人不傳質爲臣，不敢見於諸侯，禮也。」（孟子解釋說：沒有任官，只是百姓庶人，不是臣子，故不敢見，這是士人守禮。）以上筆者引此三個章節，足以證明孟子對於不循禮不守義便不可以逕自去見王侯的主張是很明確的。但王聖美請問爲何孟子要違反自己多次堅持的原則而去見梁惠王呢？

這位官大人原以爲王聖美全都不懂，大可輕易唬住他，卻不料他拋出了這個罕見而深奧的大難題，一時哪有答案，驚愕震訝，啞口無言，嘿然沒敢再吐半句話。

【原文─孟子從頭不曉】：王聖美爲縣令時，尚未知名。謁一達官，方與談孟子，殊不顧，聖美竊哂其所論。久之，忽顧聖美曰：嘗讀孟子否：聖美對曰：生平愛之，但都不曉其義。主人問不曉何義？聖美曰：從頭不曉。主人曰：何如不曉，試言之。聖美曰：孟子見梁惠王，不曉此語。達官深訝之曰：此有何奧義？聖美曰：既云孟子不見諸侯，因何見梁惠王？其人愕然無對。（宋、彭乘：《墨客揮犀》、杜德）

【另文─戲嘲孟子之詩】：有人以詩譏嘲孟子曰：「乞人哪有許多妻，鄰人哪有許多雞？當時尚有周天子，何必嘮叨獨向齊？」（按《孟子離婁下》說：「齊人有一妻一妾者」。《滕文公下》說：「今有人日攘其鄰之雞者」。其餘涉齊者尚多，如「齊人有言曰」「夫子加齊之卿相」「於齊國之士，吾以陳仲子爲巨擘焉」「昔者齊景公田」「則齊國其庶幾乎」「使齊人傳諸」「以齊王（王音旺，意思是若想要人民歸附而統治天下，易如反掌也）猶反手也」「與之齊國而弗受」等都是。因紙有餘幅，爰附錄之。）

六七　林和靖無妻哪有孫

林和靖（九六七—一〇二八）名逋，字君復，錢塘人（今杭州市）。生於北宋太祖時，卒於北宋仁宗時。他隱居西湖孤山，終身不娶，種梅養鶴，因有梅妻鶴子之稱。宋眞宗賜諡和靖先生，《宋史》中有傳記。

朝廷徵請他任官，他未接受，卻喜歡遨遊湖山之間，有時竟可幾夜不歸。如有客人來訪，家僮就放出白鶴，招回林和靖。他寫詩多有奇句，如《梅花》詩云：「眾芳搖落獨暄妍，占盡風情向小園；疏影橫斜水清淺，暗香浮動月黃昏。霜禽欲下先偷眼，粉蝶如知欲斷魂；幸有微吟可相狎，不須檀板共金樽。」這詩列入了《千家詩》、《宋詩三百首》及《宋詩紀事》卷十。詩中頷聯「疏影橫斜，暗香浮動」是傳誦千古的名句。歐陽修說：「前世詠梅者多矣，未有此句也」（見《歸田錄》）。陳與義《和張矩臣水墨梅》云：「自讀西湖處士詩，年年臨水看幽姿；晴窗畫出橫斜影，絕勝前村夜雪時。」是說林和靖的暗香疏影，比唐人齊己《早梅》名句「前村深雪裡，昨夜一枝開」更爲佳妙。

且說到了南宋，有位林洪，字龍發，號可山，泉州人氏。宋理宗時，曾上書朝廷，自稱是林和靖的第七代孫（他是泉州人，和靖卻是杭州人）。他搜求中興以來（宋高宗時，北方金國虜去徽宗欽宗，宋朝偏安於杭州爲南宋，誇稱中興）各人的詩，集成《大雅復古集》，將自己的詩刊在後面，藉以攀附出名。因此有無名氏贈以諷嘲詩云：「和靖當年未娶妻，只留一鶴一僮兒；可山認作孤山種，正是瓜皮搭李皮。」事見元・韋居安《梅磵詩話》（四庫全書中無《梅磵詩話》，但林洪故事，在《宋詩紀事》卷七十三中有詳記）。

這位冒充林和靖後人的林洪，號「可山」，林和靖則隱居在「孤山」，故諷嘲詩說他「可山認作孤山種。」又俗話說強扯親族關係的叫「瓜皮搭李皮」，最後一句用此話來挖苦他。

還有，《千家詩》七絕中有「西湖」詩曰：「山外青山樓外樓，西湖歌舞幾時休？煖風薰得遊人醉，直把杭州作汴州」（汴州是開封，是北宋的國都）。作者也是林洪，字夢屏，莆田人。這與上段的林洪字龍發號可山泉州人，似乎是不同的兩個人了。這件雙胞案還有待撇清。

但再看《宋詩紀事》卷五十六，也有這首「山外青山」詩，標題則是「題臨安邸」（臨安即是杭州，邸是客棧）。作者卻記爲林升（作者介紹只一句：淳熙時士人）。另外《西湖遊覽志餘》卷二「帝王都會」裡也錄有此詩，作者也是林升（無作者介紹）。究是林洪還是林升，就更難分辨了。有人說：敢於寫出「直把杭州作汴州」的人，罵盡南宋君臣只求逸樂苟安的嘴臉，不太可能是冒充林和靖後代的那個林洪吧？因爲品格各有高下。以上這兩位林洪及兩處林升，都有待再行考證。

後來到了明朝，太史陳嗣初在家裡休養時，有位文士求見，自稱是林和靖的十世孫，呈上詩文爲見面禮。陳太史留下客人，並未先看來客的詩文作品，卻從書室取來《宋史》一册，翻到第四百五十七卷《林和靖傳》，要來客讀一讀。客人不察，遵命照唸。及至「……終身未娶，無子。」來客停住，唸不下去了。陳太史口吟絕句，送走客人曰：「和靖先生未娶妻，如何後代有孫兒？想君別是閒花草，未必孤山梅樹枝！」

林和靖隱居孤山，種梅。故詩中末句說來客不是孤山上的梅枝，而是別處的閒花野草冒充。事見明・焦竑（一五四〇——一六二〇，明史有傳）《玉堂叢話》（四庫未納此書，而《龍文鞭影》中錄有此詩）。

但是另外在宋・陳世崇《隨隱漫錄》及明・李暉吉《龍文鞭影》這兩書裡，諷嘲詩句不同，曰：「和靖當年不娶妻，因何十世有孫兒？若非鶴種並龍種，定是瓜皮搭李皮。」不知道何者是對的？

冒充名人後代，也不看看前人的傳記，還要作詩抒文以邀名，不知他們是怎樣去涉獵史籍的？居然鬧出無妻卻有子孫的趣劇，這可稱爲「文士」、「儒生」嗎？豈非可哂而又可哀可歎也？

【原文一——未娶妻】：林逋，字君復，杭州人。少孤，力學，性恬淡，不趨榮利。結廬西湖之孤山。宋仁宗賜謚爲和靖先生。不娶妻，無子。（元、脫克脫：《宋史》、卷四百五十七、列傳第二百一十六、隱逸上、林逋）

【原文二—四賢堂】：西湖四賢堂者，郡守楊夢瑛所建，以祀李泌白居易蘇軾及處士林逋者也。林逋字君復，隱居孤山，徵辟不就。構巢居閣，繞種梅花，吟詠自適。徜徉湖山，或連宵不返。客至則僮子放鶴招之。帝嘉其高尚，賜號和靖處士。（明、田汝成：《西湖游覽志》、卷二）

【原文三—七世孫】：梅磵詩話云：泉州林洪，字龍發，號可山，肄業杭泮，粗有詩名。宋理宗時，上書言事，自稱和靖七世孫。冒杭籍，取中興以來諸人詩，號大雅復古集，以己作附於後。時有無名子作詩嘲之曰：和靖當年不娶妻，只留一鶴一僮兒，可山認作孤山種，正是瓜皮搭李皮。蓋俗語以強認親族者爲瓜皮搭李樹云（清、厲鶚《宋詩紀事》、卷七十三、林洪）

【原文四—十世孫】：稱林和靖七世孫，不知和靖不娶，已見梅聖俞序中矣。姜石帚嘲之以詩。另本石帚作陳嗣初，七世作十世。詩之末聯則爲：想君自係閒花草，不是孤山梅樹枝。（明、李暉吉：《龍文鞭影》、二集、下卷、林宗和靖）

【原文五—林可山】：林可山稱和靖七世孫，不知和靖不娶，已見梅聖俞序中矣。姜石帚嘲之曰：和靖當年不娶妻，因何七世有孫兒？若非鶴種並龍種，定是瓜皮搭李皮。此詩甚於郭崇韜之撾，戒之。（宋、陳世崇：《隨隱漫錄》、林可山）

【另文—范仲淹詩】：范文正公贈林逋詩曰：巢由不願仕，堯舜豈遺人。又曰：風俗因君厚，文章到老醇。其激賞如此。（清、厲鶚：《宋詩紀事》、卷十）

六八　取而代之大丈夫

「英雄所見略同」，項羽稱「楚」霸王，劉邦為「漢」高帝；差別是一個粗獷，一個歎羨，兩相對看，乃添佳趣。

項羽（元前二三二—前二〇二）不愛唸書，認為讀書只是學來記姓名的。也不愛學劍，認為那只能敵一個人而已。他要學萬人敵，於是轉學兵法。秦始皇來南方巡狩，鑾駕經過浙江會稽，項羽觀看到了皇帝的威儀，逞口就說：「彼可取而代也！」

劉邦（元前二四七—前一九五）是個小亭長，不事生產，比他那規矩顧家的二哥差得遠了。有一次他到咸陽（秦國首都，即今西安）當差，遇到秦始皇出巡，他守在大道之旁，恣意飽看了好久，直到儀隊過完了，才抽了一口氣，歎息道：「嗟呼，大丈夫當如是也！」

這兩人應是當世雙雄，卻各別顯露出個性的剛柔差異。項

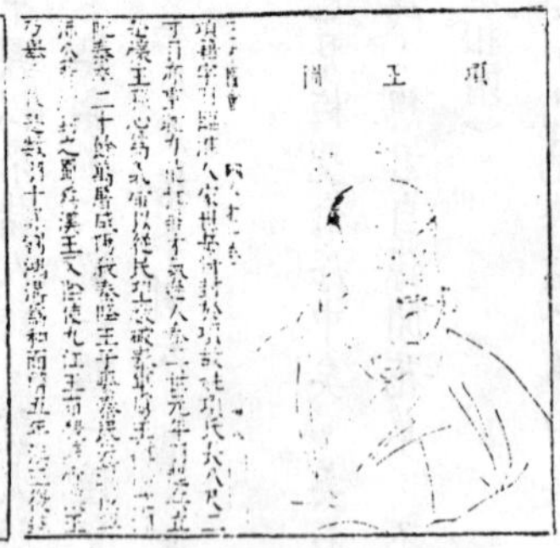

項王圖

漢高祖像

羽坦率，直言要「取而代之」；劉邦則歆羨，慨歎「該當如是」。太史公著墨不多，只讓他倆各吐一句短語，卻已足夠描繪出項劉二人相同的心志意向和相異的口吻儀態，如聞其聲，如見其人，這就不能不佩服司馬遷的這支「史筆」了。

【原文之一──取而代之】：項羽少時，學書，不成。去學劍，又不成。曰：書、只足以記姓名而已；劍、一人敵，不足學，請學萬人敵。於是乃學兵法。秦始皇帝遊會稽，渡浙江，項梁與項羽俱觀。項羽曰：彼可取而代也。（漢、司馬遷：《史記》、卷七、項羽本紀。又見：宋、司馬光：《資治通鑑》、卷七、秦紀二）

【原文之二──該當如是】：漢高祖、沛人。姓劉、字季、名邦。仁而愛人，常有大度，不事家人生產。嘗繇咸陽，縱觀秦始皇帝出巡，喟然太息曰：嗟呼！大丈夫當如是也。（漢、司馬遷：《史記》、卷八、漢高祖本紀第八。又見：明、曹臣：《舌華錄》、豪語第三）

六九　虎貓龍貓仍是貓

「名」是對人對物的稱號，得體爲宜，過於誇飾就不必。

從前齊國有個宦官（就是太監）養了一頭好貓，自認爲是世間少有的奇特的貓，因而叫它「虎貓」，顯示確然威風凜凜。

客人甲說：「老虎誠然猛武，但還趕不上龍的神威，我建議改名叫『龍貓』。」

又一位客人乙說：「固然龍是優於虎，但當龍升上天空時，常常被雲遮掩了，足見雲比龍更加高超，不如叫『雲貓』爲好。」

另一位客人丙說：「濃雲當然可以遮天，但大風一來，雲就吹散了。雲本來就不是風的對手，改叫『風貓』，豈不更好？」

再一位客人丁說：「大風飆起來雖然厲害，但遇到高牆就擋住了。風對牆終究莫可奈何，取名『牆貓』不是更切合嗎？」

最後一位客人戊說：「牆壁嘛，即使它很高，但老鼠卻能在牆腳底下打洞，洞打得太多時，牆還會倒塌。看來牆是無法對付老鼠的，何不取名叫『鼠貓』呢？」

東里（村鎮之名，古代賢人子產所居。《論語》說：東里子產潤色之）的一位老人笑道：「咿喲，捉老鼠才是貓的專長，貓就是貓嘛！爲甚麼這些聰明人用亂跑野馬的思維，忽視貓的原有本能，牽扯出一些不相干的糾纏呢？」

按：以上這段辨詞，只算是俗儒筆下的陋說村言，哪能比得上鄧小平吐出的強人快語？老鄧（大陸稱鄧小平同志爲老鄧，鄧麗君歌后爲小鄧）說：「不論白貓黑貓，能抓老鼠的就是好貓。」這是何等豪邁的氣概，不愧爲領導社會主義大步前進的舵手。

【原文—虎貓龍貓】：齊、奄家畜一貓，自奇之，號曰虎貓。客說之曰：虎誠猛，不如龍之神也，請更名曰龍貓。又客說之曰：龍固神於虎也，龍升天，浮雲遮之，雲其尚於龍乎？不如名曰雲貓。又客說之曰：雲靄蔽天，風倏散之，雲固不敵風也，請更名曰風貓。又客說之曰：大風飆起，維屏以牆，斯足蔽矣，風其於牆何？名之曰牆貓可。又客說之曰：維牆雖固，維鼠穴之，牆斯圮矣，牆又於鼠何？即名曰鼠貓可也！東里丈人嗤之曰：嘻嘻！捕鼠者，故貓也。貓即貓耳，何爲故失其本眞哉？（明、劉元卿：《賢奕編》、貓說）

【另文—白貓黑貓】：鄧小平的名言：不論白貓黑貓，能抓老鼠的就是好貓。（北京《人民日報》）

七〇　金杯失去謊稱在

貴重物品不見了，在場衆人都成了嫌疑犯。搜嗎？搜出來如何處置？搜不到又如何善後？兩難。今舉一例。

明代的橙墩，極喜歡招待賓友，寵妾蘇氏，也善於持家待客。某一天，家中大宴賓朋，歡樂中一個金質酒杯不見了。僕人們一面不停在廳堂中四方尋找，一面口中在不斷嘮叨，好久仍是找不到。

這時小太太蘇氏在內堂門口大聲說道：「金杯在這屋裡，已經收起來了，不要再找了。」

宴會完畢，衆多賓客離去後，蘇氏才向橙墩解釋說：「金杯其實眞的丢失了，搜尋了半天也不知是誰偷了去。你平日如此好客，豪爽有如孟嘗君，豈可爲了一只酒杯，讓這群貴客高賓，人人不爽，都惹上偷杯的嫌疑嗎？這豈是善待客人之道？如果鬧出了搜獲眞贓的尷尬場面，將來如何再好相見。我看這種小事，何不算了就好？」

橙墩極爲佩服她的高超識見。

【原文—金杯謊說未曾失】：國朝橙墩好客。有愛妾蘇氏，善持家。一日讌客，失金杯。諸僕嘖嘖四覓。蘇氏詬之曰：金杯已收在內，不須尋矣。及客散，蘇氏對橙墩言：杯實失去，尋亦不得。公平日好客任俠，豈可以一杯故，令名流不歡乎？橙墩善其言。（明、鄭瑄：《昨非庵日纂》、汪度第十、橙墩）

【另文—燈節御酒竊金杯】：宋徽宗宣和六年正月十五夜，賞元宵花燈。端門之前，皇帝賜飲御酒，那看燈百姓，一人一杯。有一婦人，喝罷御賜酒，將金杯藏入懷中，給光祿寺人拏住，奏知皇上。婦人稟道：「妾偕夫壻看燈，鬧中與夫相失。蒙皇帝賜酒，妾面帶酒容，又未與夫同歸，爲恐公婆怪責，欲拿金杯爲照。」婦人又曰：「臣妾有《鷓鴣天》詞奏稟：『月滿蓬壺粲爛燈，與郎攜手至端門，貪看鶴降笙歌舉，不覺鴛鴦失卻群。天漸曉，感皇恩，傳宣賜酒臉生春；歸家恐被公婆責，乞賜金杯作照憑。』」教坊大使曹元寵奏道：「婦人此詞，恐是她丈夫宿構，來騙陛下金盞。必得當面命題試之。」即以金盞爲題，《念奴嬌》爲調。婦人口占曰：「桂魄澄輝，禁城內萬盞花燈羅列……假王金盞，免公婆責罰臣妾。」徽宗大悅，賜金杯與之。（宋、佚名：《宣和遺事》、亨集）

七一 長生之道

我們若能加意保養身體，壽命應可延長。但如果說能夠活上萬千年，那當是漫天說大話。宋代文豪蘇軾，曾撰《志林》一書，其中有個匪夷所思的故事說道：

『從前有三個老人相逢，互問年歲。

第一人說：「我的年歲記不清了。只回憶起以前年幼時，曾經與盤古氏做朋友，建立了交情。」（按宋代李昉《太平御覽．天部下》說：天地開闢，盤古氏在其中。過了一萬八千歲，才有三皇和五帝。）

第二人說：「滄海變爲桑田，要數萬年一次（按晉代葛洪《神仙傳．王遠》載：麻姑曰：我已見東海三次變爲桑田）。我每遇一次，就留下一根籌碼竹籤來計數，如今這些竹籤已堆滿了十間屋子了。」（祝賀老人長壽，曰「海屋添籌」，由這故事來的）

第三人說：「我每次吃完蟠桃，便將桃核丟在崑崙山下。如今桃核已堆集到和崑崙山肖高了。」（按班固《漢武帝內傳》：西王母以蟠桃授帝曰：此仙桃，三千年才結果一次。）』

以上應都是誇張的大言，不宜深究。不過如想長壽，並非不能做到。只是一般人談論健康長壽之道，往往立下一些戒條，諸如飲食有度、寡欲清心、早睡早起，多作運動，成爲老生常談，偏於「說教」，恐難打動人心。今另有一位隱名者寫下四句白描詩來，談笑之間，吐屬含有新意，詩曰：

早起看星斗，飯後百步走；老妻生得醜，活到九十九。

不貪睡，飯定時，多運動，不貪色，都不明說，是其高妙之處。

而胡適所撰《白話文學史》第五章「漢末魏晉文學」引述了三國・魏・應璩的「三叟」詩，說的也是長保健康得享高壽之道，詩曰：

昔有行道人，陌上見三叟；
年各百歲餘，相與鋤禾莠。
趨前問三叟，何以得此壽？
上叟前致詞，室內姬粗醜。
次叟前致詞，量腹節所受。
下叟前致詞，夜臥不覆首。
要哉三叟言，所以能久壽。

清代沈復（沈三白，一七六三——一八〇八）撰《浮生六記》卷六「養生記道」，也另述及楊廉夫「路逢三叟」節錄云：

上叟前致詞，大道抱天全。
中叟前致詞，寒暑每節宣。

下叟前致詞，百歲半單眠。

與前詩含意相近。沈三白說：「療身不若療心，勸別人療心不如先療自己心。」因為一切物慾情慾，都是自己心中生出來的念頭。為此，林鑑堂有詩曰：

自家心病自家知，起念還當把念醫；只是心生心作病，心安哪有病來時。

我有靈丹一小錠，能醫四海群迷病；些兒吞下體安然，管取延年兼續命。

這也了時那也了，紛紛擾擾皆分曉；雲開萬里見清光，明月一輪圓皎皎。

人生世上猶如夢，夢裡胡為苦認真；夢短夢長俱是夢，忽然一覺夢何存？

沈三白的《浮生六記》卷六裡，尚有一首曠達自樂之詞云：

世事茫茫，光陰有限，算來何必奔忙？

人生碌碌，競短論長，卻不道榮枯有數，得失難量。

看那秋風金谷，夜月烏江；阿房宮冷，銅雀臺荒；

榮華花上露，富貴草頭霜；機關參透，萬慮皆忘。

誇甚麼龍樓鳳閣，說甚麼利鎖名韁？閒來靜處，且隨詩酒顛狂。

唱一曲歸來未晚，歌一調湖海滄桑；逢時遇景，拾翠尋芳。

約幾個知心密友，到林邊溪畔，或琴棋適性，或曲水流觴；

或說些善因果報，或論些今古興亡；看花枝堆錦繡，聽鳥語弄笙簧。

一任他人情反覆，世態炎涼；優遊閒歲月，瀟灑度時光！

范文正公說：「千古聖賢人，不能免生死，身從無中來，仍向無中去。……曠逸養清明，澹然生妙悟。放心樂逍遙，丟卻憂煩事！」遊心於虛靜，委慮於無欲，豈不就可以達生延命，健康永壽了嗎？

【原文一——三老問年】：嘗有三老人相遇，或問之年。一人曰：吾年不可記，但憶少年時，曾與盤古有舊。一人曰：海水變桑田時，吾輒下一籌，爾來吾籌已滿十間屋矣。一人曰：吾每食蟠桃，輒棄其核於崑崙山下，今已與崑崙齊高矣。（宋、蘇軾：《志林》、三老條）

【原文二——三叟高壽】：有人見三叟，年各百歲餘，高壽鋤禾莠。拜問何以得此？上叟曰：室內姬粗醜。二叟曰：量腹接所受。下叟曰：暮臥不覆首。要哉言也。（明、鄭瑄：《昨非庵日纂》、頤眞第七）

【另文一——莫知甲子】：有邢和璞者，善算人而知人夭壽（能算別人的年壽）。唐玄宗命邢推算張果（即張果老，八仙之一，鬢眉皆白，傳說是千年蝙蝠成精），則懵然不知其甲子（年歲不知）。玄宗奇之，號曰通玄先生。（見㈠：後晉、劉昫：《舊唐書》。㈡宋、歐陽修：《新唐書》：方技傳、張果。㈢宋、孔平仲：《續世說》、卷八、棲逸。）

七二　長壽秘方是獨眠

宋代包恢，少時從朱熹陸九淵等大儒求知，品學兼優。嘉定年間（宋寧宗年號）考取進士，官至資政殿學士，史評說他政聲斐然。封南城縣侯，有《敝帚稿略》傳世。同朝有個賈似道（一二一三—一二七五），倚靠姊姊是宋理宗（繼承宋寧宗，一二二五年登位）的貴妃有寵，得以屢次超升，做了丞相。

每逢皇帝郊祀（一年冬夏兩次）祭天之期，朝中衆多高官，都隨同帝王履登郊外露天高築之祭台陪祭。包恢年屆八十八歲，但他升降便捷，體能健旺，跪拜起立，毫無老態，爲同儕所欣羨。

一日，賈似道問他：「包大人年壽雖高，但步伐仍然輕快，必定有養生秘方，可否略爲透露一二？」包恢戲笑答道：「自然有哇，我服用一帖具有特效的丸子藥，但這是不可傳人的秘方呀！」

這兩句弔胃口的話，引起了宰相賈似道的興趣，追問秘方是甚麼？

包恢面帶詼諧，緩緩回道：「這秘方我服用已很長久了，它就叫五十年獨睡丸。」旁座的人聽到，都心領神會而大笑。

能不能長壽?讀者可想試服?

【原文—五十年獨睡】：宏齋先生包恢，年八十有八，爲樞密陪祀，登拜郊台，精神康健。一日，賈似道問曰：包大人宏齋高壽，步履不艱，必有衛養之術，願聞其略。包恢答曰：有一服丸子藥，乃是不傳之秘方。似道欣然，欲受其方。恢徐徐笑曰：恢吃五十年獨睡丸。滿座皆哂。(元人、撰者闕名：《三朝野史》、宏齋先生條)

【另文—半生唯獨宿】：朱文正公，清德素修，爲時人所宗仰。薨之日，臥處僅一布被，書室則殘書數簏而已。仁宗親賜奠，且錫以挽詩，有「半生唯獨宿，一世不言錢」之句，公亦當含笑九原矣。(清、陳康祺：《燕下鄉脞錄》、朱文正條)

【附文—老人十拗詩】：郭功甫有「老人十拗詩」曰：「不記近事記遠事，不能近視能遠視。膝蓋無力怕爬樓，手指發麻難寫字。哭時無淚笑有淚，夜裡不睡日裡睡。不愛兒子愛小孫，大事不問小事絮。牙齒鬆脫咬不動，耳朵變聾大聲問。老人何止此十拗，老人老了有何用?」(明、顧元慶：《簷曝偶談》。編者按：人人都會變老，這是自然之常。我們希望長壽，更要講求健康。如果百病纏身，久活愈是受罪。由於紙有餘幅，記此以供玩味。)

七三　青魚代替騙太后

兩害相權取其小：貢物勝過皇宮，會要全家鐐銬；村婦不識子魚，寧可招來譏笑。

宋代秦檜，總攬國政，天下進貢的珍物，最好的都先送往宰相秦府，次好的才送往皇宮大內，太后與皇帝哪會知道。

秦檜的妻子王氏，爲了巴結皇室，時常在皇宮內廷出入走動。有一天，顯仁太后（宋高宗之母）和她閒談，對她說：「近來子魚（依《太平御覽》說：郫縣產子魚，黃鱗赤尾，味鮮，亦可作魚醬，是珍品）大的太少見了。」王氏回應說：「我家就有，明天我送一百條魚來好了。」

王氏回家，告知秦檜。秦檜怪她不用腦筋，講錯了話。子魚是進貢來的，怎麼可以我宰相府裡有大的子魚而皇宮裡只有小的子魚，這豈不證實了爲臣的大逆不道，還一口答覆說要送去一百尾。追究起來，可以抄家的。

秦檜狡詐精靈，第二天，另外找來一百條青魚（就是鯖魚，又稱青花魚，屬普通魚類），如言送往皇室。

那顯仁太后拍手笑道：「我道這秦檜婆子王氏婦人土裡土氣，見識鄙陋，果不其然，她連子魚青魚都分辨不出來，還對我誇口說她家有好多呢，這次可識破她的村樸頭腦和無識無知了。」

原來青魚是有些像子魚，但體型要肥大一些，而且是普通常見的魚類，得來容易。可見秦檜之奸，連顯仁太后也被他的詐術瞞騙過去了。

【原文一—糟青魚】：秦檜用事，天下貢物，先入其門，而次及皇宮。王夫人常出入禁中，一日，顯仁太后言：近日子魚大者絕少。夫人對曰：妾家有之，當以百尾進。歸告檜，檜咎其失言。明日，進糟青魚百尾。顯仁太后拊掌笑曰：我道這婆子村朴，果然！（明、馮夢龍：《增廣智囊補》、卷下、雜智、秦檜）

【原文二—送青魚】：秦檜之夫人王氏，常入禁中。顯仁太后言：近日子魚，大者絕少。夫人曰：妾家有，明日當進百尾。歸告秦檜，檜咎其失言，與館客謀，改送青魚百尾。顯仁笑謂：我道婆子村，果然鄙樸。蓋青魚似子魚而非，特差大也，觀此、賊檜之奸猶可見。（明、徐樹丕：《識小錄》、進青魚條）

【原文三—進鯶魚】：憲聖召秦檜夫人入禁中，賜宴，進淮青魚，憲聖問曰：曾食此否？夫人對曰：食此已久，其魚視此更大，容臣妾翌日供進。蓋檜方秉權，諸道諂奉踰於上貢也。夫人歸，急以語檜。檜恚之曰：夫人不曉事。翌日，遂易鯶魚（即鯇魚，狀似青魚）大者數十尾以進。憲聖笑曰：我固道無此大青魚，夫人誤認也。（明、田汝成：《西湖遊覽志餘》、卷四）

七四　修善要早趁生前

清代大學士紀曉嵐（一七二四—一八〇五），記下一則鬼事異聞，雖涉荒謬，也近人情，骨子裡乃在勸勉世人多做好事。

有一位儒生，膽量豪放，老說想要與野鬼見面談話，卻一直未能如願。有一晚，他帶著酒罈杯皿，獨自前往鄉下曠地裡的叢葬亂墳之間，鋪上草席，斟滿酒杯，擎杯四顧，大聲呼道：「月朗星稀，風清夜靜，我一人獨酌，感覺孤單寂寞。陰間諸位朋友，有肯來相陪飲酒的沒有？」

說罷不久，果見燐光閃閃，鬼火熒熒，先後徐徐接近，約有十多起。儒生改用大杯斟酒，環迴灑向草地上。只見那些燐火，紛紛彎向地面，去嗅聞那草間的酒香酒氣。

燐火高下起伏，似乎對酒香的反應不錯，有一個鬼聲贊歎道：「好酒好酒，能再賜一杯否？」儒生繼續灑酒，同時向鬼火問道：「你們爲何不去輪迴轉世投生呢？」

鬼魂回答說：「善根積夠了的已經輪迴變人去了，惡行犯滿了的打入地獄去了。我們這十三個鬼魂，善根不足，罪孽也不重，又找不到替死之人，所以還在蹉跎等候。」

儒生追問道：「何不再多積點善行呢？」

鬼魂答道：「修善要在生前，死後沒有著力之處，幽魂在陰間游蕩，無法增添善行，這就是難題之所在呀！」

儒生灑酒已盡，捧起酒罈倒過來給鬼魂們看，表示酒已光了，衆鬼也就漸漸散去。其中有一鬼聲，還回頭叮嚀道：「餓鬼得享美酒，盛情難報。今以一言還贈：修善要趁早，趕在生前施爲，死後便來不及了！」

這是刁飛萬先生講述給我聽的。

【原文】：一書生，最有膽，每求見鬼，不可得。一夕，攜罌酒往叢冢間，四顧呼曰：良夜遊，殊爲寂寞，泉下諸友，有肯來共酌者乎？俄見燐火熒熒，出沒草際，數其影約十餘。儒生以巨杯挹酒灑之，皆俯嗅其氣。有一鬼稱酒絕佳，請再賜飲。因且灑且問曰：公等何故不輪迴？曰：善根多者轉生矣，惡貫盈者墜獄矣。我等十三人，罪根未滿，善根不足，尚在待時。再問：何不多修善行？曰：修善須及未死時，死後無著力處矣。灑酒既盡，舉罌示之，各踉蹌離去。其中一鬼回首叮嚀曰：餓鬼得飫壺觴，無以報德，謹以一語奉贈，修善須及未死時也。（清、紀曉嵐：《閱微草堂筆記》、卷十、如是我聞之四、飛萬又言條）

七五　冠者五六人

歪解經書，也可逗樂。

文士石動筩，某次在國學（國學即太學堂，爲全國唯一最高學府，設有五經博士）學院中，閱看博士論文。文中有一段說：「孔子弟子，達者（通達學理，高於凡俗的碩儒）七十二人。」

石動筩問道：「這七十二人之中，多少人已成年，戴有冠帽（古昔男子成年時，要舉行加冠儀典，叫冠禮，戴上帽子。又《禮記》說：二十歲稱爲弱冠）？多少人年歲未到，還未戴上冠帽？」

這位博士回答說：「經書和傳記裡都未提到，無從得

至聖先師孔子

曉。」

石動筩說：「戴帽的有三十人，還未戴帽的四十二人。」

博士問道：「石大人你是根據哪種文獻知道的？」

石動筩答道：「你看《論語・先進第十一》明白的告訴我們：「冠者五六人，童子六七人。」五乘六等於三十人，是戴帽的成年人。六乘七等於四十二人，是未戴帽的童子。三十加四十二等於七十二，正合乎達者七十二人之數。這不就是很清楚的解答了嗎？」

聽到的人，都哄堂大笑。

【原文】：石動筩嘗於國學中看博士論云：孔子弟子，達者七十二人。因問曰：達者七十二人之中，幾人已著冠？幾人未著冠？博士曰：經傳無文，何因得考。動筩曰：已著冠者有三十人，未著冠者有四十二人。博士曰：據何文？動筩曰：論語云：冠者五六人，五六三十人也。童子六七人，六七四十二人也。豈非七十二人乎？坐中皆大笑。（明、曹臣：《舌華錄》、諧語第七）

【另文】：孔子以詩書禮樂教弟子，蓋三千焉。身通六藝者七十有二人（漢、司馬遷：《史記》、卷四十十七、孔子世家第十七）

七六　南無唸納摩

中文裡有些字和詞，想要正確地唸出來還眞不容易。

同字異音，叫「破音字」。譬如「行」的讀音：㈠是「ㄒㄧㄥˊ xíng 音形」，例如行爲。㈡是「ㄏㄤˊ háng 音杭」，例如銀行。㈢是「ㄒㄧㄥˋ xìng 音幸」，例如品行。㈣是「ㄏㄤˋ hàng 音沆」，例如行行（剛強的樣子。論語：子路行行如也）。

又譬如「樂」的讀音：㈠是「ㄩㄝˋ yuè 音岳」，例如音樂。㈡是「ㄌㄜˋ lè 音勒」，例如快樂。㈢是「ㄧㄠˋ yào 音要」，例如智者樂水（樂是愛好之意）。㈣是「ㄌㄨㄛˋ lò 音洛」，例如樂託（行爲狂放，不拘小節）。㈤爲「ㄌㄠˋ lào 音烙」，例如樂亭（河北省縣名。㈣㈤爲罕讀）。

下面引述一段趣談：

有位秀才，自認學識高超，有一天，到大佛寺裡去瞻仰。

大殿中有位高僧，正在唸《阿彌陀經》（阿彌陀是梵文 Amida 的音譯），他把「南無阿彌陀佛」句中的「南無」唸成「納摩」。秀才一聽，認爲和尚唸得不對，錯了。

誦經完畢，秀才對和尚說：「明明是『南無』，你爲甚麼唸成『納摩』？唸錯了！」

（按南無是梵語 namo 的音譯，唸納摩是對的，沒有錯）

和尚柔聲答道：「施主呀，這就正像你們儒士把《大學》一書裡的『於戲、前王不忘，君子賢其賢而親其親』這句裡明明是『於戲』唸成『嗚呼』是一樣的理由呀！不但此也，你們儒生還把『可汗』唸成『克寒』，把『冒頓』唸成『墨毒』，把『齊衰』唸成『咨催』，把『身毒』唸成『捐篤』，又把『吐谷渾』唸成『突欲魂』，這都是同樣的原因呀！」（按佛書中「南無」多處可見，如《妙法蓮華經．觀世音菩薩普門品》裡都有『南無觀世音菩薩』，他處還有「南無大悲觀世音」「南無阿彌陀如來」「南無阿唎耶」等等）

兩人辯來辯去，相持不下。

那和尚終究是個出家人，不想抬槓，便自動讓步說：「好了，好了，何必久爭呢？等你哪一天唸『於戲』本音的時候，我就改唸『南無』本字好了！如果你繼續『嗚呼』，那貧僧也只好仍舊一直『納摩』呀！」

【原文】：某僧，頗通儒理。一儒士戲之曰：和尚既讀孔孟之書，爲何將「南無」二字，誤唸爲「拿麻」？答曰：然則相公爲何將「於戲」二字，讀爲「嗚呼」？相公既嗚呼，和尚自然只好拿麻了！合座騷然。（清、黃協塤：《鋤經書舍零墨》、僧謔條。又見：今人、羅常培：《中國人與中國文》、誤讀字）

七七　咬剩的桃子給我吃

我們做任何事，有人說好，也有人說壞，不可能盡如他人意。《論語顏淵篇》說：「愛之欲其生，惡之欲其死」。《孟子告子上》說：「趙孟之所貴，趙孟能賤之」（喜怒貴賤，都受別人控管）。這該怎麼辦呢？唯有自己行得端，坐得正，眞金哪怕火來燒？別人的毀譽，不必管，也管不到；不必聽，也聽不完。且看歷史給我們的教訓：

春秋時代，衛國有個彌子瑕（與孔子同時代。《孟子萬章上》說：「彌子謂子路曰：孔子主我，衛卿可得也。」），是衛君的幸臣（以變倖獲得寵愛），衛靈公十分喜歡他。

衛國的法律規定：凡是未經許可，私自駕駛國君的御車外出的，要處以刖足之罪（又叫跀足，把腳砍掉）。彌子瑕的母親生了急病，別人在晚上才告訴他，他來不及稟告衛靈公（公元前五三五—前四九三），就假稱已獲特准，駕著御車出去請醫。衛靈公知道後，不但不怪罪，反而讚賞他道：「彌卿子瑕很能盡孝嘛，為了母親醫病，竟連砍足都不顧了！」

又有一次，他陪侍衛靈公在御果園內巡遊。彌子瑕摘了一個桃子，咬了兩口，覺得桃味甜美，便把咬剩還未吃完的半個桃子遞給衛君嚐鮮。衛靈公又誇贊道：「子瑕彌卿，你眞是全心愛我呀！為了桃子味道好，竟然留下咬剩的半個給我吃！」

人情有炎涼冷暖，到後來，彌子瑕的寵愛衰褪，逐漸轉變爲厭棄，且又因故而得罪了衛靈公。提到從前的往事，衛靈公責難道：「這個彌子瑕，壞透了，從來就不是個好人。以前，他曾假傳命令，偷駕我的御車出去，犯了國法，對我不忠。又曾經拿咬剩了的半個桃子給我吃，有虧臣禮，對我不敬。我要找個機會來懲罰他！」

讀者請看：彌子瑕仍舊是那個彌子瑕。他當初的同一行爲，以前贊他是好的，以後卻損他說是壞的。這些外來的評斷，其寬嚴禍福，眞是難以預測呀。

【原文—啗我以餘桃】：昔者，彌子瑕有寵於衛君。衛國之法，竊駕君車者罪刖。彌子瑕母病，人聞之，夜告彌子。彌子矯駕君車以出。衛君聞而賢之曰：孝哉！爲母之故，忘其犯刖罪。異日，與衛君遊於果園，食桃而甘，以其半啗君。君曰：愛我哉，忘其口味，以啗寡人。及彌子色衰愛弛，得罪於衛君。君曰：是固嘗矯駕吾車，又嘗啗我以餘桃。夫彌子之行，未變於初也。前之所以見賢，後之所以獲罪者，愛憎之變也。（戰國、韓非：《韓非子》、說難第十二。又見：漢、劉向：《說苑》、卷十七、雜言）

【另文—趙孟之所貴】：孟子曰：「欲貴者，人之同心也。趙孟之所貴，趙孟能賤之。」朱熹注曰：趙孟、晉國之世卿，能以爵祿與人而使之貴，也能奪之而使人賤。清・焦循《孟子正義》云：晉有三趙孟：趙朔之子趙武，諡文子，稱趙孟（即搜孤救孤的趙氏孤兒）。武之子曰成，成之子曰趙鞅，諡簡子，亦稱趙孟。鞅之子曰趙無恤，諡襄子，亦稱趙孟。都是極有權勢的主持國政者。（戰國、孟軻：《孟子》、告子章句上）

七八 要行淫爲何不罰

犯罪，要有犯罪的「行爲」，否則不能處罰。

三國時代，蜀漢簡雍，字憲和，涿郡人，與蜀主劉備（漢昭烈帝，一七〇—二二三）自小就有交往，善於滑稽諷諫，受到劉備的賞識。

公元二二一年，劉備在成都登位爲蜀漢昭烈帝，稱爲先主（以別於後主劉禪）。簡雍封爲昭德將軍。有一年，久旱不雨，麥穀收成大減。政府下令禁止釀酒，以免耗糧而影響民食，犯禁的要處以刑罰。

首都執法的官吏，在一戶民家搜出了釀酒的器具，包括蒸餾鍋，濾糟器等。認爲抓到了製酒設備，證據有了，就想要用禁酒的法條來重辦他（錯的是：雖有釀具，但無「釀」的行爲，是不可以處罰的）。

此事傳揚開來，大家都知道了。不多時，簡

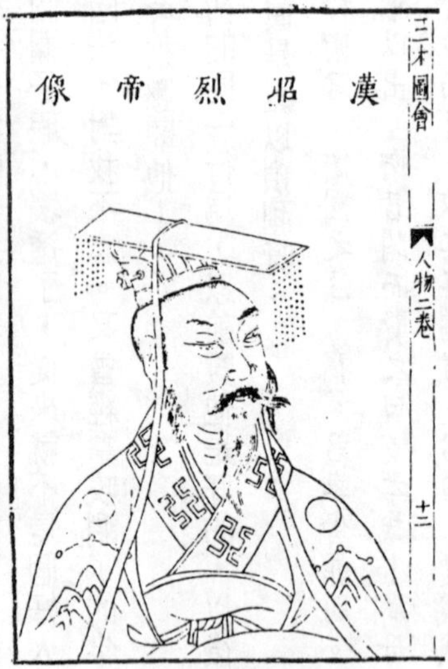

劉備像

雍陪著先主劉備在皇宮外的大道上散步，看到前面有一對男女並排偕行。簡雍特意問道：「前面這對男女要行淫，爲甚麼不抓起來辦罪？」

劉備詫怪地回問道：「簡卿你怎麼會知道？」

簡雍說：「他們兩人身上，都有要行淫的器官，和那有釀酒器具的民戶所犯的嫌疑是一樣的呀！」

先主劉備大笑，便交待不要究辦那有釀具的民家了。

【原文】：簡雍，少與先主有舊。先主入成都，拜簡雍爲昭德將軍。時天旱禁酒，釀者有刑。吏於人家搜得釀具，論者欲令與作酒者同罰。雍與先主遊觀，見一男女行道。謂先主曰：彼人欲行淫，何以不縛？先主曰：卿何以知之？雍對曰：彼有其具，與欲釀者同。先主大笑，而原欲釀者。（見㈠：晉、陳壽：《三國志》、蜀志、卷八。又見㈡：明、曹臣：《舌華錄》、諷語第十二。又見㈢：明、馮夢龍：《增廣智囊補》、卷下、語智、善言、簡雍）

七九　屋簷下不准躲雨

安徽省盧江縣有位孫起山先生，國家考試進士及第了，是位等待補實的候派官兒。這一年，他從安徽上北京，要去戶部官衙報到，以便等候拔選派職。

他由於旅費籌措不足，只得一程一程的僱匹驢子趕路。一天，行到河北省河間縣的南門外了，只因驢子還未僱到，卻驟然來了一場大雨，孫起山只好暫且跑到一家民宅的屋簷下臨時躲雨。

屋主人看見了，對他吼叫道：「我造這屋時你沒有出錢，我打地基時你也沒有出力，憑甚麼你有資格站在這裡避雨？」把他趕出屋簷外，讓他露身在大雨之中。

那個年代，河間縣縣長還是空懸著，尚未補實。孫起山進入京都，晉謁吏部候派。不幾月，竟然抽籤獲得分發為河間縣長之職。

孫起山走馬上任了，這位南門口民宅的主人認得這位孫縣長就是早幾個月前不准他在屋簷下躲雨的同一人，不禁惶恐不安。孫起山知道了，將他請過來，笑著解釋道：「我哪會與你計較這樁小節？事已過了，只要以後不再有就行了。改過之後，也是再走積善修福的正道呀！」

後來，這主人老覺於心不安，搬離了河間縣，不知道遷往何處去了。孫起山歎道：

「小人終究是小人，竟以爲天下之人都是小人！」

【原文】：盧江孫起山謁選時，貧無資斧，沿途僱驢而行。一日，至河間南門外，僱驢未得，大雨驟來，走避民家屋簷下。主人見之，怒曰：余造屋時汝未出錢，余築地時汝未出力，何無故敢立於此？驅之立雨中。時河間猶未題缺，起山入都，不數月，竟掣得是縣。赴任時，此人識之，惶愧自悔。起山聞之，召來笑謂曰：吾何至與汝輩計較？今既經此，後無復然，亦養福之道也。後此人終不自安，移家莫知所往。起山歎曰：小人之心，竟謂天下皆小人。（清、紀曉嵐：《閱微草堂筆記》、卷二十二、灤陽續錄、第四）

八〇 拾存金袋多年在

「失物招領」(Lost and Found 或 Lost-property Office)在外國的商場中早已形成制度，高掛招牌，有人管理，服務認眞而親切。但在我國，則未予重視。物件遺忘了，只好自認倒霉算了。殊不知在距今一千多年的宋代，卻有個失物倉庫。此一實例珍聞，不能不記。

北宋的京都叫忭京，即今河南開封。有一著名酒樓，叫樊樓，在東華門外，爲三層高樓建築。劉子翬《忭京紀事詩》吟道：「憶得少年多樂事，夜深燈火上樊樓。」有關樊樓的記述，請閱南宋孟元老的《東京夢華錄・二》。

樊樓之旁，有個茶館，地當繁華區段。茶具精緻，館內雅潔，座位分外廳與內室。寬敞隱密，各取所需，因此生意極好。京城裡各色人等，都來閒憩、會友、交際、談心。

有位外縣市的李姓士人，到茶館中飲茶，離去時遺留了零碎金塊一袋，回到家裡才發覺。心想茶館裡人來人往衆多，一定找不回來，也就沒有過問，算了。

隔了幾年，李姓士人與朋友又到京城同上這家茶館用茶。他回憶起當年舊事，隨意對同伴閒聊說：「早幾年我在這店裡遺忘了一袋碎金，空手回家，那時弄得我生活十分拮据，眞是一樁很不體面的事。」

同伴回問當年情況，他詳予追述，被茶館主人聽到了，來到座前，問道：「官人那年來飲茶時，是不是上身穿毛衣，坐在裡間的茶桌，對不對？有一個袋子，我拾到了。我追出店門要還給你，但你走得太快，找不到人，只好權且收存著。今天貴客如果說來塊數及斤兩相符時，就當物歸原主。」

言罷，招呼著同上小閣樓。只見樓上存放著許多茶客遺留的物件，等於是個失物倉庫。甚至連雨傘套鞋衣裳帽子器皿都有。每一物件且繫有小布條，寫記說某年月日爲某色客人所遺留者，包括和尚道士婦女小童商賈官員，身分都予註記，方便日後查對。

主人尋到角落處，找出一個小包袱，正是當年舊物，封紮仍是原樣。包中碎金的數目和重量都吻合不差，於是即刻歸還給他。

李姓士人爲感謝主人的盛德，要分送若干金塊作酬，主人堅拒，不肯收受。

【原文】：宋京樊樓畔有一茶肆，生意極盛。有士人李氏就肆，遺金一袋，歸始覺。李以肆中往來如織，定無覓處，置勿問。後數年，李復過此，因憶謂同侶曰：往年失金於此，狼狽幾不能回。主人聞而揖曰：官人彼時，著毛衫，裡邊坐乎？此係某拾得，當即追還，奈官人行速，特權收之。今說塊數斤兩相同，即可取去。隨招登小樓，中皆貯人遺失之物，如傘屐衣服器皿，各有標題，曰：某年月日某色人所遺者，或僧道婦人，或似商賈官員，各識之。就樓角尋得小袱，封記如故，塊數重量與李言同，遂舉以還。李分金贈之，堅不受。（明、鄭瑄：《昨非庵日纂》、種德第三）

八一　挖墳三座都無寶

宋代蘇轍，字子由，在朝廷任官為尚書右丞門下侍郎。他的哥哥蘇軾，字子瞻，號東坡居士，同時另在翰林院中任職。兩人都是大文豪，列入了唐宋八大家。

有一位他們兩人都熟識的朋友，來見蘇轍，想求個官職。等了許久，沒有消息。因轉而來見蘇軾，說：「我但希望身居內翰的你，能幫我講句推薦的話，就可謀到個職位，你看好不好嘛？」

蘇軾緩緩地回應道：「我以前聞知一個故事，今且說給你聽：有個窮人，無法維生，只好去挖古墳，想發些橫財救急。首先，他挖開一座墳墓，只見棺材裡的人，全身光光的，衣服都無，對他言道：『你沒聽說過漢朝的楊王孫嗎？就是我！我一生主張而且實行了裸葬，想藉此來矯正世俗，棺木裡甚麼都沒有，你弄錯對象了。』

「這人只好再花力氣，去挖開另一座大墓，乃是一位皇王，對他開示道：『我乃漢文帝是也。朕一生提倡節儉和薄葬，死前且立下了遺詔，棺中不許放置金玉珠寶陪葬，只有一些陶器瓦皿，沒法幫助你呀！』

「這人轉頭一瞧，發現有兩座墳墓相連，似乎大有希望。他挖進東邊那一座墳，只見棺裡那人，骨瘦如豺，自我介紹道：『我是伯夷，因爲不食周粟，所以餓死在首陽山下。我自己都長久沒有吃的，所以才死，比你更慘呢。』

「這人歎了一口氣，自怨道：『白用了這麼多力氣，半點收穫也沒撈到，眞是苦命。莫若再挖一挖西邊這座墳，或者能檢到一些財寶吧！』這個瘦骨頭的死人好心勸他道：『我看你還是另外到別處去設法吧！你看我，餓瘦得成這副模樣。那西邊隔鄰的墳，乃是我弟弟叔齊，他比我還糟糕，你何必再空費這麼多的力氣呢』？」

與蘇軾相識的這位想謀職的朋友，聽完這個故事，懂得蘇軾、蘇轍，兩人都幫不上忙，大笑起來，告辭離去了。

【原文】：蘇子由在政府，子瞻在翰苑。有一故人，與子由兄弟有舊者，來干子由，求差遣，久而未遂。一日來見子瞻，且云：某有望內翰以一言爲助。子瞻徐曰：舊聞有人貧甚，無以爲生，乃謀伐冢。遂破一墓，見一人裸而坐，曰：爾不聞漢世楊王孫乎？裡葬以矯世，無物以濟汝也。復挖一冢，用力彌艱。既入，見一王者，曰：我漢文帝也，遺詔壙中無納金玉，器皆陶瓦，何以濟汝？復見有二冢相連，乃穿其在東者，久之方透。見一人曰：我伯夷也，面有饑色，餓死於首陽山下，無以應汝之求。其人歎曰：用力之勤，卻無所獲，不若更穿西冢，或冀有得也。伯夷謂曰：勸汝別謀於他所。汝視我瘠瘦如此，舍弟叔齊，豈能爲汝助耶？故人聽畢，大笑而出。（宋、張邦基：《墨莊漫錄》、蘇子由條）

八二　拜酒冒汗都有理

喝酒前要拜不要拜？戰慄時冒汗不冒汗？各有千秋，毋須意外，隨人而異，兩不一樣，且都言之成理，錄請賞鑑。

〔一〕

東漢之末，有位鍾繇（一五一——二三〇），累官尚書、僕射。到三國時代的魏國，進身爲太傅。他長於書法，旁人贊他「隸行入神，八分入妙。」

他有兩個兒子，大的鍾毓，小的鍾會。大凡小孩在幼時，總難免有些調皮不老實。有一天，父親鍾繇午餐後正睡午覺，兩個小孩便趁機一同偷嚐那泡製已成的藥酒。這時鍾繇已經覺醒了，瞥見這兩個小把戲行動鬼祟，便暫且假裝仍在睡覺，卻瞇著眼瞧瞧他倆在耍甚麼花樣。

他倆擺上兩個小酒杯，各倒了少許藥酒，準備品嚐。只見哥哥鍾毓，先行拱手拜禮，之後才開始喝酒。弟弟鍾會，卻不拱手拜揖，逕自擎杯就喝，兩人的表現不同。

父親鍾繇，感到奇怪，就起身召喚兩個兒子近前，先問大兒子爲甚麼先拜而後喝酒？

鍾毓說：「飲酒乃是正規儀典中獻爵獻醻禮節裡的一大項目，我要循禮，所以不敢不拜。」

父親又問二兒子爲甚麼不拜而逕行喝酒？

鍾會說：「偷飲本就不對，我們只是好奇想嚐新。已經不合於禮了，所以我不必拜。」

兩人都言之有理，誰對誰不對？

〔二〕

鍾毓（後來官任車騎將軍）、鍾會（後來官拜司徒）兩兄弟，從小就很出名。年齡還只十三來歲時，魏文帝（曹丕，他篡奪漢室江山，性格果斷）都聽聞其名了。有一天，魏文帝對鍾繇說：「可以叫你那兩個兒子來見見我！」

兩人遵旨來了。

鍾毓沉住不氣，臉上冒出了汗珠。魏文帝問道：「你臉上爲何出汗？」

鍾毓稟奏回道：「叩見皇王，戰戰惶惶，唯恐失禮，汗出如漿。」

再看鍾會，臉上全然無汗。魏文帝問道：「你爲何不出汗？」

鍾會回稟道：「皇威惕惕，戰戰慄慄，毛孔緊收，汗不敢出。」

兩人都有解釋，也都各有其理，誰怕誰不怕？

【原文一—拜與不拜】：鍾毓、鍾會，鍾繇之子也。小時，值父晝寢，因共偷飲藥酒。其父已覺，姑託寐以觀之。毓拜而後飲，會飲而不拜。既而問毓何以拜？曰：酒以成禮，不敢不拜。問會何以不拜？曰：偷本非禮，所以不拜。（明、蕭良友：「龍文鞭影」、初集、卷上、毓會竊飲）

【原文二—無汗有汗】：鍾毓、鍾會，少有令譽。年十三，魏文帝聞之，語其父鍾繇曰：可令二子來。於是敕見。毓面有汗，帝曰：卿面何以汗？毓對曰：戰戰惶惶，汗出如漿。復問會：卿何以不汗？會對曰：戰戰慄慄，汗不敢出。（南朝宋、劉義慶：《世說新語》、言語第二。又見：明、曹臣：《舌華錄》、穎語第十六）

【另文—偷飲不拜】：孔文舉（即孔融，字文舉）有二子，大者六歲，小者五歲。晝日，父眠，小者床頭盜酒，飲之。大兒謂曰：何以不拜？答曰：偷、那得行禮？（宋、劉慶義：《世說新語》、言語）

八三　春滿杏林謳董奉

三國時代，吳國有位董奉，字君異，侯官人（即福建閩侯，現稱林森縣）。精於醫術，他的行事，列入了葛洪的《神仙傳》，可算是一則傳奇。

董奉住在廬山，替人治病，他不受銀錢財物作報酬。凡是嚴重的病治好後，只要病癒的人栽杏樹五株，輕微的病治好後，栽杏樹一株。這樣過了若干年，杏樹已有十多萬株，茂密成林了。

杏樹既已成爲叢林，引來野獸藏身在林中棲息和遊戲，踐踏得雜草生長不出來，於是樹上杏花結果而大告豐收了。

董奉在杏林裡搭建了一棟竹造的圓形穀倉，昭告大家說：凡是想要杏子果實的，不須告知我，可以逕自到杏林裡去採。例如帶來一簸箕的穀子，倒入穀倉裡，就可以採一簸箕的杏果回去。換言之，希望使穀子與杏子兩者相等，以求公平（按杏實俗稱杏仁，與梅李桃栗合稱五果。《神農本草》將杏仁列爲重要藥品，可治咳嗽、風寒、痰滯。蛋白質含量豐富，也是高級食品）云云。

有人想佔小便宜，帶來的穀子少，採去的杏果多。這時林深處就有老虎三四隻現身出來，對人又吼又咬，嚇得這人連跑帶閃，也顧不得簸箕裡的杏果隨之散落，逃命要緊。一會兒老虎不追了，這人回到家裡，檢看餘留帶回家的杏果，正好等同於帶去穀子的數量，撈不到好處。

更有人空手到杏林裡去偷杏，此時就有老虎出來驅趕他，一直跟著追到家裡，把他嚇到斷氣了。家裡人知道是偷杏惹起的禍，趕緊將偷得的杏果送還。不多久，斷氣的人才又轉活了。

從此以後，帶去多少穀，便採多少杏，誰也不敢欺騙。董奉拿出這些穀子，轉而去賑濟貧窮及災民。每年捐出三千斛，剩下的仍然有很多哩。

我們看：神醫董奉，種杏濟貧；德術兼修，仁心厚澤；為世人所謳頌，是醫界的楷模。因此，這譽滿杏林或杏林春暖之詞，就成為歌頌醫生的讚語了。

【原文一——神仙傳】：董奉，字君異，侯官人。居山間，為人治病，不取錢物。重病愈者，使栽杏五株，輕者一株。如此數年，得十餘萬株，鬱然成林。而山中群獸遊戲，竟不生草，於是杏子大熟。君異於杏林作簞倉，語人曰：欲買杏者，不須來報，逕自取之。祇須將穀一器，置入倉中，即自往取杏一器云云。有人以少穀而取多杏者，即有三四頭虎噬逐之。此人怖懼而奔，杏即傾覆，虎乃還去。到家量杏，一如穀少。又有人空往偷杏，虎逐之，到其家，及嚙之至死。家人知是偷杏，遂送杏還，死者亦活。自是以後，買杏者皆自平量之，不敢有欺者。君異以所得糧穀，賑救貧窮，

歲消三千斛，尚餘甚多。（晉、葛洪：《神仙傳》、卷十、董奉）

【原文二──昨非庵】：董奉居廬山，爲人治病，使重病愈者栽杏五株，輕者一株。如此數年，計得十萬餘株。後杏子熟，奉於杏林下作倉。欲買杏者，悉照買杏之器易穀，以濟貧窮，人號曰董仙杏林。（明、鄭瑄：《昨非庵日纂》、種德第三）

【另文一──神仙傳】：蘇仙公者，漢文帝時得道。謂其母曰：吾已成仙，被召有期。母曰：汝去之後，我如何活？對曰：明年天下有疾疫，吾家有深井，簷邊有橘樹，可以治病。來年，果然有瘟疫，遠近皆來求母，索井水一瓶，橘葉一枚，可療一人，活者無算。（晉、葛洪：《神仙傳》）

八四 冒認文章請恕罪

抄襲他人的著作爲己有，以往僅視爲喪德。民國十七年頒佈了「著作權法」，明令保護智慧財產，違者判刑。

唐代司空（即御史大夫，職司監察，與大司馬大司徒合稱三公）、盧鈞（字子和，元和進士）以往爲郎官，出任衢州太守時，有位士人，帶了一卷文稿，來拜會他，希望他能賞識其文才而推薦任職。

盧鈞翻讀他的文稿，共有十多篇，認出來都是自己以前的舊作。

盧鈞試著問道：「你是怎樣寫出這些文章的呢？」

來客回答說：「這些都是在下勞心焦思，累經琢磨修改，才寫出來的。」

盧鈞點破他道：「依我看來，這十多篇全都是我以往的作品，今天我還能夠背得出來，你怎敢說是你的創作呢？」

來客這才惶恐認錯，驚懼的說：「我偶然檢到這些文章的散頁，漏注作者的名姓，不知道是誰的大作，我佩服它的內容太精彩了，就冒充是我寫的，卻不料是您盧大人的宏文。小生該死，千萬請你恕罪免究！」

盧鈞讓他離去，沒有爲難他。

抄襲剽竊陋習，偷他人的心血結晶，攫取冒爲己有，此一歪風，到如今仍未斷絕，豈不是讓斯文掃地了嗎？

【原文】：盧司空鈞爲郎官，守衢州。有進士贄謁。盧公開卷審閱其文，計十餘篇，皆公所製也。語之曰：君何許得此文？對曰：某苦心所爲。云：此文乃某所撰，尚能自誦。客乃伏言：某得此文，不知姓名，不悟乃員外撰述者。盧鈞遣之，不究。（宋、王讜：《唐語林》、卷七、補遺）

八五　洪學士想比蘇學士

麻雀一飛兩丈高，就認爲可和鳳凰鵬鳥相比，應請多讀《楚辭》中的「對楚王問」，和《莊子》中的「逍遙遊」。

洪景盧學士，在翰林院值勤當班，撰寫詔書。這一天，皇帝交下來要趕辦的御旨詔誥文件特別多，自早到晚，達二十多宗。虧得他筆不停揮，心無旁騖，總算是全部都完成了。任務既畢，意念轉寬，便移步到庭院中舒散一下。正好遇到一個老院丁，對他示好道：「今日文書這麼忙，洪學士你必定勞神多多了。」

洪景盧喜歡他這種贊佩的口吻，高興的回答道：「今天撰寫了二十多道皇上制誥，幸而我心靈手快，都已經圓滿趕寫完畢了。」

老院丁順著他說：「學士詩書滿腹，文思泉湧，像你這樣的捷才，還眞不可多得呢。」

洪景盧十分得意，自誇道：「我想、即使那蘇學士東坡先生今日在此，也不過只有這樣相同的表現吧。」

蘇軾圖（三才圖會）

老院丁點頭表示同意，但也輕鬆地提醒一下說：「蘇大學士眞的也不過如此而已。但他撰寫皇誥，文不加點，筆走龍蛇，從來不見他要翻書檢籍找資料查典故，全憑他自家肚腹裡已有的貨色，就足以隨時完卷的。」

話是說得很和平，但孰優孰劣，誰高誰低，已被這凡夫下人比較分析得很明白了。洪景盧臉上發熱，自愧失言。後來他對其他知友談起這次對話時，還補充說：「做人不可自誇，以免招來沒趣。當時如果有個地洞，我會立刻鑽進去。」

這篇原文的作者姜南在文尾評論說：近來一般文人，對司馬遷（前一四五？—前八六？，撰史記）、班固（三二—九二，著漢書）的史籍，王羲之（三〇三—三六一，世稱書聖）王獻之（三四四—二八八，精書法，與其父羲之並稱二王）的書法，以及李白（七〇一—七六二，譽爲詩仙）、杜甫（七一三—七七〇，尊爲詩聖）的詩句，大多少有接觸，只是略聞其名。每當寫就一篇粗文，吟成一首歪詩，就大言不慚地誇口：「我這文章，是學自班固司馬的，我的字體，是仿自二王的，我的詩，這一句很像李白，那一句又像杜甫，都是有來頭的。」如果讓洪景盧學士聽到了，必將會笑掉大牙了呀。

【原文—文人誇誕】：洪景盧居翰苑日，嘗入直。值制詔沓至，自早至晡，凡二十餘草。事竟，少步庭間，見一老叟，因言聞今日文書甚多，學士必大勞神也。洪喜其言，答曰：今日草二十餘制，皆已畢事矣。老叟復頌云：學士才思敏捷，眞不多見。洪矜之云：蘇學士想亦不過如此速也。老叟復首肯，咨嗟曰：蘇學士敏捷，亦不過如此。但不曾檢閱書冊耳。洪爲赧然，自恨失言。嘗對客自言如此，又云：人不可自矜，是時使有地縫，亦當入矣。夫文人誇誕，高自稱許，自古通病。近日學者，于遷固之史、二王之書、李杜之詩，平生未嘗經目，每作一文，賦一詩，輒曰：吾文自遷固史中來，吾筆札法二王，吾詩某句如李，某句如杜。吁、使洪景盧聞此，必爲之捧腹絕倒矣。（明、姜南：《風月堂雜識》、杜審言洪景盧自矜）

【另文一──鳳凰與鷃】：楚襄王問於宋玉曰：先生其有遺行歟？宋玉對曰：其曲彌高，其和彌寡。故鳥有鳳而魚有鯤。鳳凰上擊九千里，絕雲霓，負蒼天，足亂浮雲，翱翔乎杳冥之上；夫藩籬之鷃，豈能與之料天地之高哉？（戰國、楚、宋玉：《楚辭》、對楚王問）

【另文二──鵬鳥與鳩】：北冥有鳥，其名爲鵬。怒而飛，其翼若垂天之雲，搏扶搖而上者九萬里。鷽鳩笑之曰：我決起而飛，槍榆枋，時或不至，控於地而已矣，奚以彼九萬里而南爲？（戰國、莊周：《莊子》、內篇、逍遙遊）

八六　皇帝生子我無功

隋朝由隋文帝楊堅開國，他的兒子楊俊封爲秦王。秦王生了個男孩，隋文帝十分歡喜，頒令賞賜百官錢財，同沾喜氣。

朝臣有位李文博，素性貞介鯁直，官任羽騎衛。當時朝政寖壞，人多贓賄，唯獨李文博不改其清廉操守，他還著有《治道集》。但他的家境空乏，更無積蓄。別人以爲他會由於得到賞賜而高興，可以紓解困境。

李文博卻另有主見，他說：「朝廷賞罰的設立，是爲了使有功者受獎和有過者受罰的準則有所依歸，如今只是秦王的王妃生下男孩，和我們這些大臣有何干係？怎麼可以胡亂給賞呢？」

附記：同樣的情況，也發生在晉朝與南唐，這兩次且是誕生太子（將來的皇帝），因而普賜群臣。其中有位光祿勳殷洪喬（即殷羡）啓奏道：「陛下誕生龍子，微臣愧未盡力！」晉元帝點破說：「我生兒子，哪能請你幫忙出力呢？」史書上留此笑話，請見〔原文二、三〕。

【原文一——不妄領賞】：隋文帝以秦王生男，大喜，頒賜百官。李文博家道屢空，人謂其悅賞。乃曰：賞罰之役，功罪所歸。今王妃生男，於群臣何事，乃妄授賞也？（唐、李垕：《南北史續世說》、卷五、雅量。又見：唐、魏徵：《隋書》、卷五十八、列傳第二十三）

【原文二──愧我無功】：晉元帝皇子生，普賜群臣。殷洪喬謝曰：皇太子誕育，普天同慶，嗣統得人。愧臣無功焉，而猥頒厚賜。皇帝笑曰：此生育事，豈可使卿有功耶？（見：南朝宋、劉義慶：《世說新語》、排調第二十五。又見：明、曹臣：《舌華錄》、諧語第七）

【原文三──安得有功】：南唐時，宮中嘗賜洗兒果（據《金鑾密記》解釋：皇嬰生三日，賜洗兒果子）。有近臣謝表云：猥蒙寵賜，深愧無功。南唐李主曰：此事、卿安得有功耶？（見：明、李暉吉：《龍文鞭影》、二集、上卷）

八七 看我先喝黃龍湯

拍馬不要本錢，總宜稍顧品格；若是過分無恥，豈不令人作嘔？

南北朝時代，北齊（高洋篡北魏，自立爲帝，號北齊）傳到世祖武成皇帝時，朝裡有位重臣，叫和士開。他任尙書令，封淮陽王，把持朝政，威權盛大。一般不顧廉恥的朝官都巴結他，希求得到好處。

曾有某次，和士開病了，一位官員前來探問長官的病況。正好醫生看診完畢，說道：「王爺這次患的是傷寒，發燒、頭痛，病情極重。其他藥物都難生效，唯有服用黃龍湯，才能治癒。」

你道那黃龍湯是何種藥物呢？原來就是「糞清」（大便的汁）。據醫家陶弘景的解說：將糞便貯入腹大口小的瓶罐裡封起來，久年得汁，就叫黃龍湯，色黑，味苦，能治溫病，垂死的人喝它也會轉好。但要身爲尙書令的和士開大人喝這種又苦又臭的黑稠藥汁，如何嚥得下去？不免露出爲難之色。

這位探病的官兒馬上說：「這味藥很容易喝呀！王爺不必懷疑。讓我來示範一下，我先喝一次，王爺就知道不難喝了。」他端起藥汁碗，咕嚕咕嚕地一口氣就將它喝光了。

《資治通鑑》（上起戰國，下至五代，記了一千三百六十二年間的史事）特別記錄了這位官兒的嘴臉，可惜司馬溫公筆下留情，沒有將姓名公開出來（本書第一四三篇「嚐糞御史」，卻揭示出有名有姓，可以對閱）。

但孔平仲《續世說》則明白的記載著這位諂臣叫曹參，與孔門賢哲尊爲「宗聖」的曾子同其姓名，卻表演出這種無恥的醜態劣行，污辱曾府家風，不禁爲之三歎！

【原文一—先嚐黃龍湯】：北齊和士開，威權日盛，朝士不知廉恥者，群相獻媚。嘗有一人，參士開疾。值醫云：王傷寒極重，他藥無效，應服黃龍湯。士開有難色。來官曰：此物甚易服，王不須疑，請爲王先嚐之。一舉而藥盡。士開感其意，爲之強服，遂得愈。（宋、司馬光：《資治通鑑》、卷一百七十、陳紀四、宣帝太建二年。）

【原文二—黃龍湯易飲】：北齊、和士開用事，人多附之。有一人名曾參，探士開病，醫者云：須服黃龍湯。和士開面有難色。參曰：此湯易飲，不難。王爺不須有疑，請由我先飲之，乃一飲而盡。（宋、孔平仲：《續世說》、卷十二、邪諂）

八八　若得百錢好養母

宋代杜衍（九七八—一〇五七，與范仲淹同時代）說：「人無生計，則不能不俯仰。」是說若無謀生之道，則爲了衣食，難免要低頭求人，扼殺了多少抱負？

撰寫《岳陽樓記》、留下「先天下之憂而憂，後天下之樂而樂」名句的范仲淹（字希文，九八九—一〇五二），諡文正，因稱文正公。當他在睢陽（今河南商邱縣附近）掌理學政時，有位姓孫的秀才，借遊學之名，前來拜謁，並呈上詩文手本。范仲淹見他文詞清麗，且同是讀書人，送了他錢幣一千文（約爲一家三個月的生活費）。第二年，孫秀才又到睢陽，再來拜見，范仲淹除了又送他十個一千文之外，便問他爲甚麼這樣不停的在四方遊訪？令人費解。

孫秀才神色戚然，只好答道：「實因母親年老，無錢盡孝，才出門四處張羅。如果每天能得一百文，奉養母親就足夠了。」

范仲淹說：「和你幾度談話，我看你的吐屬舉止，不像是個討乞的遊方俗客。這兩年來，在道路上風塵僕僕，哪能得到多少？可是荒疏治學，卻太多太久了。這樣吧！假如我把你補派入學館作生員（睢陽學館乃是由范仲淹學政管轄），每月可領津貼三千文，足以奉養老母了，你能夠安心向學嗎？」

孫秀才大喜，趕忙謝恩接受。於是讓他研讀《春秋》。這孫生確也努力向學，日夜發憤，行爲也很合規矩，范仲淹心中甚慰。

再到明年，范仲淹離開了睢陽，另有高就。孫秀才也辭館回家（他是平陽人，屬今山東），開拓新領域，各自有其發展了。

歲月不居，各人景況互異，往事由於時光流逝，大家也就漸漸淡忘了。

隔了十年，范仲淹在朝中任職。傳說山東省在東嶽泰山之下，出了一位大學者孫明復先生（九九二—一〇五七。本名孫復，字明復），以他最擅長的《春秋》經義廣授生徒，學識深邃，道德高邁，而且有甚多著作。朝廷知道了，便召他來京，給予褒揚。（後任爲國子監直講。《宋史》儒林傳中有記）

大學者來到朝廷，范仲淹一看，原來就是當年四方遊學的那位孫秀才。

【原文—無錢養老母】：范文正公在睢陽掌學。有孫秀才者上謁，文正贈錢一千。明年，孫生復道睢陽，謁文正，又贈十千，因問何爲汲汲於道路？孫生戚然動色曰：母老無以養，若日得百錢，則甘旨足矣。文正曰：吾觀汝辭氣，非乞客也。二年僕僕，所得幾何？而廢學多矣。吾今

范仲淹

補汝爲學職，月可得三千，以供奉養，汝能安於學乎？孫生大喜，再拜。於是授以春秋。而孫生篤學，不捨晝夜，行復修謹，文正甚愛之。明年，文正去睢陽，孫亦辭歸山東。後十年，聞泰山下有孫明復先生，以春秋教授學生，道德高邁。朝廷召至，乃昔日孫秀才也。事後，文正歎曰：貧之爲累亦大矣，倘孫生一逕因循索米至老，則雖內蘊雋才，如孫明復者，猶將汩沒而無聞也。（宋、朱熹：《五朝名臣言行錄》、第十卷、十之三、泰山孫先生。又見：宋、魏泰：《東軒筆錄》、范文正公）

【另文—志不在溫飽】：宋代王曾，官僕射十年，與范仲淹同時代人。王曾少時，參加鄉試、省試、京試皆獲魁首。劉子儀爲翰林學士，戲之曰：狀元試三場，一生吃著不盡。王曾正色答曰：余平生之志，不在溫飽。（元、脫克脫：《宋史》、王曾傳。編者按：吾人須不爲溫飽煩心，乃可爲天下國家服務。）

八九　送地毯有福有禍

明代官任江南巡撫（轄區約爲今江蘇安徽江西省）周忱（謚文襄），爲使政務推行不受太監王振的阻撓，須先設法博取王振的歡心。他得知王振正在起造新府第，乃預先找關係探知了新造齋閣的寬廣，交付松江縣製成精美的剪絨地毯，作爲賀禮，送給王振。

那王振乃是權勢氣焰兩都熾盛的當權大太監，行事狡黠，深得明英宗的信賴，稱他爲先生，朝中的公侯勛戚叫他爲翁父，尚書徐晞甚至向他下跪。禍福刑賞，都由他的喜怒決定，奸猾不可一世。

且說他收到新絨毯，命人舖在新齋閣的地板上，竟然完全吻合，尺寸不差。心中十分快樂，認爲這位方面大員周忱的才幹是第一流。以後凡是從江南府衙呈上朝廷的興革事項，王振都一概贊同，而且助他實行，使周忱在政務上獲到的益處太多了。

周忱像

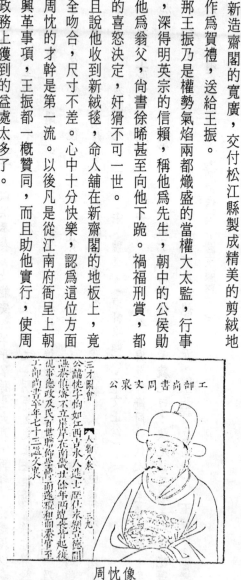

同樣另有送毯之舉，乃是宋朝秦檜，他在府第裡起造「一德格天閣」（純一之德，可以感通皇天，出自《書經》），有位江南高官（陸深《儼山外集》則說是宣撫使鄭仲）想要巴結他，而且要與衆不同，出奇制勝。於是用巨款賄賂建築商，取得格天閣的樓堂地板面積的尺寸，特意定製了華貴厚實的錦花織絨地毯，作爲別緻禮物，送呈宰相府，鋪在地板上，長寬恰巧相合，尺碼分寸不差。

這原是美意一樁，送者受者都皆歡喜，但秦檜對此舉全然不樂。由於這位高官能夠在暗地裡窺探到自己家門之內的私秘，那今後我的一切其他行事還有甚麼隱密可言呢？心中一惱，就藉故找碴，把那位送毯大官革了職，辦了罪，以絕後患。

兩事合觀，同是送上地毯，一喜一怒，一吉一凶，其故安在哉？大抵上應是王振雖暴而驕，究竟心機尚淺，樂於多結聲勢以固其權。而秦檜陰險詭狡，心機極爲深沉，凡事都嚴防小人以慮其禍。由此看來，我們做任何事，也當想一想好壞得失的後果吧！

【原文一—江南某大官】：周文襄巡撫江南日，巨璫（指宦官）王振當權。慮其撓己也，時振初作居第，公預令人度其齋閣，使松江作剪絨毯遺之，不失尺寸，振喜。凡公上利便事，振悉從中贊之，江南至今賴焉。秦檜構格天閣，有某大官任江南，思出奇媚之。乃重賂工人，得其尺寸，作絨毯以進，鋪之恰合。檜謂其伺己內事，大怒，因尋事斥之。夫所獻同而喜怒相反，何也？謂忠佞意殊，彼蒼者、陰使各食其報，此恐未然。大抵王振機淺，秦檜機深，此所以異歟？（明、馮夢龍：《增廣智囊》、卷下、

術智、委蛇、周忱）

【原文二—鄭仲爲宣撫】：周文襄公忱，巡撫江南日，巨璫王振當國，慮其異己也。時振新作居第，公預令人度其齋閣寬廣，使松江作剪絨毯遺之，覆地不失尺寸。振極喜，以爲有才。公在江南，凡上利便事，王振悉從中贊之。宋秦檜格天閣成，鄭仲爲四川宣撫。遺錦地衣一鋪，檜命鋪閣上，廣袤無尺寸差。檜默然不樂，鄭仲竟以得罪。此二事極相類，一以見疑，一以見厚。豈其心術之微，有不同耶？（明、陵深：《儼山外集》、卷九、願豐堂漫書）

【原文三—德格天閣】：當檜用事時，佞士盈庭，引古今而頌功德者，例沫汲獎。檜嘗建一德格天閣，宋高宗書一德格天四字贈之。朝士有賀啓曰：在昔，獨伊尹格于皇天。到今，微管仲吾其左衽。檜喜，即超擢之。（明、田汝成：《西湖遊覽志餘》）

【附文一—秦檜謹小嫌】：秦檜雖專恣，然遇小嫌則頗爲謹愼，故宋高宗不疑。一日，其子秦熺衣黃色葛衫侍側，檜命換之。熺不喻。檜瞪目謂曰：可換穿白者。熺言：此葛衣貴賤人士通服。檜曰：我與汝卻不可服也。蓋檜以其服爲黃色，逼似皇上。爲避嫌，絕不可也。足證秦檜機心之深邃。（明、田汝成：《西湖遊覽志餘》、卷四）

【附文二—三次不敢贈】：唐朝尚書左丞李廙，有清德。其妹、劉晏妻也。劉晏嘗謁李廙，延至寢室，見其門簾甚敝，乃令妻潛度廣狹，以竹織成，不加緣飾，將以贈之。三次攜入其門，不敢發言而去。（明、鄭瑄：《昨非庵日纂》、冰操）

九〇　風動旛動人心動

簡略的一句應景的話，所含哲理很深，竟然出於一位不識字的打柴和尚之口，我們哪能不予深思？

禪宗六祖惠能（有的書上稱他爲慧能大師，但《六祖壇經》稱惠能），廣東人，父親早亡，

五祖弘忍大師

六祖慧能大師

家貧，沒有唸書，賣柴維生。後來到東禪寺向五祖弘忍禮師求佛，得以傳承衣缽，是爲六祖。有《六祖壇經》傳世。

以後，惠能南行，到了廣州法性寺。一日，該寺印宗法師開講《涅槃經》（北涼時沙門曇無讖由梵文譯爲華文），惠能也隨緣聽法。中場休息時，起了一陣風，把講壇前的旛旗吹動了。一個和尚說「風動了」，另一個和尚說「旗動了」。而究竟是風動還是旗動，大家議論不已。

惠能見大衆尚欠開悟，就接口禪釋道：「這不是風動，也不是旛動，而是有道之人的心在動。」

衆僧聽此番高論，總都一驚，歎服他的隨機妙悟。印宗法師也敬佩不已，久聞有位六祖傳了衣缽南來，莫非就是他？因請惠能升坐上席，由此開創了東山法門。（《六祖壇經》中，尚有「身似菩提樹」精采故事，已納入拙著《古事今鑑》第三七篇，本書不再重複）

本書第十六篇惠能大師闡釋頓漸，也是特別開悟，可以互參。

【原文】：惠能至廣州法性寺，值印宗法師講涅槃經。時有風，吹旛動。一僧曰：風動。一僧曰：旛動。議論不已。惠能曰：不是風動，不是旛動，仁者心動。一衆駭然。印宗延至上席。（唐、僧、法海：《六祖大師法寶壇經》、行由品第一）

九一　唐太宗和吳起

帶兵要帶心。在政商界作領導人的你，如要部屬賣命，也請參看此篇。

【一】

唐太宗李世民（五九八—六四九）時代，遼東地區（今遼寧省遼河以東之地）叛亂，唐太宗統帶部隊親征，進攻白巖城（今遼寧省遼陽縣東北），戰況激烈，太宗麾下右衛大將軍李思摩（突厥族人，降唐後，賜姓李）被敵人有毒的冷箭（不知從哪裡射來的亂箭）射中了。唐太宗親手替他把箭拔出來，用嘴吮著傷口將淤血穢毒吸出乾淨，敷上生肌拔毒瘡藥，包紮妥當，命他休息養傷。全營的將士都看到了，認爲皇帝親爲部下吮毒，無不深爲感奮，大家誓死效命。

唐太宗像

【二】

戰國時代的吳起（元前？—前三七八），是位偉大的軍事家。他的《吳子兵法》一書，和春秋時代的《孫子兵法》齊名。有人合稱爲孫吳兵法，至今仍是中外兵書寶典。

他在魏國爲大將時，奉派去攻伐中山國，部隊裡有個小兵，身上長了個毒疽，紅腫化膿，痛得要命。吳起親自拿醫針挑破膿皮，用嘴去吸盡那癰疱中的毒血，病好了。

這小兵的母親知道了，哭了起來。在旁的人說：「吳大將軍待你兒子這麼好，你還哭個甚麼呢？」

他母親含悲答道：「吳大將軍以前吮過我兒子父親的膿瘡，他父親就在注水之戰中，奮不顧身，把命都犧牲了。如今又吮我兒子，不知道我兒子會在哪一場戰役中又會爲他送命，所以我才不能不哭呀！」

【原文一—太宗吮毒】：唐太宗征遼東，攻白巖城，右衛大將軍李思摩，爲流矢所中。帝親爲吮血，將士莫不感勵。（唐、吳兢：《貞觀政要》、卷之六、仁惻第二十。）

【原文二—吳起吸膿】：吳起爲魏將，攻中山。軍人有病疽者，吳子自吮其膿。其母泣之。旁人曰：將軍於汝子如是，尚何爲泣？對曰：吳公曾吮此子之父之創，此父赴注水之戰，戰不旋踵而死。今又吮吾子，安知吾子何戰而死，是以哭之也。（漢、劉向：《說苑》、卷第六、復恩）

九二　座中有妓心無妓

我們常說二程夫子是「道學先生」（闡明性命義理之學）。二程是指宋代的程顥、程頤兄弟。哥哥程顥（一〇三二—一〇八五）字伯淳，曾在宋神宗座前講學，闡說正心窒慾、誠敬存仁的重要，著有「識仁篇」「定性篇」等。他以振興斯文爲己任，辨異端，闢邪說，讓聖人之道，煥然復明於世。文彥博（幼時曾灌水入洞使球浮出而出名）題其墓曰「明道先生」，他的語錄叫《程子遺書》。

弟弟程頤（一〇三三—一一〇七），字正叔，兄弟都是周敦頤的學生。他十八歲在太學就撰寫「顏子好學論」，使胡瑗大爲驚異。又在崇正殿爲宋哲宗進講，以學庸論孟爲指標，而一以聖人爲師，世稱「伊川先生」。有《易傳》、

程顥圖（三才圖會）

程頤圖（三才圖會）

《春秋傳》、《語錄》、《文集》行世。

兩位程夫子雖然生活端莊嚴肅，但也偶會有輕鬆愉悅的一面。據說有一次，他倆同時應邀參加一場宴會，那知席間竟有美妓出來陪酒、弟弟伊川先生覺得這樣不成體統，就拂袖提前離開。哥哥明道先生卻留了下來，直到席終盡歡才散。

第二天，兩人同在書房溫書。弟弟伊川先生，還記掛著昨天的事，臉上仍舊顯露著不悅的慍色。哥哥明道先生特爲解析道：「昨天，在餐廳裡，座中雖有妓，但我心中沒有妓（不會沾惹我）。今天，在書齋中，屋裡沒有妓，但你心中卻有妓（仍舊纏著你）。這樁俗事等於是一場考驗，你爲甚麼不能看淡看開呢？」

伊川先生一聽，驀然一驚，才知道自己的修爲，確實還及不上老哥明道先生，暗地裡叫聲慚愧。

【原文一—心中無妓】：兩程夫子赴宴，有妓侑觴。伊川拂衣起，明道盡歡而罷。次日，伊川慍猶未解。明道曰：昨日座中有妓，吾心中卻無妓；今日齋中無妓，汝心中卻有妓。伊川自謂不及。（明、鄭瑄：《昨非庵日纂》、汪度）

【原文二—心上有妓】：明道伊川兄弟，同赴一席。伊川見坐中有妓，即拂衣去，獨明道與飲盡歡。明日、明道過伊川齋，伊川猶有怒色。明道笑曰：昨日本有，心上卻無；今日本無，心上卻有。（明、曹臣：《舌華錄》、慧語第一、明道伊川條）

九三　家賊忍他三十年

順手牽羊，會養成惡劣習慣。並非由於窮得沒有飯吃，而是老想貪點小便宜，不拿會手癢。可是次數多了，終將因小而失大。

宋代張齊賢，宋眞宗時任兵部尚書，後來又升爲同中書門下平章事（就是宰相）。他在許多年以前，有一次家裡設宴請客，一個家僕，順手偷了多件餐桌上的銀器，藏在自己衣服裡。張齊賢在珠簾之後瞧見了，當時沒有說破，事後也不曾追究，此事似乎就淡然了。

後來，張齊賢升爲宰相，家中上下人等，都依著等級得到了好的安置，唯有這個偷了銀器的人沒有份。他趁無人在旁之時，含淚請求道：「小的伺候相公最久，爲甚麼只有我沒有安頓呢？」

張齊賢心有不忍，但也只好悽然解釋道：「你可記得好久以前偷竊銀器的舊事嗎？我忍了三十年，誰個也沒有告訴，你也料不到那天會被我看到。我沒有追問，是顧全你的顏面。如今我身爲宰相，處事須要激濁揚清，就是要去惡存善。因此不能替有偷竊前科的你作任何安排。不過，爲體念你跟我這麼多年，勞苦不少。這樣罷，送你銀錢三百千，也是個大數目了（一千錢爲一吊，用繩穿紮成串，就是三百吊錢，見明、何良俊：《四友齋叢說》史九）。你可以慢慢另外去找個安身之處。因爲我今天講穿了你的不是之處，你會慚愧而難安，不方便再留在我這裡了。」

若要人不知，除非己莫爲，偷竊的人被主人戳穿，驚怖得出了冷汗，再三拜揖，含淚離去了。

【原文】：張齊賢家宴，一奴竊銀器數事於懷。齊賢自簾下熟視不問。後齊賢爲相，門下皆得班行，而此奴竟不沾祿。因乘間泣請曰：某事相公最久，乃相遺何也？齊賢憫然曰：汝憶盜我銀器時乎？我懷三十年不以告人，雖汝亦不知也。吾爲相，宜激濁揚清，敢以盜薦？念事吾久，與錢三百千。汝去別擇所安。蓋既發汝平日，汝宜自愧而不可留也。奴震駭拜泣而去。（明、鄭瑄：《昨非庵日纂》、汪度第十、張齊賢條）

九四　宰相要用讀書人

宋朝由趙匡胤（九二七—九七六）開國，是爲宋太祖。開始的年號叫建隆（帝王紀元所立名號叫年號，若遇祥瑞或重大事故而更換年號叫改元）。過了三年，改元乾德（乾音鉗，意爲天爲君爲父）。乾德三年，滅了四川的後蜀，蜀主孟昶投降宋朝。

原在蜀主皇家的宮女，多轉到宋朝皇宮裡服侍。有一天，趙匡胤發現有一宮女的銅鏡背面，刻有「乾德四年鑄」的文字。這時宋朝還是乾德三年，趙匡胤不解，找來竇儀（九一九—九六〇，禮部尚書，兄弟五人稱爲竇氏五龍，見《宋史》竇儀傳），問個究竟？

竇儀說：「這個銅鏡，必是蜀國之物。先前殘唐五代時，王建在四川割據建國，稱爲前蜀。他兒子王衍繼位後，立了個年號叫乾德（起止爲九一九—九二四，宋滅蜀是九六五）。這銅鏡必是王衍乾德時代鑄造的了。」

宋太祖喜道：「定頒年號，應請博學者爲之才行，

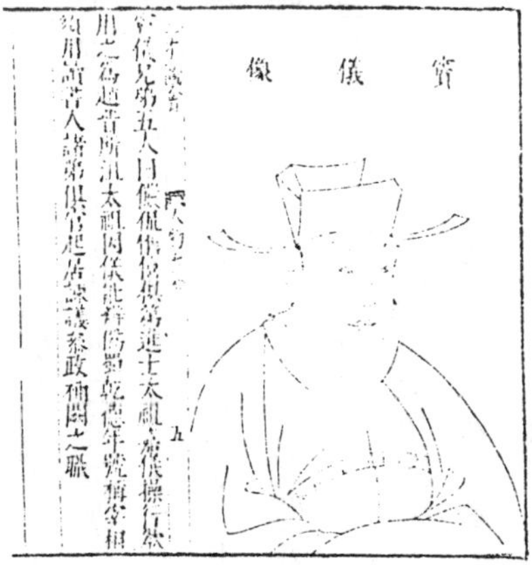

竇儀像

本來就要選用那前代所沒有的。今而後，宰相要用讀書人！」是由大爲重用儒者。

我們看：史記卷八說劉邦「不事家人生產，好酒色，常賒欠。」大概少有讀書。至於項羽，史記卷七說，項羽曰：「讀書只是記姓名而已，不必學。」所以後人有詩譏諷他倆說：「劉項原來不讀書。」（唐代進士章碣《焚書坑》詩說：「竹帛煙消帝業虛，關河空鎖祖龍居，坑灰未冷山東亂，劉項元來不讀書。」）項羽在烏江自刎死了。再看劉邦，史記卷九十九說他稱帝後，那些大臣們在皇殿上「飲酒爭功，醉或妄呼，拔劍擊柱。」這成甚麼體統？劉邦因要博士叔孫通制定朝儀，劉邦贊道：「我今天才享受到皇帝的尊貴了！」

有道是：「槍桿子可以奪天下，但槍桿子不能治天下。」可見治國確然需要讀書人。

【原文—當用讀書人】：宋太祖乾德改元，先諭宰相曰：年號須擇前代所未有者。三年，蜀平。蜀宮人入內，帝見其鏡背有志乾德四年鑄者。召竇儀詰之。儀對曰：此必蜀物，蜀主嘗有此號。乃大喜曰：宰相須用讀書人。由是大重儒者。（元、脫克脫：《宋史》、卷三、本紀第三、太祖三）

【另文—識破假太子】：漢時，有男子詣闕，自稱魏太子。詔百官識視，俱莫敢言。雋不疑（做過刺史、京兆尹）後到，叱吏縛收。或曰：是非未定。不疑曰：昔蒯聵違命出奔，輒拒而不納，春秋是之。衛太子得罪先帝，亡不即死，此罪人也。遂送詔獄。上與霍光聞而嘉之曰：公卿當用讀書人。後廷尉驗治，乃貌似太子，冀詐得富貴者，斬之。（後漢、班固：《漢書》、雋不疑傳。又見：明、鄭瑄：《昨非庵日纂》、宦澤）

九五　袁渙不肯罵舊主

換了新長官，豈能就對舊長官忘恩負義？果眞這樣行事，那是品格卑鄙的小人，不但不可作友朋，而且不可要他當部屬。

三國時代的袁渙，字曜卿。初爲州郡功曹，豫州牧劉備（公元一七〇—二二三）薦舉他爲茂才。他外溫柔而內果斷，舉止有禮，深受劉備賞識。

後來作戰時，袁渙被呂布（公元？—一九八）所獲，就挽留他在呂布身邊任職。過了一段時候，呂布見劉備一勁與己爲敵，便逼著袁渙撰寫公開信來辱罵劉備。袁渙不從，呂布再三強迫他，仍不肯動筆。

呂布大怒，用利刀威脅他說：「寫就活命，不寫就得死！」

袁渙神色不變，從容笑答道：「我聽前人說：只有品德高尚能夠服人，沒聽說信口漫罵可以服人的。假如對方是君子，他會認爲你呂將軍罵他乃是你沒有品格，可恥的是呂將軍你自己。又假如對方是小人，他會把你罵他的話回罵你，受羞辱的反而是你而不是他。再者，我袁渙以前在劉備手下服務，正如同今天我在你手下服務一樣。假如將來我離開你了，竟然又回頭來罵你呂將軍，可以嗎？」

呂布覺得理屈，就不再強迫他了。

【原文】：袁渙，字曜卿。劉備爲豫州牧，舉渙爲茂才。後爲呂布所留。布與劉備離隙，欲使袁渙作書罵辱劉備，渙不可。再三強之，不許。布大怒，以兵脅渙曰：爲之則生，不爲則死。渙顏色不變，笑而應之曰：渙聞唯德可以辱人，不聞以罵。使彼固君子耶，且不恥將軍之言。彼誠小人耶，將復將軍之意，則辱在此不在於彼。且渙昔日之事劉將軍，猶今日之事呂將軍也。如一旦去此，復罵將軍，可乎？布慚而止。

（唐、魏徵：《群書治要》、魏志上）

九六　時苗留下小犢牛

後漢時代，有位清白好官，名叫時苗（時是姓：唐有時溥，官武寧節度使。宋有時宗道，與蘇軾同年登進士。明有時中，弘治進士。清有時銘，乾隆進士）。他一介不取於民。漢獻帝建安年間，任爲壽春縣（舊縣名，即今安徽壽縣）縣長。他坐著牛車上路，由自家養的一頭母牛拉車赴任。

縣長做了一年多，母牛在壽春生下一頭小牛。卸任時，時苗說：「我這母牛，它吃的草是本縣的，喝的水是本縣的，小牛也是在本縣生的。我來時沒有小牛，這小牛應歸本縣所有。」他把小牛留下才肯離去。後來他官至典農中郎將。

小牛被壽春縣吏民留養，而且善加愛護，取名叫「時公之牛」。

【原文——留下犢牛】：時苗爲壽春令，清潔自守。初之任時，以牝牛駕車。後來牛生一犢。及去任，苗曰：是此土產者，命留之。吏民畜而愛之，曰時公犢。（清、程允升原本，鄒聖脈增補：《幼學故事瓊林》、卷四、鳥獸、增補、末條。又見：東漢、班固：《漢書》）

【另文——巨石壓舟】：唐、陸龜蒙家姑蘇，門前有一巨石，乃遠祖陸績（字智初）

爲鬱林守，罷歸，無裝，舟空難以越海，乃取一石以壓舟，人號鬱林石。（明、鄭瑄：《昨非庵日纂》、冰操）

【另文二—不要石硯】：宋、凌沖，知含山縣，一毫不妄取。秩滿，歸裝有一石硯，沖視之曰：非吾來時物也，命還之。（明、鄭瑄：《昨非庵日纂》、冰操）

【另文三—酌一杯水】：隋代趙軌爲齊州別駕，被召入朝爲京官，父老揮淚曰：別駕在本州，水火不與百姓交，公清如水，請酌一杯水奉餞。趙軌樂受飲之。（明、鄭瑄：《昨非庵日纂》、冰操）

【另文四—數多劉寵】：梁・東陽太守謝諼，秩滿去官，父老送錢一萬。謝諼止留一百。曰：數多劉寵，更以爲愧。按東漢劉寵爲會稽太守，離任時，父老每人齎百錢以送。劉寵僅選一大錢受之而去。（明、鄭瑄：《昨非庵日纂》、冰操）

九七　神仙也難逍遙樂

從前有位文士，太窮了，一心祈求上天賜福。他每天夜晚都燒香拜禱，久久都不稍懈，希望神靈降恩。

一天晚上，他照往例燃香敬神時，忽聽空中傳來聲音說：「天帝有感於你的誠意，命令我來問問你的願望爲何，也好使它實現。」

這位文士答道：「請天神明鑒：我的欲望其實很低，不敢希求太多。只想這一輩子衣食豐足，身體康泰，諸事遂心，遠離貧賤，得以長在名山勝水之間自在逍遙，與好友親朋們烹茶話舊，一直過到生命終結之日，我就心滿意足了。」

只聽到空中引來一陣大笑，回話道：「你這些願望，都是天上神仙們所難以追求到的快樂，凡人哪裡可以輕易就能如願？你若是只求偏財，只求小官，這倒是可以保證讓你不久就兌現的呀！」

【原文——古今說海】：有士人，貧甚。每夜拈香，祈天賜益，長久不懈。一夕，忽聞空中語曰：帝閔汝誠，使我問汝所欲。文士答曰：某之所欲甚微，非敢過望。但願此生衣食滿足，諸事趁心，逍遙山水間，以終其身，足矣。空中大笑曰：此上界神仙之樂，彼等亦何可易得？若只求富求貴，則可矣。（明、陸楫：《古今說海》、卷一百二十四、說纂八。）

【原文二—昨非庵記】：士人某，甚窮苦，日日焚香祈天，益久益誠。某夕，一神自空中語之曰：天帝感汝之誠，問汝何所求？士人曰：但願溫飽粗足，得以逍遙山澗水濱，安享一生即可矣。空中笑答道：此雖上界神仙，亦難強致，凡人哪能輕易如願云云。余因歷數古人，極貴念歸，而終不能遂志者，比比皆是。始知天之所吝惜，固在彼不在此也。（明、鄭瑄：《昨非庵日纂》、靜觀）

九八　畢氏定理與勾股

幾何學中的「畢氏定理」，是古希臘哲學家數學家和畢氏書院的創始人畢達哥拉斯(Pythagoras 582-507 B.C.)所發見。該定理說：一個直角三角形，其斜邊的平方，等於其他兩邊的平方和。如圖甲、即：

$$a^2 + b^2 = c^2$$

全名是「畢達哥拉斯定理」(Pythagoras's theorem)

我國古代，早就有「句股」（句音溝）這個數學名詞，是《九章算術》裡的一章。這九章算術相傳爲黃帝時代的隸首（黃帝的臣子，精於算數）所撰。又稱九數：一曰方田，定圓周率爲3（即徑一周三，以後由南北朝時代的大數學家祖冲之（429-500）精算出圓周率到小數點後八位數，即π= 3.14159265）。二曰粟米，與今之百分法同。三曰衰分。四曰少廣。五曰商功，即今之立方體圓錐體。六曰均輸。七曰贏不足。八曰方程。九曰句股。

句股如圖乙所示：以直角三角形（我國古代稱之爲勾股形）

畢達哥拉斯

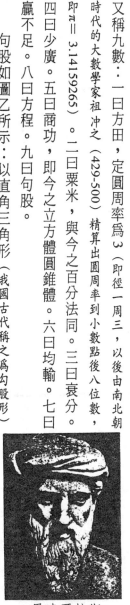

的底邊爲句（音ㄍㄡ，讀如溝，俗寫作勾，三邊形裡直角旁的短邊叫句），豎邊爲股，斜邊爲弦。即句方加股方等於弦方，與畢氏定理的 $a^2+b^2=c^2$ 相同。

圖甲

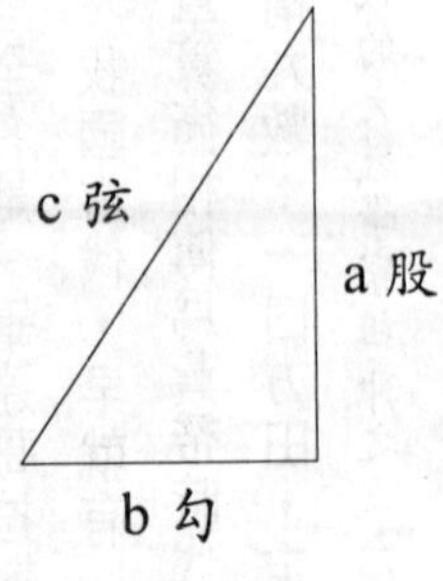

圖乙

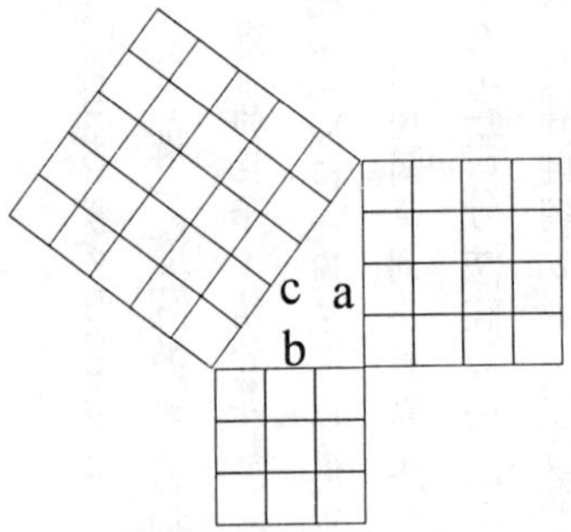

圖丙

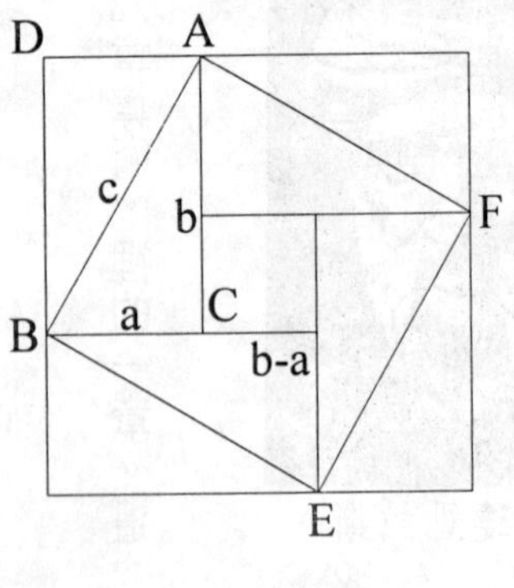

依據我國古代《周髀算經・上》說：「句股之法，先知二數，然後推一，見句股然後求弦。先自乘，成其實，實成勢化，外乃變通。」

漢代有位學者爲這段話作「注」說：「句股各自乘（a^2,b^2），併之爲弦實（$a^2+b^2=c^2$）。開方除之，即弦也。」

據台北三民書局《大辭典・下册》第 4621 頁「趙君卿」條載：「漢代數學家，世界第一位以幾何學求證勾股弦定理的人。該定理見於《周髀算經》，即所謂畢氏定理。而國人發現，早於畢氏六百多年。他以爲勾股相乘，所得的數，是矩形 ADBC 的面積，爲直角三角形△ABC的二倍，以2乘2△ABC，再加勾股差的平方。即是說中間的一個正方形的面積ABEF，就是弦AB的平方，則是$2ab+(b-a)^2=c^2$，簡化得$a^2+b^2=c^2$。」如圖丙。

我國《周髀算經》一書，據台灣中華書局《辭海》解釋：「書名，凡二卷，音義一卷。書出於商周之間，自周公受之於商高，周人志之，謂之周髀。因書內謂：『周髀長八尺，夏至之日，晷（太陽的影子）一尺六寸。』蓋髀者股也。於周地立八尺之表（就是標尺）以爲股，其影爲勾，故曰周髀。隋書經籍志天文類首列周髀一卷、趙嬰注，又一卷、甄鸞重述。唐書藝文志李淳風釋周髀二卷，與趙嬰甄鸞之注，列之天文類。而曆算類中復列李淳風著周髀算經二卷，蓋一書重出也。」如圖丁

可惜這種中國古代技術與文明之學，後代人未曾繼續發揚，炎黃子孫，是否愧對祖先呢？

【原文】：黃帝、隸首：《九章算術》，及商周：《周髀算經》，其內容已在篇中原文引述，此處不重複。

圖丁

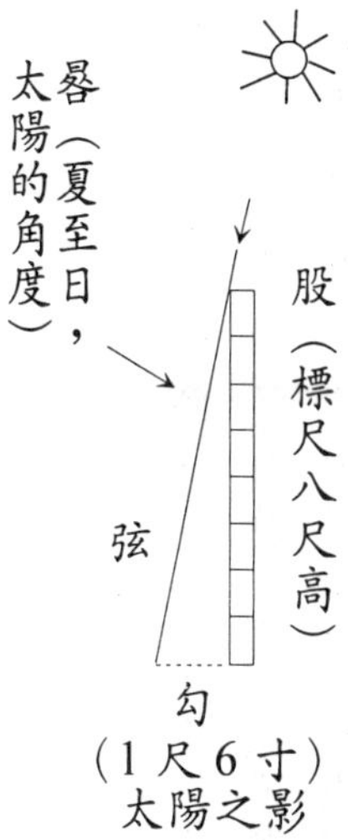

周髀測日示意圖

九九　能讓他居高位嗎

不論國家機構或私人團體，都要用人。取人有兩大條件，一是德，一是才。德是品格，才是智能。有德無才，雖難以建功，卻會守正道。有才無德，雖可以創業，卻常違誠信。所以《論語憲問》說：「驥不稱其力，稱其德也。」《孟子離婁上》也說：「不仁而在高位，是播其惡於衆也。」司馬光更肯定的說：「德勝才謂之君子，才勝德謂之小人。」當我們擇人時，要睜開眼睛看清楚。

宋代李沆，字太初，官任尚書右僕射（射音夜，僕射就是宰相）。宋眞宗（九六八—一〇二二）問他道：「治國之道，何者爲先？」

李沆回奏說：「治國首在得人，不可用那輕浮淺薄的、缺少經驗的、喜歡惹事的人，這是先決條件。」

同朝大臣寇準（九六一—一〇二三），與丁謂（他機敏多智，憸狡過人）很友善。寇準多次向李沆推薦，說丁謂才智超群，盼能重用，李沆一直沒有用他。寇準直問是

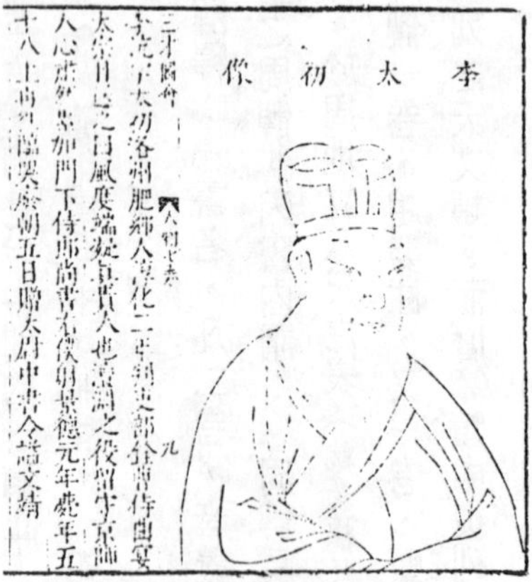

李沆像

甚麼原因，李沆坦率說道：「我觀察丁謂，才能的確了不起，但他的人品卑鄙，這種人，可以讓他位居人上嗎？」

寇準卻反問道：「像丁謂這種極有才幹的人，相公你能壓住他一直屈居人下嗎？」

李沆笑道：「將來有一天你後悔的時候，就會想起我今天所說的話了。」

後來，寇準也做了宰相，很自然的擢拔丁謂當權用事，卻反臉來陷害寇準，居然害他宰相做不成，遠貶崖州（被流放到海南島）。這時寇準才佩服李沆的遠見。

【原文一—不用浮薄】：宋、李沆，爲尚書右僕射。宋眞宗問治道何所宜先？沆曰：不用浮薄倖進喜事之人，此爲最先。同朝寇準與丁謂相友善，屢以丁謂多才，推薦於李沆，沆不用。寇準問之，沆曰：顧其爲人，可使之在人上乎？準曰：如丁謂者，相公終能抑之使在人下乎？沆笑曰：他日你若後悔，當思吾言也。準後果爲丁謂所傾，始服沆言。（元、脫克脫：《宋史》、卷二百八十二、列傳第四十一）

【原文二—晚年有禍】：寇萊公始與丁晉公善。嘗以丁之才，荐於李文靖公沆屢矣，而終未用。一日萊公語文靖曰：準屢言丁謂之才，而相公終不用。豈其才不足用耶？抑鄙言不足聽耶？文靖曰：如斯人者才則才矣，顧其爲人，可使之在人上乎？萊公曰：如丁謂者，相公終能抑之使在人下乎？文靖笑曰：他日後悔，當思吾言也。晚年、丁與寇權寵相軋，交至傾奪，寇竟有海康之禍，始伏文靖之議。（宋、魏泰：《東軒筆錄》、寇萊公條）

一〇〇　做官三失和三得

當官是好？是壞？如就公德來說：做官實現抱負，促進國強民富，雖然自己操勞，卻是造福百姓。另一面，若就私利來說：當官可以抓權，有權又可撈錢，雖是人民之賊，對己卻是大好。

孔子（孔聖是次子，有人不敬，稱他爲孔老二）的哥哥（論語公冶：以其兄之子妻之）有個兒子，名叫孔蔑，和孔子的學生宓子賤（宓不齊，字子賤）同時都做了縣令，孔子因趁便去訪問他們。

孔子先見到孔蔑，問他道：「自你做官以來，哪些事是有所得，哪些事是有所失呢？」

孔蔑回答說：「自我到任以來，沒有所得，但所失卻有三項：國家政務太忙，一樁一樁接著來，哪有時間讀書？以致學識未能增進，所失者一也。俸祿所得太少，不能使親族溫飽，以致骨肉日漸疏離，所失者二也。公事多要限期辦完，沒有餘暇去弔唁死亡和慰問病

孔子圖（三才圖會）

疾，以致友朋之誼未盡，所失者三也。」孔子聽了，感到不快。

再去看望宓子賤，也問他：「自你到任以來，哪些是有所得？哪些是有所失？」子賤回答說：「自我到任以來，沒有所失，所得則有三項：以前所學的知識，如今得以實踐，使聖道愈加昌明，所得者一也。俸祿收入，可以普惠戚族，使骨肉愈加親密，所得者二也。雖然公事較忙，但訊息靈通廣泛，趁便去弔死問疾，使友朋愈加篤信，所得者三也。」

孔子贊歎道：「像你這樣的解釋，眞是一位君子呀！倘如魯國沒有偌多君子，你宓子賤從哪裡去汲取這樣豐厚的君子之德來促成如此優良的治績呢？」

同一件事，有人嫌厭它，有人喜歡它，關鍵是端看你如何去看待它。

【原文】：孔子兄子，有孔蔑者，與宓子賤皆仕。孔子往，過孔蔑而問之曰：自汝之仕，何得何亡？孔蔑對曰：自吾仕者，未有所得，而有所亡者三：王事若龔，學焉得習，是學不得明，所亡者一也。俸祿少，不足以及親戚，是骨肉益疏，所亡者二也。公事多急，不得弔死問疾，是朋友之道闕，所亡者三也。孔子不悅。往過子賤，曰：自子之仕，何得何亡？子賤對曰：自吾之仕，未有所亡，而有所得者三：始誦之文，今履而行之，是學益明，所得者一也。俸祿所供，被及親戚，是骨肉益親，所得者二也。雖有公事，而兼以弔死問疾，是朋友益篤，所得者三也。孔子曰：君子哉若人。魯無君子者，斯焉取斯。（周、宓不齊：《宓子》、孔子兄子條）

一〇一　做皇帝並不容易

宋太祖趙匡胤（九二七—九七六）登基稱帝後，勵精圖治，勤於大政，希望做個好國君。有一天，朝會散後，他轉往便殿休息，但臉色一直不快樂。侍從官員請問他爲何不樂？想要替他解憂。

宋太祖說：「你們以爲做皇帝是很簡單容易的嗎？今天早朝之中，爲了一樁國政大計，我一時求快，考慮不夠周密，匆忙間決定弄偏差了，已經來不及改正，史官一定會記錄下來，永留失誤，心中老覺欠妥而不安，所以一直不快樂呀！」

當官的人，新興一法，是否有利大衆？廢止一法，是否有害小民？千祈愼重！

【原文一—乘快決事偏差】：宋太祖一日罷朝，坐便殿，不樂者久之。左右請其故，曰：爾謂爲天子容易耶？早作、乘快決一事，故不樂也。（《宋史》、本紀第三）

【原文二—誤判彈雀都錯】：宋太祖一日罷朝，俯首不言久之。內侍王繼恩問故？上曰：早來前殿指揮一事，判有誤失，史官必書之，所以不樂也。又一日，後苑挾弓彈雀，有臣僚叩殿稱有急事，帝急出見之，及奏，乃常事耳。太祖曰：此事何急？對曰：亦急於彈雀！（明、鄭瑄：《昨非庵日纂》、悔過第十六）

一〇二　偷兒感激變良民

做壞事的人，有的是迫於環境，情有可恕。如果幫他一把，竟改變其一生，確然有此可能的。有時候，我們也不妨學一學。

曹州（即今山東省曹縣）有位于令儀，爲人厚道，是位長者，家財也很富厚。一晚半夜，有個小偷潛來行竊，被家裡幾個兒子發現抓住了，一經審看，認得就是本村隔鄰不太遠的少年伢。

于令儀問道：「看你平日行事都還不錯，爲甚麼要作小偷呢？」回答說：「實在是家裡太窮，急切要找一點錢來買米下鍋餵肚子。」

于令儀仁心一動，問他需錢多少？小偷說：「只要有十千銀錢，就可不凍不餓了。」于令儀十分慷慨，就照數給了他。

這小偷道謝告辭，出了廳堂，正要穿過前院，由頭門出去。在院中走沒幾步，于令儀突然又叫他回來。小偷心驚，想必是于大人改變心意，要把他送往官府治罪。但于令儀卻說：「你家素來貧窮，大家早都知曉，今晚你扛著十千銀錢半夜回家，旁人若問你哪裡得來這許多錢，你怎麼解釋？」將他留下，直到明天天色大亮，才放他回去。

小偷大爲感動，也深自愧疚，終於一心向善，成爲一位良民。

【原文—偷兒感德】：曹州于令儀者，長厚不忤物，晚年家頗豐富。一夕，盜入其家，諸子擒之，乃鄰子也。令儀問曰：汝素寡悔（筆者註：論語爲政：言寡尤，行寡悔），何苦而爲盜耶？曰：迫於貧耳。問其所欲？答曰：得十千，足以衣食。于令儀如其欲與之。既去，呼之返。盜大恐。于謂曰：汝貧，乘夜負十千以歸，恐爲人詰。留之，至明，使去。盜大感愧，卒爲良民。（宋、王闢之：《澠水燕談錄》、曹州于令儀）

【另文—梁上君子】：漢代陳寔，字仲弓。居於鄉閭，平心率物。鄉人有爭訟者，輒求陳寔判正。陳乃曉諭曲直，退無怨者。諸人歎曰：寧爲刑罰所加，不爲陳寔所短。某年歲荒，有盜夜入其室，止於梁上。陳寔陰見之，乃呼命子孫集於室，正色訓之曰：人不可不自重，不善之人，未必本惡。習以性成，遂至於此。「梁上君子」者是矣。偷兒大驚，自投於地。陳寔謂之曰：視君狀貌，不似惡人，然此當由貧困也。給予好絹二匹，遣之。自是一縣無復盜竊。（宋、范曄：《後漢書》、卷九十二、列傳第五十二、陳寔傳）

一〇三　寇準不學無術

讀書及第錄取爲進士，這是通過了國家最高等的考試。從政做到了宰相，這是登上全國最高的官位。若還說他「不學無術」，這個標準未免太高了罷？可是說者意在求全，聽者也欣賞笑受；雙方的格調，兩都了不起。

北宋寇準（九六一——一〇二三，封萊國公）字平仲，十九歲時（宋太宗時代）就考取了進士，後來終於官拜宰相。

他有位好友張詠（號乖崖，也是進士），在四川成都官任益州知州。聽說寇準做了宰相，很高興。但又說：「寇公才識奇高，可惜他學術不足。」

後來，寇準西去陝省，張詠正從成都歸來，兩人相會，寇準殷勤款待老友。離別時，特意陪行，直送張詠到郊外才停步。

寇準想要好友作臨別贈言，問道：「現在要分手了，張公可有甚麼賜教的嗎？」張詠不著邊際，慢慢地吐了一句話：「霍光傳（西漢霍光，權傾內外，威震人主）不可不讀呀！」

寇準不懂這話的含意，當時不好多問，回來後，特地找出漢書這篇《霍光傳》細看，一直讀到「不學無術」這句，才笑著道：「這就是張公勸勉我的話了。」北宋大文學家大史學家歐陽修，爲唐宋八大家之一，是北宋文壇的領袖。但他的好友劉原父也說他讀書不足（見本篇所引另文）。眞要慨歎那「文海」究有多廣多深了。

【原文―不學無術】：寇準、年十九、舉進士，後爲相。張詠在成都，聞準入相，曰：寇公奇才，惜學術不足耳。及準知陜，詠適自成都還，準般勤接款。詠將去，準送之郊，問曰：何以教準？詠徐曰：霍光傳不可不讀也。準莫諭其意，歸取其傳讀之，至：「不學無術」，笑曰：此張公謂我也。（見㈠：清、畢沅：《續通鑑》、宋紀、眞宗。又見㈡：趙伯平：《續通鑑雋語》。又見㈢：元、托克托：《宋史》、列傳第四十）

【另文―讀書不足】：劉原父與歐陽修友善，然原父常言：「好個歐九，可惜不讀書！」（清、王士禎：《池北偶談》、歐劉篇）

【附文―霍光族誅】：霍光傳曰：霍光，霍去病之弟也。霍光任漢室之寄，擁立昭帝宣帝，雖周公阿衡（阿者傳也，衡者平也，阿衡是伊尹的官名）何以加此？然霍光「不學無術」，闇於大理，死纔三年，宗族誅矣，哀哉！（漢、班固：《漢書》、卷六十八，列傳第三十八）

一〇四　唸佛一千遍

某寺廟有聯曰：「燒一炷香，就要求子求財，叫我怎生施捨。唸千遍佛，祇想免災免禍，看你何等嘮叨！」文詞雖欠莊重，語意卻有道理。若不從心坎中立善念，在行爲上作善事，僅是口頭上唸佛，是徒勞無功的。

〔一〕

江西鄱陽縣，有位何梅谷，他太太信佛很虔誠，每天早晚都要誦唸觀世音菩薩一千遍，何梅谷實在受不了。有一天，何梅谷故意喊他太太的名字，太太答應了，梅谷仍然在喊，而且隨應隨喊，一直不停。

他太太動了肝火，大聲問道：「你這是犯了甚麼神經病？爲甚麼不斷的叫我，喧喧嚷嚷，不停不止，是哪裡不對勁？」

何梅谷慢慢回應說：「我不過叫你幾分鐘，你就大發脾氣。觀世音菩薩被你早上叫一千遍，晚上再叫一千遍，她難道不對你厭煩嗎？」

他太太便不再唸佛了。

（二）

有位翟永齡，不信佛。但他母親信佛很誠，每天要誦唸阿彌陀佛的名號，久久不止。

翟永齡想要他母親改一改，便故意呼叫媽媽，母親應諾了，翟永齡仍然在叫。母親生氣了，喝道：「你沒有事，為甚麼一直在叫我，甚麼緣故？」

翟永齡道：「我才叫喚你三四聲，你就發脾氣。你叫佛菩薩千萬遍，佛爺難道不煩你聒噪嗎？」

他母親此後就減少唸佛了。

附記：我們說話，每每過於大聲和高亢，擾人不安。試看餐廳裡人聲鼎沸，喧騰戶外；講電話也直著脖子呼叫，都欠修養。清末參與戊戌政變的文學大師梁啓超（一八七三—一九二九）在《新大陸遊記》中有感而發說道：

「西人講話：與一人講，則僅使一人能聞之。與十人講，則僅使十人能聞之。其發音之高下，皆適應其度。至於中國人之習慣：則一群人坐談於室，聲或如雷，聚數千人演說於堂，聲或如蚊。西人坐談，甲語未畢，乙不插嘴；中國人則競相搶言，可謂無秩序之極。」

距今九十年了，這種不文雅的現象，我們改進了多少呢？

【原文一—被你呼千遍】：鄱陽何梅谷妻好佛，晨夕每唸觀音菩薩千遍。梅谷一日呼妻，至再至三，隨應隨呼，弗輟。妻怒曰：何聒噪若是耶？梅谷徐應曰：呼僅二三，汝即我怒。觀音菩薩，一日被你呼千遍，安得不怒汝？其妻遂止。（清、朱秋雲：《秋暉雲影錄》）

【原文二──無事何頻呼】：翟永齡不信佛，其母日誦佛不輟聲。永齡佯呼之，母應喏，又呼不已。母慍怒曰：無事、何頻呼也。永齡曰：呼母三四便怒，呼佛千萬不怒耶？母稍止。（明、曹臣：《舌華錄》、諷語第十二）

【另文一──稱名念佛號】：佛家宗派中，有「念佛宗」，即淨土宗也。《大乘起信論》云：以專意念佛隨願往生他方淨土爲宗旨。念佛之法，有「稱名念佛」，乃口稱佛名而誦念也。（中華：《辭海》、上册、念佛條）

一〇五　國君頭上有祥雲

凡是相士，都精於「術」，就是有獨門妙法來探知答案。

五代南唐趙王李德誠，駐地在江西省。當地有個年老的大相士，自誇別人的貴賤，經他一看便知，名聲很響。趙王李德誠挑選出女婢數人，與他夫人滕國君一齊穿戴著同一款式的服飾，排立在堂前，請相士分辨貴賤。

相士說：「國君頭上有祥雲！」女婢們一聽，不自覺的抬頭聚望。相士指著視線集中的那位貴婦說：「錯不了，這位就是國君！」

【原文】：趙王李德誠，鎮江西。有老年日者自稱：世人貴賤，一見輒分。王使女奴數人，與其妻滕國君同梳粧服飾，偕立庭中，請辨良賤。客俯躬而進曰：國君頭上有祥雲：群女不覺皆仰視。老者因指所視者曰：此即國君也。(見㈠：明、馮夢龍：《增廣智囊補》、卷下、雜智、小慧、江西日者。又見㈡：元、林坤：《誠齋雜記》。又見㈢：宋、江休復：《江鄰幾雜志》、商務版)

【註】：戰國荀卿，撰《荀子》一書，其中有「非相」篇。集解說：相者、視也。視人之骨狀，以定吉凶貴賤也。妄誕者多以此惑世，故荀卿作此篇以非之也。請參閱。

一〇六　國庫贖回魏徵宅

剛直的魏徵（五八〇—六四三），是唐太宗時的諫議大夫，又是秘書監。一生奏諫唐太宗二百多事。他病歿後，唐太宗傷感的訴道：「以銅爲鏡，可以正衣冠；以古爲鏡，可以知興替；以人爲鏡，可以明得失。如今魏卿不在，朕已亡一鏡矣。」不勝惋歎。

魏徵的玄孫魏稠（第五代後人），貧困無以爲生，只好將房屋質押給別人，換來一些錢鈔，免於凍餓。此事被平盧節度使李師道知道了，上了一封疏稟給皇帝唐憲宗，請准他用自己的私財替魏稠贖回來。唐憲宗指示由白居易（七七二—八四六）草擬皇詔答覆。這是唐憲宗元和四年（八〇九）的事。

白居易奏報憲宗說：「魏稠是先朝重臣魏徵的忠良之後，如今要代贖房屋，用意在激勵賢良。但這等美事，應當由朝廷來做。李師道是何等人？怎可讓他來獨佔這場佳譽？請皇上下令由國庫出資買回，才合乎大義！」

魏徵像

憲宗採納了這番建言，從內庫撥錢二千緡（錢幣單位，用線穿繫許多錢幣成一串叫一緡）買回後還給魏稠，指令他以後禁止再行質押或出售變賣。

【原文一─贖回魏徵宅】：魏徵玄孫稠，貧甚，以故第質錢於人。平盧節度使李師道請以私財贖之。上命白居易草詔。居易奏言：事關激勸，宜出朝廷。師道何人，敢掠斯美？望敕有司，以官錢贖還後嗣。上從之，出內庫錢二千緡，贖賜魏稠，仍禁質賣。（宋、司馬光：《資治通鑑》、卷二百三十七、唐紀五十三、唐憲宗元和四年）

【原文二─質賣已數次】：唐憲宗元和四年，皇上嘉魏徵直諫，詔訪其故居，則質賣已更數姓，析爲九家矣。上出內庫錢二百萬贖之，以還其家，禁其再予質賣。（宋、王溥：《唐會要》）

【原文三─皇材造魏宅】：魏徵宅內，先無正室。及遇疾，賓客探訪咸不便。太宗時，欲造小殿，乃輟其材料，爲魏徵造一正堂，五日而就。太宗又賜以布被，蓋遂其所尚也。後魏徵薨，太宗親臨痛哭，親製碑文，復自書於石。後嘗謂侍臣曰：夫以銅爲鏡，可以正衣冠；以古爲鏡，可以知興替；以人爲鏡，可以明得失。朕常保此三鏡，以防己過。今魏徵殂逝，遂亡一鏡矣，因泣下久之。乃詔曰：昔唯魏徵，每顯予過。自其逝也，雖過莫彰。朕豈獨有非於往時，而皆是於茲日？自斯以後，各悉乃誠。若有是非，直言無隱。（後晉、劉昫：《舊唐書》、卷七十）

一〇七 國父不給長兄任都督

國父孫中山先生（一八六六—一九二五）一九一二年一月一日就任臨時大總統，他主張用人唯賢；要求法制局制定文官考試章程，建立掄才正道。

廣東省都督胡漢民調任總統府秘書長後，廣東軍民紛紛電請由孫先生的胞兄孫眉（長兄。一八四五—一九一四。又名德彰，字壽屏）接任都督（統轄全省軍政民政）。孫眉本是廣東人，又是興中會元老，且有傾家濟助革命的大功，應是水到渠成之事。各界推舉的電文有一百多封，當時教育部長蔡元培也是薦舉人之一。

孫中山先生

但孫先生一直不同意。他在民國元年一月覆函蔡元培說要用人唯才，反對用人唯親。二月又覆電廣東各團體及各報館，闡述不能委任胞兄的理由。同一天再專門致電長兄說：「粵中多人議舉大哥爲都督，弟以爲政治非兄所熟習。兄質直過人，一入政界，必將有相欺以其方者。未登舞臺，則衆人屬望；稍有失策，怨亦隨生。爲大局計，兄宜專就所長，專任一事，如辦理實業之類，而不必當此政治大任。且聞有欲用強力脅迫他人以舉兄者，尤不可不避也。」勸他不必參政，息影以娛晚景。

孫眉想不通，跑到南京，對弟弟大發雷霆，甚至說：「阿文（國父名文）是大總統，我是大大總統！」

民國元年五月，孫先生回到老家翠亨村，大哥孫眉仍然訓斥他說：「你當了大總統，倒把我一腳踢開了，眞是六親不認……你說說看，我當都督，哪樣不夠資格？」孫先生等他大哥發夠了脾氣，才微笑著說：「你是我的大哥，家裡的事，都可以聽你的。但國家的事，那就不能隨便了。」

經過孫先生的一再勸慰，孫眉最後還是依從了孫先生的意思，不再堅持。直到民國三年二月十一日，孫眉在澳門病逝，始終沒有擔任過國家公職。

【原文一─未任都督】：國父孫中山先生，主張任人唯賢。廣東省都督胡漢民調爲總統府秘書長後，廣東軍民擬舉孫先生胞兄孫眉爲都督。推舉電文多達百餘封，教育部長蔡元培亦爲薦舉人之一。孫先生於民元一月覆函元培部長，謂當用人唯才，反對用人唯親。二月、又致電大哥孫眉謂：弟以爲政治非兄所熟習。兄質直，一入政界，必將有相欺以其方者。爲大局計，兄宜專就所長，如辦實業之類，勿預政事爲良也。孫眉怒曰：阿文是大總統，我應是大大總統。五月，孫先生返翠亨村，孫眉責之曰：你當了大總統，倒把我一腳踢開了，眞是六親不認。你說，我當都督哪樣不夠格？孫先生待長兄發夠了脾氣，才笑答道：你是我大哥，家事都該聽你的，但國事就不能隨便。經一再勸忍，孫眉才未堅持。民三年二月十一日病逝澳門，一生未任公職。（民國、吳相湘：《孫逸仙先生傳》、下册）

【原文二——赴檀香山】：一八五四年，長子孫眉（又名德彰，字壽屏）出生。一八七一年，孫眉十八歲，隨舅父楊文納往檀香山（火奴魯魯）。最初爲人傭作，三年後，已有積蓄，乃申請土地，開墾良田。又利用草原大營畜牧。一八七八年回國召募華工時，已是大富人矣。孫文時年十四（排行爲第五），亦乘船東赴檀香山，「始見輪舟之奇，滄海之闊。」一八七九年，孫文入意奧蘭尼學校（Iolani School）修習英數。（民國、吳相湘：《孫逸仙先生》、第一册、第一——第二章）

一〇八　推薦仇人升高位

以私而害公，損人以利己，是今人及現代官場的通病。請閱此篇，看看昔賢如何行事。

宋代有位趙抃（一〇〇八—一〇八四，字閱道，謚清獻），剛正耿直，號稱「鐵面御史」。同朝又有一位范鎮（字景仁，謚忠文），一生公忠體國，少年時代就寫過《長嘯卻胡騎》賦文，傳頌一時，連北方遼國都稱譽他說：「此乃『長嘯公』也」。兩人都是好官，但兩人卻互相敵對，素來不和。《宋史》中各有長篇傳記。

有一天，皇上問王安石道：「你看范鎮此人爲人如何？」王安石回奏道：「范鎮人品是好是壞？趙抃知道最深。陛下如欲垂詢，問趙抃最爲妥當。」

皇上因問趙抃。趙抃說：「范鎮極是一位忠臣。」

皇上追問道：「趙卿，你何以證明他是一位忠臣？」

趙抃說：「前朝仁宗皇帝在位時，久久未曾決定太子是誰。滿朝大臣都不敢說話，獨有范鎮不懼殺身之禍，接連書面上呈奏疏十九次，前後進諫長達一百天，焦急得頭髮鬍鬚都變灰白了。如果不是忠藎國事，哪會如此焦慮。朝廷應當升他高職，予以重任才是。」

皇上點頭，表示同意。

趙抃退朝後，王安石問他道：「范鎮歷年來和你作對，很不友善。每次都舉發你的不是之處來打擊你，爲甚麼竟然還推薦你的仇人高升呢？」

趙抃回應道：「范鎮檢舉我，有一些乃是他的誤解，有一些則是我的疏漏，都能讓我警惕，不須記仇。我雖然不敢以完人自居，但絕對不肯由於兩人之間有嫌隙而趁機公報私仇，捨正論而廢公評，那就違反我趙抃爲人的準則了！」

王安石聽罷，大感慚愧。

【原文】：宋代趙抃與范鎮有隙，鎮屢訐趙抃之短。一日，上問范鎮之爲人於王安石，安石對以趙抃深知，上因問趙抃。抃對曰：忠臣也。上曰：卿何以知其忠？抃曰：昔年范鎮，於仁宗皇帝前，首請建立皇儲，以安社稷。奏書十九上，俟命百日，鬚髮皆白，非忠而何？上然之。既退，安石問曰：范鎮與公，素有嫌隙，何反薦之？抃曰：吾何敢以私隙而廢公道？安石大慚。（清、朱秋雲：《秋暉雲影錄》）

一〇九　張安世薦才拒私謝

漢代張安世（元前？—前六二），漢武帝時任尚書令，漢昭帝時爲右將軍，漢宣帝時官大司馬。他的事略，可參閱《漢書・張湯傳》。

附此一提的是：漢武帝前往河東，不愼丟失了幾卷書，追問群臣，大家都不能回答，唯有安世能夠背出，而且即日抄呈了。以後找到相同的書，和抄本對看，竟然一字不漏，使漢武帝十分佩服，拔擢他爲尙書令。

張安世綜理國家政事，曾經薦舉某人升官。這人爲了感恩，特別造謁張府來親表謝意。安世十分不喜，認爲替國家選賢舉能，哪有私自來對他個人申謝之理？他通知看門人，今後不再在吾家私宅接見這位人士。

另有一位朝官，爲國家立過許多功勞，卻好久沒有升級，便在張安世面前侈談自己的功蹟。安世回應道：「你的立功高不高，皇帝自然知道。我們爲臣的，怎可自己誇說自己的功勳？這樣來求官是不允許的。」但過不多久，這位官人的職位果然調升了（表面未許，實則准他晉升）。

【原文一—默默寫出古書】：張安世，張湯之子也。漢武帝行幸河東，嘗亡書三篋，詔問莫能知。唯安世識之（能夠記得），具作其事（都默寫出來）。後購求得書，相較無所遺失（兩相比較，沒有遺漏錯失）。帝奇其才，擢爲尚書令。（班固：《漢書》、五十九、張湯傳）

【原文二──薦賢不受私謝】：張安世嘗有所薦，其人來謝。安世大恨，以爲舉賢達能，豈有私謝耶？絕弗復爲通。又有郎功高不調，自言於安世。安世應曰：君之功高，明主所知。人臣執事，何長短而自言乎？絕不許。已而郎果遷。（趙伯平：《通鑑雋語》、漢紀、宣帝。）

【另文一──舉賢不使人知】：漢代張安世，每舉進賢達，不令其本人知之。或有詣門申謝者，安世亦終身不見。恨曰：「豈有拜官公庭，謝恩私門乎？」（唐、李冗：《獨異志》、張安世條）

一一〇　強盜劫後遇貴人

宦途遇盜，洗劫一空，幸遇仁人，絕處逢生。原官復任，更得細君（東方朔說：「歸遺細君」。細君是昔人對妻的別稱），何其幸也，賴有裴公。

唐憲宗元和年間，有位派赴湖州（今浙江吳興府）委任爲錄事的新官（宋制：在州裡稱爲錄事參軍，掌眾曹文簿及舉彈善惡），在赴任途中遇到強盜，將錢財物件搶個精光，連同任官的誥令以及公文證書等都一併打劫走了。他只好討乞來到城裡，暫時落腳在一旅舍外廊下，躊躇無計。

恰巧此處距宰相裴度（七五六—八三九，封晉國公，《新唐書》有傳）府第不遠。這天假日，裴度換上便服，在街坊中採訪民間隱情，見到這位錄事，得知他遭遇的詳細經過。

錄事還補充說：「我盼了多少年才輪候到這個官職，不幸遇搶，沒有了公文書，無法去上任，眞不知怎麼辦？而且我有個未婚妻，名叫黃娥，還未過門，也因

裴度像

此被送到裴公宰相府裡做侍婢去了。」

裴度穿著紫色衣裳，回話道：「我就是裴宰相晉國公府裡的採察民情的校事之官，看看我能不能想辦法解除你的困難。」於是告辭走了。

第二天，傳來命令，召這錄事到府問話。錄事偷眼一看，上面端坐的正是昨天會面的紫衣人，連忙再三告罪。裴度說：「昨天聽到你的陳述，一晚上都叫人難受。今天特來宣慰你，讓你可以復職。」當場頒給他重新補發的官方誥令，仍然任他為湖州錄事，憑此可以赴任了。

裴度又說：「黃娥在此，可以隨你一同上路。她的行裝都已齊備。」相爺送給盤纏，讓他兩口子順利到任去了。

【原文】：元和中，有湖州錄事赴任，遇盜罄劫，誥敕文簿俱無，遂於旅社行乞。舍近裴晉公第，晉公在假，偶微服出店，細詰其事。對曰：數載候得此官，遇寇盪盡。且某將娶而未親迎，妻名黃娥，遣郡牧獻於上相裴公矣。公時衣紫袴衫，謂之曰：某即晉公親校，當為子偵，作別而去。翌日，忽傳公召糾（糾謂督察，就是這位錄事）往。竊視，即昨穿紫衣者，因謝過再三。公曰：昨見君語，一夜惻然。今聊以慰憔悴，授以官誥，已再除湖糾矣。又曰：黃娥可于飛之任也。行裝俱備，送與偕赴任所焉。

（明、鄭瑄：《昨非庵日纂》、種德第三）

二一　曹操裝假使詐

曹操的文事武功，本都不錯。但史家評說：他有雄才，多權詐，猜忌很重，疑心很強，擅於以術制人。本篇引述兩段故事，請讀者參驗。

（一）

東漢曹操（一五五—二二〇），舉孝廉，討黃巾賊，後為丞相。諸葛亮《隆中對策》，說他「挾天子以令諸侯」，確是一世梟雄。

當曹操幼時，喜歡遊獵，愛好歌舞。叔父見他嬉遊無度，不思上進，有時難免罵他一頓，又不時向他父親曹嵩告狀。曹嵩轉而責罰他，弄得他很不舒爽。

一天，曹操心生一計。當他在外面玩耍時，看見叔父來了，就故意假裝突然中風，倒向地上，僵過去了。叔父一見大驚，趕緊奔回家中告訴曹嵩。他父親急忙跑來，卻見曹操好端端的全然無事，於是問道：「叔叔說你中風，倒地死了，現在好了嗎？」

曹操說：「孩兒從來沒有中過風。因為叔叔一直不喜歡我，是他捏造想要來整我的。」

他父親聽信了，以後叔叔講的壞話，父親都不相信，曹操就得以安心繼續放蕩下去。

〔二〕

曹操常常警告身邊的人說：「當我睡覺時，不可隨便靠近我，我會在睡中砍人。這是不自覺的，連我自己也不知道，你們務必小心謹慎！」

曹操像

有一次，他假裝在午睡，躺下了。有位隨身照料起居的侍者，悄悄的拿床毯子來替他蓋上，以免受涼，全然是忠心和好意。曹操一翻身，拿起床頭刀，竟將那人砍死了，他又倒身去睡。隔了一會，醒了，問大家道：「是誰把我的侍兒殺了？」

自此以後，每逢曹公入睡時，無人敢再靠近他。（此類故事尚多，例如「殺糧官滅口」及「床頭捉刀人」請見拙著《風雨見龍蛇》第 45 及 110 篇。又「軍糧已盡」及「煮酒論英雄」請見拙著《古事今鑑》第 290 及 407 篇）

【原文一──假裝中風】：操幼時，好遊獵，喜歌舞。操有叔父，見操遊蕩無度，嘗怒之，言於曹嵩，嵩責操。操心生一計：見叔父來，詐倒於地，作中風之狀。叔父驚告嵩，嵩急往視，操故無恙。嵩曰：叔言汝中風，今已愈乎？操曰：兒自來無此病，因失愛於叔父，故見罔耳。嵩信其言。後叔父但言操過，嵩並不聽。因此，操得恣意放

蕩。（明、羅貫中：《三國演義》、第一回）

【原文二—睡中殺人】：魏武帝云：我眠中不可接近。近便斫人，亦不自覺，左右宜深愼此。後佯眠，所幸一人竊以被覆之，因便斫殺，復臥。既覺，問：誰殺我侍者？自是每眠，左右莫敢近者。（南朝宋、劉義慶：《世說新語》、假譎第二十七。又見：明、馮夢龍：《增廣智囊補》、卷下、雜智、狡黠、曹操）

【原文三—挾天子令】：劉備三顧茅廬，敦請諸葛先生以蒼生爲念，出而濟世。諸葛孔明對曰：自董卓造逆以來，豪傑並起，曹操擁百萬之眾，「挾天子以令諸侯」，此誠不可與爭鋒。……將軍若跨有荊益，則大業可成，漢室可興也。（明、羅貫中：《三國演義》、第三十八回）

一一二　許小姐安否

民國初年，國務總理段祺瑞（簡介請見第一四七篇端硯）原籍合肥五馬店。某日，合肥家鄉某人接到段祺瑞自上海寄來一信，信末添了一句問候語：「許小姐安否？」接信人遍問故居親舊：許小姐是何許人？終於族間有一老翁笑答道：「他還記得這樁老帳嗎？段芝泉（段祺瑞字芝泉）誠然仍是一位不忘舊情的君子也。」

原來段祺瑞當初家裡很窮。年少時，進入村里中的私塾讀書。塾師姓許，課讀頗為認眞，段的成績也不錯。那時節，學生們依慣例各自帶來米糧柴炭，到私塾裡開伙，師生同時用餐，每人各有一個飯盒。做飯燒菜的則是許老師的愛女，倒也過得順當。

有一天，段祺瑞忽然發現自己食盒裡有一截鴨腿，在鄉間，平日很少能有肉食。他猜想應是給老師的，不經意放置錯了吧？卻又不敢明問，只好吃了。以後，又不時發現盒中有肉，他暗中到廚下去察探，口中低聲叨

段祺瑞

唸著爲何飯裡有肉？只聽到隔簾傳出輕柔的回聲道：「吃了就對了，問甚麼呢？真獃！」段祺瑞才悟到原來是老師的千金小姐愛憐他，特意暗中留給他的。在那個時代，男女限於禮法，不能隨便交談，只有默記在心，卻是十分感激。

以後，段祺瑞投筆從戎，北上謀求發展，竟然飛黃騰達，貴居政軍高位。幾十年匆匆易過，想起昔年往事，仍然點滴在心，不免向故里一詢，許小姐仍然安否？猜想段之用意，乃是想學韓信，重尋河下漂母，來報一飯之恩。

這時節，往日荳蔻年華的許小姐，如今華髮皤然，美人遲暮，已是孤身獨處的老女人了。所幸精氣尚佳，體能尚健，聽到段祺瑞捎函問候自己，舊情歷歷，便欣然前往上海，去訪晤昔日的相知。

兩人相見恨晚，彼此喜不自勝，往事前塵，歡然話舊。段祺瑞迎接她到公館裡住下來，有說不盡的快慰。

許女尊稱段祺瑞爲段大人，段仍用舊名許小姐回敬。住了若干時日，才送她回里。臨行時，段祺瑞贈她五百個銀元，這是一筆巨款，好讓她晚年生活快樂。不幸過了一年，段祺瑞就辭世了。

這樁「當年施鴨腿，今日贈朱提」的韻事，知道的人不多，是好友李運啓先生親口告訴孫克寬先生的，溫馨值得一記。

【原文】：段祺瑞故居爲合肥五馬店。某日里人忽得段自滬函囑：許小姐安否？某大詫，遍詢耆老，族長某翁聞之莞爾曰：有是哉？芝泉之念舊也。蓋段家原極清寒，少時往里中私塾讀書。老儒許君，督教頗切。塾中子弟，例自攜薪米來塾附爨。師生共食，執炊則許師之女也，某日，段突於食盒中得鴨脯。鄉間向少有肉食，初疑爲師食誤置者，不敢詰。嗣常有此，潛至廚下詢之，則簾間鶯囀曰：第食，奚詢爲？眞駭也！迺知紅粉憐才，哀王孫而進食也。限於禮法，不敢置答。後、段投筆北上，穎脫飛騰，數十年來，翻憶舊情，欲爲淮陰之報也。時許小姐者，已焭然老嫠，聞之竟至滬。段欣然相見，延住寓邸，白髮婆娑，歡然對話，許呼之爲段大人，段則仍以許小姐稱之。未幾，段贈以五百金而返。越年，段公亦歸道山矣。此事絕少人知，乃李運啓先生爲余話此一軼事。（今人、孫克寬：《山居集》）

一一三　陰間也怕貪嘴人

貪吃的人，《呂氏春秋》稱爲饕餮，這個稱謂，並不體面。

據傳清代有個貪嘴的惡客，老是白吃朋友的酒菜，自己從來不回請。他神通廣大，有辦法打探到哪裡舉行宴會，有酒喝，有肉吃，每能不請自來，朋友們都討厭他之至，也以擺脫不了爲苦。

某次，友人們安頓了一個整他的妙計，將席桌擺設在高樓上，大家圍桌而坐，只留著一個空椅。卻將空椅下四腳周圍的樓板鋸透，成一方形的鋸縫，但四角都未鋸通，留了一線。如果有人坐上這把椅子，則身體的重量會壓垮樓板，連同椅子會一齊墜落樓下，跌死也是活該。

佈署完成後，大家入席開宴。貪吃者也聞香上樓，見正好有個空椅，就毫不客氣的坐下來，大口喝酒，大塊吃肉，十分得意。過了許久，酒宴快要完了，居然樓板不裂，坐椅也沒有塌下去。

主人覺得奇怪，就藉故暫時告退，下樓去瞧個究竟。有道是：不看不知道，看到嚇一跳。只見樓下有四個陰間鬼卒，每人扶著一根木柱，從地面一直頂著那塊鋸了縫的樓板。

就因爲有四根柱子在四方撐著，使貪嘴人安然無恙。

這位主人喝問道：「樓上那位饞嘴貪吃的人，即令害他致死也毫不足惜：你們幫他抵住樓板，卻是爲的甚麼？」

鬼卒們答道：「這個貪嘴人大名遠播，我們陰曹地府絕不歡迎他。他在陽世間白吃白喝，我們管不著。但他如果死了，就必然到陰間來白吃我們的，那可不行！今天我們並非同情他而來幫他救他，只是不想讓他早日變成好吃鬼提前來陰間白食，使我們長期破鈔招待而受不了呀！」

以上故事，是清代任教於京師大學堂、而且翻譯了歐美小說百多種的林紓（一八五二—一九二四，即林琴南，號畏廬）所撰《畏廬瑣記》「老饕」篇中所記，是他好友鄭先生口述的。林紓認爲頗饒風趣。筆者轉譯，聊供讀者閱書中途的調劑吧。

【原文】：有鄭君者，爲余言老饕事，其語近戲，然至有風趣。老饕者，恒就人而食。有食、輒不召而至，人厭苦之。一日，友人思有以創之。設席樓上，預鋸樓板爲方形，可以置坐榻者，四隅留鋸鋒不斷，嵌附纔可一線。有人就榻，則並人與榻立墜之樓下。部署甫定，而老饕至，踞筵大嚼，席將終，竟無恙。主人疑，下樓，見四鬼各以梃抵老饕坐處，老饕遂不得墜。主人叱曰：此饞人，吾將死之，汝抵吾板何爲者？鬼笑曰：此人生時累爾，既死，行且及於我等。我等非救饞人，乃自防破鈔也。

（清、林紓：《畏廬瑣記》、老饕）

一一四　郭威天子拜孔子

後周太祖郭威（開國的皇帝，死後尊爲周太祖又稱後周高祖）御駕巡臨曲阜（孔子的家鄉），謁孔子祠，舉行祭奠。周太祖將要行跪拜大禮。左右大臣勸阻說：「孔子在魯國只做過『司寇』的官職，位居臣僚，依體制不該由天子跪拜的。」

郭威駁道：「孔子乃是百世帝王之師（《莊子．天道》、《孔子家語．本姓解》、《論衡．定賢》都尊爲「素王」，是有其道而無其位之意），我怎敢不對他尊敬？」仍舊拜了。

【原文】：後周太祖如曲阜，謁孔子祠，既奠，將拜。左右曰：孔子，陪臣也，不當以天子拜之。帝曰：孔子，百世帝王之師，敢不敬乎？遂拜之。（趙伯平：《通鑑雋語》、後周紀）

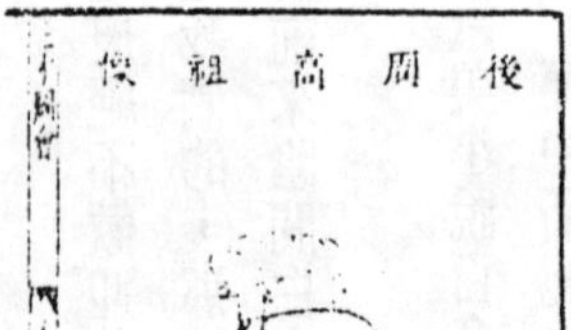

後周高祖郭威像

一一五　雀羽不可作襦飾

當今社會奢華風氣日盛，請看宋太祖趙匡胤是如何告誡奢華的。

趙匡胤（九二七—九七六）是宋代開國之君，尊爲宋太祖。登位後，提倡節儉，不尙奢華。皇宮裡的窗帘，都用青色素布縫製，不要綢綾。所穿的衣服，洗了再穿，穿了再洗，不肯丟棄。有一天，他女兒魏國長公主（嫁給左衛將軍王承衍爲妻）回到皇宮來看望皇父皇母。趙匡胤見她衣服的前襟後背，都用孔雀毛羽襯飾，就告誡她不可再用。

公主笑著說：「這幾根孔雀羽毛，小意思嘛，能值幾文錢，爸爸何必計較？」

趙匡胤回斥道：「不可有這種想法！你穿了這種衣服，大家都會學樣，雀羽的價錢就會高漲。商人和獵人見有大利可圖，孔雀就會遭到大量捕殺，你就成爲開頭造孽的罪人了。」公主這才無言以對。

趙匡胤補充說道：「你生長在帝王之家，享盡富貴，也需要懂得珍惜福分才好！」

【原文】：宋太祖登位，宮中葦簾，緣用青布，常服之衣，澣濯至再。魏國長公主襦飾翠羽，戒勿復用。又教之曰：汝生長富貴，當念惜福。（元、脫克脫：《宋史》、卷三、本紀第三、太祖三）

一一六 傅琰剖雞驗米豆

南北朝時代，南方的齊朝由蕭道成所創。這時有位傅琰，字季珪，他做過武康、山陰縣長，益州刺史，明敏務實，邑人稱他為「傅聖」。

有一次，兩個鄉下人為爭一隻雞，互不相讓，告到官府裡來了。傅琰問道：「這隻雞養得又肥美又健壯，眞是人見人愛，你們是用甚麼飼料餵養牠的？」

鄉人甲說：「我一向用家裡所剩的小米餵雞。」

鄉人乙說：「我主要的是用豆渣來餵雞。」

傅琰叫衙役將雞殺了，剖開雞腹中的嗉囊，囊中留存的都是小米顆粒，十足證明這雞是鄉人甲的。

鄉人乙意圖侵佔，傅琰按律判他應得之罪，並須償付鄉人甲的雞價。

【原文】：二野父爭雞。琰各問何以食雞？一人云粟，一人云豆。乃破雞得粟，罪言豆者。（清、張廷玉：《子史精華》、卷五十、政術部六、才能）

一一七　欹器滿則覆

孔子帶領弟子，進入魯桓公廟參觀，看到一個傾斜而容易翻覆的中空容器。孔子問廟守說：「這是甚麼器具？」廟守答道：「這是君王把它安放在座位右傍以示戒愼的欹器（文子曰：三王五帝有勸戒之器，名侑卮。注解云：欹器也）。」

孔子道：「我以前聽人說過，所謂欹器，空的時候，是歪斜的；半滿就轉正了；全滿時則會傾倒。」

他向弟子說：「灌水試驗吧。」

弟子們注水入器，果然半滿時轉正了，全滿時就傾覆了，無水時，則斜向一邊。

孔子歎息道：「弟子們要記住呀！哪有滿盈而不傾覆的道理呢？我們立身行事，可要注意呀！」

試請讀者設計這個容器。

先師孔子行教像

【原文—滿而覆】：孔子觀於魯桓公之廟，有欹器焉。孔子問於守廟者曰：此爲何器？守廟者曰：此蓋爲宥坐之器。孔子曰：吾聞宥坐之器者，虛則欹，中則正，滿則覆。孔子顧謂弟子曰：注水焉。弟子挹水而注之。中而正，滿而覆，虛而欹。孔子喟然而歎曰：吁，惡有滿不覆者哉？（戰國、荀況：《荀子》、卷下、宥坐篇）

【另文—滿招損】：益（舜的臣子叫益）贊于禹（夏禹）曰：惟德動天，無遠弗屆。滿招損，謙受益，時乃天道（釋文曰：自滿者，人損之；自謙者，人益之，是乃天之常道）。（《書經》、卷第四、大禹謨第三）

【另文—盛則衰】：孔子觀桓公之廟，有器焉，謂之宥巵。孔子顧曰：弟子取水！水至，灌之，其中則正，其盈則覆。孔子造然革容曰：善哉，持盈者乎！子貢在側曰：請問持盈。曰：揖而損之。曰：何謂揖而損之？曰：「夫物盛則衰，樂極則悲，日中則移，月盈則虧。是故聰明叡智，守之以愚；多聞博辯，守之以儉；武力毅勇，守之以畏；富貴廣大，守之以狹；德施天下，守之以讓。此五者，先天所以守天下而弗失也。反此五者，未嘗不危也。」（老子弟子，與孔子同時：《文子》、九守篇第十二章）

【另文—守以恭】：孔子觀於周廟，有欹器焉。使子路取水試之，滿則覆，中則正，虛則欹。孔子嘆曰：惡有滿而不覆者哉！子路曰：敢問持滿有道乎？孔子曰：持滿之道，抑而損之。德行寬裕者守之以恭。土地廣大者守之以儉。祿位尊盛者守之以卑。人眾兵強者守之以畏。聰明睿智者守之以愚。博聞強記者守之以淺。夫是之謂抑而損之。（見㈠：漢、韓嬰：《韓詩外傳》、卷三。㈡：漢、劉安：《淮南子》、道應訓。㈢：魏、王肅：《孔子家語》、三恕）。

一一八　畫中張嘴說閩腔

聰明人一眼就看透，笨人看一天，還是看不夠。

宋哲宗時代（年號叫元祐），大文豪黃庭堅（一一四五—一一〇五，號山谷道人）、秦觀（一一四九—一一〇〇，字子游）都任職於翰林院。閒暇之日，黃庭堅取出李龍眠（一〇四九—一一〇六，名公麟，號龍眠山人，《宋史》文苑有傳）所繪的「賢已圖」讓大家欣賞。

那賢已圖繪的是一幅衆人聚賭的畫。因爲《論語・陽貨》說：不有博奕者乎？爲之猶「賢」乎「已」。這是說擲骰子和下圍棋，還比那飽食終日無所用心爲好，故題此畫叫賢已圖。

這幅大畫繪了六七個人，正在賭骰子。已有五顆骰子都是六點朝上，剩下一顆仍然在大盤裡旋轉未曾停止。一個賭徒彎身對著骰子盤凝神喊叫，其餘的人眼看必輸，有的站起身來，臉色也都變了。

這幅畫繪來纖細無遺，濃淡適度，神態逼真，曲盡其妙。黃秦等人都在觀賞。咸認爲是最佳的上品之作。

恰巧這時蘇東坡（一〇三六—一一〇一，即蘇軾，號東坡居士）從外面回到翰林院，也斜起眼睛瞟著看了一會，說道：「李龍眠是國士級的畫師，卻學著福建人來講話嗎？」衆人不明白這話是何含意，請他解釋。蘇東坡說：「全國各省的口音，說到『六』字時，嘴巴都是合起來，唯獨福建話是張開嘴來說。從這畫中看到：五顆骰子都是六，一顆還在轉著，這個擲骰的人，必定大聲叫『六』，但畫中的他，卻正張開嘴唇大喊，這不是學福建人講話嗎？」

這番觀察，之後被李龍眠聽到了，也不由得不含笑佩服。

【原文】：宋元祐間，黃秦諸君子在館，暇日，觀山谷出李龍眠所作賢已圖，博奕樗蒲之儔咸列焉。博者六七人，方據一局，投迸盤中，五枚皆六，而一猶旋轉不已。一人俯盆疾呼，旁觀皆變色起立。纖濃態度，曲盡其妙。相與觀賞，以爲卓絕。適東坡從外來，睨之曰：李龍眠天下士，顧效閩人語耶？衆賢怪之，請問其故？坡曰：四海語言，言六皆合口，唯閩音則張口。今盆中皆六，一猶未定，法當呼六。而疾呼者，乃張口也耶？龍眠聞之，亦笑而服。（明、曹臣：《舌華錄》、慧語第一）

四川省三蘇祠的蘇東坡塑像

一一九　盜墓偷兒都凶死

我起心去害別人，哪知道別人也會起心來害我。不要以爲自己最聰明，對手全都不是省油的燈！

有三個盜墓的人，偷偷挖開了一座古墳，獲得了許多陪葬的寶玉和金器，三人都慶幸猝然變成富翁了。

甲盜與乙盜不安好心，秘密商量了一番狡計，兩人共同請丙盜到山下村中去買食物和飲料。打算等食物飲料買回來後，把丙盜推墜到深崖下去，必死無疑。然後金玉由甲乙二人平分。

丙盜也非善類，欣然答應去買食物和飲料。在回山的路上，卻把毒藥拌在飲料裡，盼望將甲乙兩盜都毒死，由丙盜一人獨吞財寶。

食物買來了，甲乙兩盜乘丙盜不防備，突然把他推墜到深崖之下，死了。甲乙兩人慶賀奸計成功，高興的享受食物，喝光飲料，兩人中毒，也都死了。

嗚呼！險狡的強盜，一心想計算別人，三人都遭凶死。縱眼冷觀世界，像這類的壞人，難道還會少嗎？

【原文一──三盜毒死】：有盜三人，發古塚，獲金。二人設計，令人一買飯。俟其至，推於崖下。一人置毒飯中，謀死二人，而獨享其貲。飯至，一人墜崖，二人中毒，俱死。吁！使均分之，皆得享富，險賊互圖，並致凶死。世蹈此者，豈少哉？

（明、鄭瑄：《昨非庵日纂》、靜觀第八）

【另文一──盜致富】：某乙，盜也。託言貿易，去問卜者何往爲善？卜者占曰：東南吉，利小人。乙竊喜，遂南行。偶入一寺，見牆隅堆石子數枚，心知其異，亦以一石投之，逕趨龕後臥。半夜，聞數人聚語，忽一人數石，訝其多一。因共搜龕後得乙，問：投石者汝耶？乙諾。詰問居里姓名，乙詭答之。乃授以械，率同至一巨宅，出軟梯，爭踰牆入。以乙遠至，路徑不熟，令伏牆外，守囊。少頃，擲一囊出。又少頃，擲數囊出。乙探囊中，揣取重物，悉納另一大袋中，負之疾走，逕歸家，成富翁矣。後案發，群盜皆被捕，然乙因名籍莫可查究，得免。事過甚久，乙醉後述之。

（蒲松齡：《聊齋志異》、卷十六、某乙）

一二〇　葉天士醫貧

自己並未多費力，讓病家花錢也輕微，卻救助了貧戶，這便是醫生之德，有仁心兼能行仁術。

清代名醫葉天士（一六六七—一七四六，名桂，江蘇吳縣人，有《臨證指南醫案》傳世），先後曾拜十七位高人爲師，因而精通各科醫理，請他治病的人絡繹不絕。

有一天，一位鄉下人求他看病，葉天士診脈之後，對他說：「你的六脈均調（司馬遷《史記・扁鵲倉公傳・注》說：人的左右手各有寸、關、尺三脈，合爲六脈，三陰三陽，可以察知疾患），沒有生病嘛。」

鄉人說道：「葉大夫你是神醫，奇難雜症，無不著手回春。小人所患的其實乃是『貧』病，求求你施行仁術，救救我全家脫離這長久窮困凍餓的苦境好嗎？」

葉天士笑道：「你這個貧窮之病，治好也不太難，一帖藥方應該就可醫好。」他指示鄉下人在城裡大街上檢取那些丟掉的橄欖核回家去種，等橄欖苗長好後就來告訴他，自可得到豐厚的回報。

鄉下人照著去做，不幾週，嫩苗油然長成了。鄉人來告稟葉大人。葉天士說：「自明日起，會有人來買橄欖苗，你要定個相當的價錢賣給客人，不要太低了才好。」

於是葉天士從這天起，對所有病人開出的藥方，都把「藥引」（中醫處方裡，開列某種藥物作爲其他主藥的導引，使藥力順遂達到患處，稱爲藥引）定爲橄欖苗（藥性平和，無副作用）。病家都向鄉下人獨家購買，讓他賺了許多錢。以後，買的人一直不斷，苗葉漸摘漸稀了，價錢也更漲了。鄉下人由貧氏漸變爲富有了。等到苗葉賣完了，藥引也不再用它了。

【原文】：吳門葉天士，精醫理，求治者踵相接。一日，有鄉人乞視疾。葉診之曰：六脈均調，奚病耶？鄉人曰：公名醫，奇疴險症，無不洞悉，小人所患者，貧病也，不識公能療之乎？葉笑曰：是疾也，亦頗易治，一服即愈矣。葉令拾城中橄欖核返家種之，俟苗茁來告，當獲厚利。鄉人如其教，未幾，苗芃芃然，走告葉。葉曰：即日有求苗者，高其值，勿賤售也。葉自是藥引皆用橄欖苗，病者爭往購。數日，苗漸稀，求者日眾，值益昂，鄉人獲錢無算，苗盡而藥引亦除矣。既而鄉人具禮來謝，葉曰：病癒乎？鄉人曰：賴公力，已全瘳矣。葉笑而遣之。至今吳人傳爲美談。（清、陸長春：《香飲樓賓談》、醫貧）

一二一　運去雷轟薦福碑

諺語說：「時來風送滕王閣，運去雷轟薦福碑。」這是詠歎命運好與壞的差異。唐朝王勃有風神相助，一夜之間，自馬當吹送到南昌滕王閣，揚名天下（見原文二）。本篇卻是反面記述一則命運之神作弄窮苦文人的典故。

宋代范仲淹，字希文（九八九—一〇五二）作饒州（今江西省鄱陽縣）郡守時，有一位落魄書生來拜會他，呈上詩文作品，內容佳美，范仲淹很爲賞識。這書生吐露心聲，說天下之人，受凍挨餓者，沒有比他更糟的了。范仲淹起心要救助他。

當時全國風行「薦福碑」的碑帖。那薦福寺就在饒州，寺前有碑，碑文是李北海撰的，字是歐陽詢寫的（他做過太子率更令，故稱歐陽率更體）。將這碑文拓下墨本來，市價每張賣到一千文，大家都搶著要。范仲淹替他備辦好紙墨，預計要他拓下一千本，拿到京都去賣，生計就完全解決了。

但是，倒霉人老是遇到倒霉事。棉紙和油墨都備

范希文像

辦齊全，第二天就要開工拓碑了。不料就在先一夜，氣候突變，雷電交作，一聲巨響，這露天矗立的薦福碑竟被一記迅雷擊碎了。

當時有人喟歎道：「有客打碑來薦福（書生欲拓碑），無人騎鶴上揚州（騎鶴揚州是快意）。」明代文學家袁宏道（一五六八—一六一〇）「贈黃道元詩」說：「男兒有骨不乘時（有氣節卻無時運），處處相逢薦福碑。」蘇東坡（一〇三六—一一〇一）也有「詠窮措大」詩曰「一夕雷轟薦福碑。」老天不肯幫忙，徒興無可奈何的慨歎。

【原文一—雷轟薦福碑】：范文正公鎮鄱陽（饒州），有生獻詩，甚工，文正禮之。書生自言：天下之至寒餓者，無在某右。時盛行歐陽率更書薦福寺墨本，值錢千文。文正爲具紙墨，擬打千本，使售於京師。紙墨已具，一夕，雷擊碎其碑。故時人爲之語曰：有客打碑來薦福，無人騎鶴上揚州。東坡作「窮措大」詩曰：一夕雷轟薦福碑。（見：㈠宋、釋惠洪：《冷齋夜話》、范文正公條。又見：㈡宋、彭乘：《墨客揮犀》。又見：㈢明、鄭瑄：《昨非庵日纂》、靜觀第八）

【原文二—風送滕王閣】：馬當山，在彭澤縣，高八十丈，橫枕大江，如馬形。波浪湧拂，舟船往來，多懷憂恐。王勃阻風，泊舟其下。神助以風，一夕至南昌，作滕王閣序。（蒲松齡：《聊齋志異》花神附錄、九江記）

一二二　楚弓楚得

本篇引述的是：思想境界，各有高低。下焉者如楚王，以「國」爲本位。中焉者如孔子，以「人」爲本位。上焉者如老子，以「自然」爲本位。淺深請予比較。

有位楚國人（一說是楚王，一說是楚恭王，又一說是楚共王）去打獵，遺失了射箭的弓（一說是繁弱之弓，一說是烏皚之弓），他不想去尋找回來。他的理論是「『楚國人丟了，楚國人拾得了。』不是很好嗎，何必去找？」

孔子聽了，補充說：「可惜這個楚國人的思想還不夠寬宏博大。天下本是一家，何必侷促僅限於『楚』呢？大可去掉『楚』，只要說『天下人丟了，天下人得了。』那不較好嗎？」

老子聽了，補充說：「可惜這位孔夫子的思想還不夠寬宏博大。萬物本爲一體，何必侷促僅限於『人』呢？大可去掉『人』字，只要說『在某地丟了，由某地得了。』那不更好嗎？」

【原文一—荆人遺弓】：荊人有遺弓者，而不肯索。曰：荊人遺之，荊人得之，又何索焉？孔子聞之曰：去其荊而可矣。老聃聞之曰：去其人而可矣。（秦、呂不韋：《呂

氏春秋》、十二紀、貴公）

【原文二：楚王喪弓】：公孫龍聞楚王張繁弱之弓，載忘歸之矢，以射蛟兕於雲夢之圃，而喪其弓。左右請求之。王曰：止、楚王遺弓，楚人得之，又何求乎？仲尼聞之曰：楚王仁義而未遂也；亦曰：人亡弓，人得之而已，何必楚哉？（戰國、趙、公孫龍：《公孫龍子》、卷上、跡府第一）

【原文三—楚恭王亡弓】：楚恭王出遊，亡烏皥之弓。左右請求之。王曰：已之，楚王失弓，楚人得之，又何求之？（三國、王肅：《孔子家語》、好生）

【原文四—楚共王遺弓】：楚共王出獵，而遺其弓。左右請求之。共王曰：止、楚人遺弓，楚人得之，又何求焉？仲尼聞之曰：惜乎其不大，亦曰：人遺弓，人得之而已，何必楚也。（漢、劉向：《說苑》、卷十四、至公）

一二三　鼠盡同時雞也盡

大凡一項舉措，常是好壞相隨，有利也可能有弊。譬如醫生給藥，把肝炎治好了，副作用卻是傷了胃。但如果利多弊少，算一算還是有得賺的話，就可以去做好了。

趙國有個村民，為了家中老鼠太多而愁苦，便向鄰邦中山國求貓。中山國有人送他一頭壯貓。這貓很會捕鼠，但同時也愛撲殺家裡飼養的雞。一個多月下來，老鼠捕光了，但雞也死盡了。

兒子建議說：「雞都死光了呀！可不可以不要這頭貓，把它送走好嗎？」

父親道：「這就不是你所知道的了。我所耽心的是老鼠絕不絕，不在乎有沒有雞。如果老鼠仍未消滅的話，它偷吃米谷，咬破衣裳，嚙穿了木板牆，啃壞了好傢具。使我們糧食少了不夠吃，衣裳破了不能穿，這不是比沒有雞更嚴重嗎？如果家裡的雞絕了，只是我們吃不到雞肉而已，比那挨餓受凍輕多了，你哪能要我把貓送走呢？」

【原文—鼠盡雞盡】：趙人患鼠，乞于中山。中山人予之貓，善捕鼠及雞。月餘、鼠盡而其雞亦盡。其子患之，告其父曰，盍去諸？其父曰：是非若所知也。吾之患在鼠，不在乎無雞。夫有鼠則竊吾食、毀吾衣、穿吾垣墉、壞傷吾器用，吾將饑寒焉，

不病於無雞乎?無雞者，弗食雞則已耳，去饑寒猶遠，若之何而去夫貓也?(明、劉基:《郁離子》、卷上、捕鼠)

【另文一—貓鼠同眠】:唐高宗龍朔元年，洛州貓鼠同眠，異哉。蓋鼠隱伏，有似盜竊。貓職捕鼠，而反與鼠同處，像職司捕盜者卻廢職容姦。故而至今稱上下狼狽爲奸者曰貓鼠同眠。(見:《舊唐書》、五行志)

【另文二—投鼠忌器】:鄉里有諺曰:欲投鼠而忌器。此善喻也。鼠近於器，尚猶豫而不敢投之，唯恐損傷其旁之珍器也，況於貴盛之臣且近於帝側乎?(班固:《漢書》、賈誼傳)

一二四　摔破玉盞

無心犯錯，情有可原。

國之干城的韓琦（一〇〇八—一〇七五），宋仁宗時爲同中書門下平章事。英宗時爲右僕射，封魏國公。神宗時爲司徒。可謂三朝元老。

他和范仲淹（九八九—一〇五二）同在軍中日久，因此北方有歌謠唱道：「軍中有一韓（韓琦），西賊（西夏）聞之心膽寒；軍中有一范（范仲淹），西賊聞之驚破膽。」合稱韓范，名震中外。

當韓琦坐鎮北都時（北都有二說：一指綏遠省和林格爾縣，一爲山西省太原市），有人獻上一個玉盞。蘇軾《岐亭詩》說：「洗盞酌鵝黃（指美酒）。」盞就是酒杯，舉杯敬酒叫把盞，《琵琶記》說：「左右看酒來，待下官把盞。」玉盞就是用玉挖雕而成的酒杯。獻杯人說是鄉農在毀棄的古墓中找到的。杯壁薄，重量輕，玉質晶瑩剔透，幾乎可以透光，沒有一絲瑕疵，眞是一件絕寶。韓琦收受了，付給對方一百兩紋銀作爲酬謝。

韓琦把玩這個玉盞，十分喜愛。他不願一人獨賞，就從酒窖裡抬出大罈美酒，邀請各官署首長及漕司轉運使等一大群官員開宴。並在大廳中另設一精緻的小高腳桌，鋪上繡花桌綢，將玉盞安置在桌中的小台架上，供大家觀賞。而且打算在酒宴中用這玉盞輪流向各人把杯品酒，俾令大家盡興，期收皆大歡喜之效。

就在這大衆歡娛的熱鬧氣氛中，有一位慇懃的府吏，不時在賓客群中穿梭行走服務。不留心，碰倒了這個小高桌，玉盞摔到地上，砸碎了。滿座客人，都錯愕不已。那個府吏更是惶恐的跪伏在地，等候重罰。

韓琦神色不改，笑著對來賓說道：「凡是物件，都有它破敗的時機，只爭遲早，不必見怪！」回頭對驚惶的府吏說：「你只是一時失愼而已，非是故意的，不會有罪。」

宰相的肚量，竟是如此的寬大。

【原文】：韓魏公知北都，有人獻玉盞一隻，云耕者入壞塚而得。表裡無纖瑕可指，眞絕寶也，公以百金答之。大爲寶玩，乃開醇，召漕使顯官。特設一桌，覆以繡衣，致玉盞其上，且將用之將酒，遍勸坐客。俄爲一吏誤觸台倒，玉盞俱碎。坐客皆愕然，吏伏地待罪。公神色不動，笑謂坐客曰：物破亦自有時。謂吏曰：汝誤也，非故也，何罪之有？公之量、寬大厚重如此。(一)、宋、彭乘：《墨客揮犀》、杜德。(二)、明、鄭瑄：《昨非庵日纂》、汪度）

【另文】：夏元吉爲戶部尚書，吏呈皇上「精微批」，遇風吹污墨，吏伏地請罪。公曰：風也，汝何罪焉。次日奏上云：臣不謹，墨污精微批，罪無可逭。上令易之，吏得免罪。（撰人不名：《太上感應篇新註》、諸惡上第五）

一二五　摔碎瑪瑙盤

上篇說摔碎了玉盞，本篇則是摔碎了瑪瑙盤，兩事都不追究，不怪罪，這是何等的寬宏度量？

唐代裴行儉（六一九—六八二）善寫草書，又精兵法，可謂文武兼通。唐高宗要他用草書抄寫了一部《文選》（梁昭明太子所編，叫昭明文選），筆法精妙。裴行儉對別人表示：「本朝褚遂良（字登喜）長於隸書楷書，但沒有好筆好墨便不肯寫。只有虞世南（字伯施）和我兩人，不挑選筆墨，而且下筆也快。」

唐高宗儀鳳二年（六七九），西域的十姓可汗都支及李遮匐（回紇突厥之王都叫可汗，今天蒙古部落也稱汗，是可汗的簡稱），煽動西突厥及吐蕃，侵逼安西都護府（今新疆吐魯番）。裴行儉為帥，統兵討平，打了大勝仗，鹵獲了大批西域珍寶。蕃地酋長和漢軍將士，都極想見識這批希世之珍，俾開眼界。

裴行儉不想拂逆大衆的渴望，允予展示。因此大張宴席，會齊賓衆，將珍寶一一陳列。諸寶中尤以一件最貴重的瑪瑙盤（瑪瑙是結晶的玉髓礦物質，有紅白黃相間的美麗文彩），直徑有兩尺多，堪稱無價奇珍，紋理絕世難見，是展覽會中的無儔精品，由軍吏王休烈捧著，從廳下臺階一級一級走上來。不料腳底踩到了衣帶，一跤絆倒了，寶盤由雙手中摔出，砸在前面地上，應聲而碎。王休烈驚怖得魂飛魄散，跪下連連叩頭，額上碰出了血。這一失誤，罪過擔當不起。

裴行儉若無其事，只見他面帶笑容，柔聲對王希烈說：「不要緊，打碎了就算了，你不是故意的，不必這樣驚慌。」全無不豫之色。

【原文一—舊唐書】：裴行儉，工草書。唐高宗嘗令行儉草文選一部。行儉嘗謂人曰：褚遂良非精筆佳墨不書，不擇筆墨而妍捷者，唯余及虞世南耳。儀鳳二年，十姓可汗都支及李遮匐，煽動蕃落，侵逼安西。行儉平之，大獲瑰寶。蕃酋及將士，均願觀之。行儉因設宴出示。有瑪瑙盤，廣二尺餘，文采殊絕。軍吏王休烈，捧盤歷階趨進，誤躡衣，足跌便倒，盤亦隨碎。休烈驚惶，叩頭流血。行儉笑謂曰：汝非故也，何至於是，更不形於顏色。㈠後晉、劉昫：《舊唐書》、卷八十四、列傳第三十四。㈡宋、歐陽修：《新唐書》、卷一百八、列傳第三十三。㈢宋、孔平仲：《續世說》、卷六、巧藝）

【另文一—續世說】：裴行儉平敵，大獲瓌寶。蕃酋將士願觀之，行儉設宴出之。有馬瑙盤，廣二尺餘，文采殊絕。軍吏王休烈捧盤歷階，誤躡衣，足跌，碎之。休烈皇恐，叩頭出血。行儉笑曰：非爾故也。更不形顏色。（宋、孔平仲：《續世說》、卷三、雅量）

【另文二—玉盤破】：唐裴行儉，破外國，得瑪瑙盤，廣三尺。出以示諸將士，爲軍吏捧盤升階，跌而碎之。軍吏叩頭流血請罪。行儉笑曰：爾非故爲，何罪？另國朝韓琦，得二玉杯玉盤，觴客次，籍以錦，置於案，爲執事者觸案，碎於地。韓琦略不變色，竟無追惜之意。與夫呂文靖，俾小姬擎寶器入書室，故戒及門，若足踣而仆，以試諸子度量。古今之事，若合符節也。（宋、周煇：《清波雜志》）

【另文三—古瓷碎】：清、王太倉相國，有古瓷，值不貲。一日，李安溪（即李光地，康熙進士）索觀。王命奴捧之，歷階而上，失足傾跌而碎。李不覺失聲，公怡然不動。安溪服其雅量。（清・阮葵生：《茶餘客話》、卷七、王相國逸事條）

一二六　滴血驗出親母牛

范元質，名天保，爲平輿縣縣令。縣裡函頭村住戶彭李三，家中水牛生一小牛，沒活幾天死了。同村張家水牛也生了一頭小牛，彭李三和村中牧牛兒郎勾搭，將張家小牛偷回來，讓自家母牛餵奶。兩頭小牛相似，儼然就是自己原來的小犢牛了。

張家失了小牛，追查到牧牛兒有嫌疑，毆打逼出實話，牧牛兒說：「彭李三的小牛死了，如今那母牛餵奶的小牛，就是偷自你家的。你如果要打官司，我可以上堂作證人。」

張家到縣府告狀，縣長范元質說：這事要分辨不難。吩咐取來乾淨清水兩盆，兩頭母牛的牛耳尖端用針刺穿，讓牛血分別滴入兩個水盆中，又刺出小牛的血，也分別滴入兩個水盆中，那小牛的血滴不與彭家母牛的血相併合，卻與張家母牛的血滴相併而凝合（即是血型相同）。憑這個實驗，乃判定小牛確是張家的。全縣都稱贊這是神而明之的斷案，而且是進士趙公祥親目所見。

元朝距今七百多年，當時全世界科學都不昌明，范元質卻懂得靠驗血來判案，客觀公正而且先進。推究起來，這就是現代的 DNA 的辨識法（DNA 即 deoxyribo nudeic acid，意爲脫氧核糖核酸的基因組合，把父母的特性傳給子女）。如今用它來檢測親子血緣關係已很普遍了。依據二〇〇三年二月廿五日美國紐約時報報導（二月廿六日台北聯合報轉載）：DNA是英國生物學家華森和克雷克（兩人今都健在）於一九五三年二月廿八日在英國劍橋宣佈發現的（較范元質遲了六百多年）。可以憑DNA的雙重螺旋線找出遺傳基因組，知道細胞的秘密了。將來甚至可能發展出對癌症的新治療法，吾人且拭目待之。

【原文】：范元質令平輿。函頭村彭李三有水牯，生一犢，數日死。鄰張氏，水牯亦生一犢。彭李三爲牧兒所誘，竊張犢去，令其家水牯乳之。張撻之，遂告張曰：李家犢死，今所乳，君家犢也。君告官，我往證。張愬之官，范元質曰：此不難也。命汲新水兩盆，刺兩牛耳尖血，瀝水中，二血殊不相入。又捉犢子，亦刺之，犢血瀝水上，隨與張牛血相入而凝，即以犢歸張氏。縣稱神明。元質名天保，磁州人。進士趙公祥親見。（金、元好問：《續夷堅志》、范元質決牛訟）

一二七 熒熒同同和善哉

（一）

話說孔子的兩位大弟子：子路（又叫季路，名由）和顏淵（又叫顏回）一同在洙水（在山東曲阜縣）洗浴，看到一隻五色鳥。顏淵問子路道：「這是甚麼鳥呀？」

子路說：「這鳥叫熒熒之鳥。」

過了幾天，他兩人又在泗水（也在曲阜，因爲有四個源頭，故叫泗水。孔子講學，便在這洙泗二水之間。後來且用作儒家的代稱，例如文選說：弘洙泗之風）洗浴，又見到這隻鳥。顏淵又向子路請問。

子路卻說：「這叫同同之鳥。」

顏淵覺得不對，問道：「爲何同一隻鳥有兩個名字呢？」

子路解釋說：「可以的呀！譬如絲綢，素色的叫帛，染黑了的叫皀，有兩個名字並不奇怪呀！」

上段「子路說是熒熒鳥」乃是給飛禽取名，本段則是東方朔爲樹木命名，也頗富急智巧思，因再錄供賞閱。

漢武帝（元前一五六—前八七）繼承漢文帝漢景帝之基業，大振國威。他逐匈奴，通西域，尊儒學，罷百家，在位五十四年，是歷史上少有的雄才大略之主。

漢朝首都在長安（今西安），都城之西，有座上林苑。本是秦代舊有的亭園，漢武帝增而廣之，極爲壯麗。漢代詞宗司馬相如（字長卿）還寫了一篇《上林賦》，詞藻瑰麗，甚贊林苑的美好。

這一日，漢武帝心情愉快，在苑中巡遊。他看到一株頗爲顯眼的高枝大樹，一時興起，順便問隨行的東方朔道：「這是甚麼樹耶？」

那東方朔（元前一五四—前九三，東方是複姓），官至太中大夫。性喜詼諧，他的言談舉止，常出別人意表之外。這一天漢武帝考問到他，他不假思索，即時答道：「這樹名叫『善哉』。」

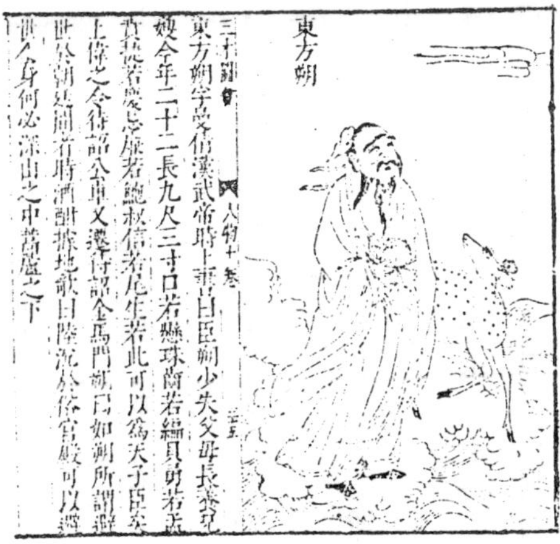

東方朔

過了幾年之後，東方朔又隨侍漢武帝再逛上林死，不覺又經過這株「善哉」樹的綠蔭之下。漢武帝又問：「這株樹是何名？」

東方朔回奏說：「此樹名叫『瞿所』。」

漢武帝英明天縱，豈能讓人隨便蒙混過關？即時駁斥道：「東方卿你錯了吧？你在欺騙寡人嗎？爲甚麼今天的樹名和以往的兩不相同呢？」

東方朔反應何等快捷，立即解釋奏道：「普天之下，同一事物有兩個名字的不少呀！例如：大的叫『馬』，小的則叫『駒』。大的叫『雞』，小的卻叫『雛』。大的叫『牛』，小的該叫『犢』。人也是如此，小時叫『兒』，過了壯年就叫『老』。這棵樹嘛，以前叫『善哉』，如今叫『瞿所』，沒有甚麼不對呀！」

【原文一—熒熒同同】：子路與顏淵浴於洙水，見五色鳥。顏淵以問子路，子路曰：此名熒熒之鳥。又一日，二人浴於泗水，復見前鳥。顏淵又問，子路曰：此同同之鳥。顏淵曰：何一鳥而二名？子路曰：譬諸絲，絹者則爲帛，染則爲皀，二名不亦宜乎？（明、謝在杭：《文海披沙》、方朔誹諧有本）

【原文二—善哉瞿所】：漢武帝見上林一樹，問東方朔。朔曰：名善哉。後數歲，又問朔，朔曰：名瞿所。帝曰：朔欺矣，名與前異何也？朔曰：夫大爲馬，小爲駒；長爲雞，小爲雛；大爲牛，小爲犢；人生爲兒，長爲老。昔爲善哉，今爲瞿所，何足怪乎？（明、謝在杭：《文海披沙》、方朔詼諧）

一二八　銀匠家中出宰相

北宋李邦彥（?—一一三〇），字士美。太學上舍生出身。風姿俊爽，詩文敏工，應對便捷。宋徽宗宣和五年時，官尚書左丞。宋欽宗時，官拜太宰（就是僕射，即宰相）。《宋史》有「李邦彥傳」。

但欠體面的是：他父親爲一銀匠。有人爲此譏誚他出身卑賤，李宰相也很覺臉上無光，回家向母親訴說此事，甚感羞愧。

他母親訓示他說：「宰相府裡出了個銀匠，那才可羞。如今是銀匠家中出了個宰相，這是莫大光榮，何羞之有？」

詠曰：「樊噲曾爲屠狗輩，衛青原是牧豬奴；英雄莫怕微時賤，白屋仍能出相侯（詠詞錄自《且讓痴人話短長》三五八篇）。」

【原文】：李太宰邦彥，父曾爲銀工，或以爲誚，邦彥羞之，歸告其母。母曰：宰相家出銀工，乃可羞也。銀工家出宰相，此美事，何羞焉。（明、馮夢龍：《增廣智囊補》、卷下、閨智、賢哲、李邦彥母）

一二九 請君入甕

甚麼叫自作孽，不可活？請看這樁自作自受的歷史教訓。

唐朝武則天時代，有人告發周興（任秋官侍郎，常奉命審案，行事峭妄）和丘神勣（官大將軍，是個奸臣）互相勾結謀反。武則天下令由來俊臣（六五一——六九七，官御史中丞，辦案手段殘酷）審理此案。

來俊臣的長處便是大興慘獄。他接到命令時，正在與同朝的周興一面討論刑獄之事，一面對坐吃飯。來俊臣城府深沉，不露聲色，用閒聊口氣，請教周興道：「囚犯大多不肯承認罪行，你有甚麼高見能讓他們爽快招供呢？」

周興胸有成竹，建議道：「依我之見，這事甚容易。只要取來一隻大甕，在大甕四周用炭火旺燒起來，再把犯人弔進大甕裡去乾烤，誰會受得了？誰個囚犯還有甚麼事情不肯招認的呢？」

來俊臣一面仍在與周興吃飯，一面命令隨員取來一隻大甕，安放在廳前天井裡，按照周興所說的方法，四周燃起熊熊炭火。然後起身，正色對周興道：「皇宮傳來聖旨，有人檢舉你和丘神勣勾結謀反，命令我來審問，現在就請你進入甕中去罷！」

周興一聽，恐懼萬分，想不到剛才自己設計的酷刑，竟然即刻用到自己身上，此時躲也躲不掉，連忙跪下叩頭，招認了自己反叛國家之罪。

【原文一—囚入甕中】：或告周與丘神勣通謀，武后命來俊臣鞫之。俊臣與周興方推事對食。謂興曰：囚多不承，當用何法？興曰：此甚易也。取大甕，以炭火四周炙之，令囚入甕中，何事不承？俊臣乃索大甕，火圍之，如興法。因起，謂興曰：有內狀推兄，請君入甕！興惶恐，叩頭伏罪。（宋、司馬光：《資治通鑑》、唐紀、則天皇后、天授二年）

【原文二—請君入甕】：周興秉性殘酷，與來俊臣等羅織無辜，枉殺數千家。未幾，有告周興不軌，太后怒，命俊臣鞫之。時俊臣與興方共推事，俊臣謂興曰：囚多不承，奈何？興曰：此事甚易，取來大甕，以炭火四圍灼之，令囚入其中，何事不承？俊臣因索來大甕，火炙如法，起身謂興曰：奉旨推兄，請兄入甕。周興戰慄叩頭伏罪，流嶺南，在道途爲仇家所殺。（明、鄭瑄：《昨非庵日纂》、冥果第二十）

一三〇 誰人膽敢偷石榴

工於心計的人，不要收他作部屬，不要交他作朋友，更不要認他作長官。

南宋秦檜（一〇九〇—一一五五），作了宰相，害死了岳飛，居然穩坐相位十九年。他的宰相府廳堂左廊前院裡，有一株石榴樹。每年石榴結果成熟時，秦檜就暗地裡數它一數，在心底記下石榴的個數。

有一天，他偶然再點數一遍，發現少了兩個，不知是府中誰個大膽偷摘了？他一生工於心計，也不說破。逕只傳令下去，叫隨從準備車馬，將要外出公幹，並要府中上下員司，一同集合，聽候差遣。

人員都來到前院，恭候相爺，秦檜出來，似乎想起了一個念頭，吩咐道：「左院這株石榴樹，遮了陽光，不好。園丁張旺去拿把斧頭來，今天就把它砍倒吧！」

旁邊一位管衣帽服飾的小吏溜口說道：「啓稟相爺，這樹上的石榴，味道十分甜美，砍掉多可惜呀！」

秦檜露出奸笑，問道：「你怎麼知道石榴味道好？偷摘石榴的人，就是你了！」

小吏大驚，只好認罪受罰。從此以後，府裡沒人有膽再敢作弊了。

【原文】：秦檜爲宰相，都堂左揆閣前，有株石榴。每著實，檜嘿數焉。忽亡其二。故不問。一日，將排馬，忽顧左右取斧，欲伐榴。有親吏在旁曰：榴實甚佳，伐之可惜。檜反訊曰：汝盜吾榴。吏叩頭伏罪。其機譎巧發若此。（見㈠明、田汝成：《西湖遊覽志餘》、卷四。又見：㈡明、馮夢龍：《增廣智囊補》、卷上、察智、詰奸。又見：㈢明、李暉吉：《龍文鞭影》、二集、下卷、姦相斫榴）

【另文】：當檜用事時，佞臣盈庭，引古今而頌功德者，例沐汲獎。檜嘗建「一德格天閣」，朝士有賀啓曰：「在昔獨伊尹格於皇天，到今微管仲吾其左衽。」（拍馬的話）檜喜，即超擢之。（明、田汝成：《西湖遊覽志餘》、卷四）

一二一　賣藥韓康不二價

在這個討價還價成爲常態的社會裡，倘如有人堅持不二價，而且固守三十年不改，這位特立獨行的高士異人，行事與衆不同，大家必定會知曉，若要避名，唯有隱遁。

東漢時代，有位韓康，字伯休。他經常到名山幽谷中去採集珍奇草藥，來長安市上出賣，口不二價，歷經三十多年。

有一天，一個女人向他買藥，見韓康說一不二，怒道：「你是韓伯休耶？竟然不肯減價嗎？」韓康歎道：「我想隱姓埋名，如今一個女的都知道我是誰，還賣甚麼藥嘛！」於是逃入霸陵山中（在長安之東，見《漢書》及《文選》），朝廷召他任官都不回應。

及至東漢桓帝登位，皇上派出禮車（安車），帶著禮物（玄纁），隆重的來聘請他出山。禮賓司的官員捧著聖旨來謁見韓康，他不得已，只好假意接受皇命赴召。

但他不肯乘坐豪華舒適的禮車，仍駕著自己那舊有的簡陋柴車，在清晨就先行出發了。循著官道，到了半路上的長亭休息站，那亭長知道皇帝的「徵君」（天子徵請進京的高士叫徵君，又叫徵士）叫韓大人的，會要從亭上經過，正在緊迫地役使民夫，趕著牛隻，運送土石，來修橋舖路，製造個好印象。看到韓康駕著柴車而來，像個鄉下種田的老頭兒，便攔下他，要強徵他的牛來參加勞役。韓康下得車來，解開韁索，將牛交予亭長。不一會，那駕著安車官員從後趕到了，才弄清楚被奪下牛隻的鄉下老頭兒就是皇帝禮敬的徵君。這位京官要奏請朝廷將亭長斬首，韓康說：「這牛是我解開套索給他的，亭長無罪，不必追究了吧！」這樁侮慢過失才終止不辦了。

韓康仍是在道途中趁隙遁逃無蹤，一直沒有找到他，最後他才得以樂享天年。

【原文一──晉・高士傳】：韓康、字伯休，霸陵人。常遊名山採藥，賣於長安市中，口不二價者三十餘年。時有女子買藥於康，怒康守價，乃曰：公是韓伯休耶？乃不二價乎？康歎曰：我欲避名，今區區女子，皆知有我，何用藥爲？遂遯入霸陵山中，連徵不至。桓帝時，乃備玄纁安車以聘之。使者奉詔造康，康不得已，乃佯許諾，辭安車，自駕柴車，冒晨先發。至亭，亭長以韓徵君當過，方發人牛，修橋鋪道。見康柴車，以爲田叟也。使奪其牛，康即釋駕與之。有頃，使者至，奪牛翁乃徵君也。使者欲奏殺亭長，康曰：此自我與之，亭長何罪？乃止。康因中路逃遁，以壽終。（晉、皇甫謐：《高士傳》、韓康）

【原文二──明・昨非庵】：東漢韓康，採藥名山，賣長安市。有女子從康買藥，康守價不移，女子怒曰：公是韓伯休耶？乃不貳價。康曰：本欲逃名，乃女子皆知，何用藥爲？遂遁入灞陵山中。（明、鄭瑄：《昨非庵日纂》、韜穎第十九）

一三一 儒釋道各有教義

伶人登台演劇，也能借詼諧戲語鍼砭當時政情。宋徽宗年代，民不聊生，戲子在皇帝座前演雜劇，就隱含諷諫之意。

伶人們在戲台上扮爲儒釋道三家，各先贊美本教。首由儒師說：「儒家所應學的，乃是『仁義禮智信』，謂之『五常』。」接著他解釋五常的要旨，都引述經書，很有道理。其次輪到道士說：「我們道家學的，乃是『金木水火土』，這叫『五行』。」也分述要義。

然後佛僧說：「你們二家所說，都是腐生常談。我佛門所學的，乃是『生老病死苦』，稱爲『五化』。佛經太深奧，你們聽不懂，不如用現世的狀況來說明，你們不妨依序問來，由貧僧我來分項開示！」

於是有人問道：「敢問生？」答：「自京都的太學，到外省的州縣，凡秀才諸生唸書，都是三舍生（宋時地方學府，分別外舍內舍上舍，合稱三舍），將來可作卿相，國家對生員（對在學學生統稱生員）甚是優厚。」

有人問：「敢問老？」答：「年老了，孤寡困窮時，可進孤老院，安養終身。社會對年老者已很盡力了。」

又問：「敢問病？」答：「不幸生病，若無錢看醫生，則有安濟坊，施醫給藥，對貧病者照顧已是如此週到。」

再有人問：「敢問死？」答：「人都有死，窮人死後，可入漏澤園（宋朝官設的墓園，陳向始創此制），施予棺木，供給埋葬，這是對死者盡心。」

最後有人續問：「敢問苦？」此時這位高僧，閉著雙目，不予回答。催之再三，才皺著眉頭，悠悠說道：「只是現今百姓無奈，一般都受了無量之苦（國內有黨人碑案，國外有遼金入侵，人民普受痛苦），亟待政局轉為清明，解除民困，這是全民所渴望的，我也不忍詳說了。」

宋徽宗也在觀賞，聽了心中惻然，沉入長久思考，沒有追究戲子肆言之過。

【原文】：俳優也能因戲語而箴諷時政。徽

至聖先師孔夫子聖像

太上老君聖像

宗時，伶者設三輩爲儒道釋，各稱誦其教。儒曰：吾之所學，仁義禮智信，曰五常。遂演暢其旨，皆采引經書，不涉媟語。次至道士曰：吾之所學，金木水火土，曰五行，亦說大意。末至僧曰：二子腐生常談，不足聽。吾之所學，生老病死苦，曰五化。藏經淵奧，非汝等所得聞，當以現世情狀言之，盍以次問我？曰：敢問生？曰：內自太學，外至州縣，凡秀才讀書，盡爲三舍生，上可以爲卿相，國家之於生也如此。曰：敢問老？曰：老而孤獨貧困，今立有孤老院，養之終身，其於老也如此。曰：敢問病？曰：不幸而有病，家貧者，有安濟坊，施醫付藥，其於病也如此。曰：敢問死？曰：死者人所不免，唯窮民無所歸，則爲漏澤園，與之棺，使葬埋。其於死也如此。曰：敢問苦？其人瞑目不應，若惻悚然。促之再三，方蹙頞對曰：只是百姓一般受無量苦。徽宗爲之惻然長思，弗以爲罪。（宋、洪：《夷堅志》、優伶箴戲）

佛祖釋迦牟尼聖像

一三三　儒釋道祖都是女人

李可及是唐代知名伶人，唐懿宗時爲宮廷的「伶官」，妙通音律。台北三民書局出版之《大辭典》李字部中且收有「李可及」一條。

自從釋教（佛祖釋迦牟尼）西來中國後，與儒（至聖先師孔子）道（道尊太上老君）鼎足而三。三教合稱，起源很早，宋・法雲解釋佛典梵語的《翻譯名義集》說：「吳王（指三國時代的孫權）問三教，尚書令闞澤對曰：『孔（孔子）老（老子）設教，法天制用，不敢違失。佛（佛祖）之設教，諸天奉行』。」在我國南北朝時代，根據《北史》北周《周武帝》所記：當周武帝在位的天和二年（公元五六七年），曾召集百官及邀來佛僧和道士等代表，由皇帝升坐高位，展開三教之辨。結論是「儒爲先，道次之，佛居後。」

陶宗儀《輟耕錄》有「三教之論」說到：皇帝問：「三教何者爲貴？」答：「佛教像黃金，道教像璧玉，儒家像五穀。」皇帝問：「依你所述，難道儒家是最低賤的嗎？」奏答曰：「黃金和白璧，沒有它們也不妨事。至於五穀，乃是養命之所需，每天都不可缺少的呀！」

唐高祖李淵時代，有「三教講論」的制度。就是請來大儒、高僧、及知名道士，聚於一堂，互相辯講。《册府元龜》書中說：「三教雖異，善歸一揆。」那時白居易也擔任過講座，可參閱《白居易全集・三教論衡》。

到了唐懿宗，每逢他生辰之日，命名爲「延慶節」。每逢此節，都要舉行「緇黃講論」（佛徒穿黑衣叫緇，道士戴黃冠稱黃，合曰緇黃），成爲盛事。

李可及由於特擅滑稽詼諧的表演，高出同儕甚多，他的巧智機敏，很是難得。某次，在咸通年間（唐懿宗在位的年號，自公元八六〇至八七三）的延慶節，當緇黃講論完畢之後，接著是餘興節目，換由伶人們登台演戲。

只見李可及穿戴著儒家的盛裝服飾，素色的長袍，寬廣的紳帶，高雅的儒冠，儼然一位哲士。他微提禮袍的衣襬（這叫攝齊，以防傾跌失禮，《論語鄉黨》說：攝齊升堂），緩步登階，到高首正中上位坐定，對旁座衆人宣稱：「今朝是三教論衡大會，衆人儘可提出問題，由本師宗來作裁斷，因爲我對三教精要，無所不通。任何疑團，當場開示。」

這時，坐在右前方的問道：「你自誇博通三教，請問：釋迦如來，佛教之祖，他是甚麼人？」李可及斷然回道：「是女人！」問者大爲吃驚，追問道：「爲甚麼佛祖是女人？」李可及答：「請你看佛教大典，他們的《金剛經》說：『敷座而坐』。如果不是女人，爲甚麼要說『丈夫請坐（敷座）』，然後又要『兒子也坐（而坐）』呢？」（按《金剛般若波羅密經》第一章「法會因由分第一」說：「佛在舍衛城，飯食訖，收衣缽洗足已，敷座而坐」。當時唐懿宗皇帝也在觀賞，聽罷不禁莞爾。

又有左前方的人提問：「請問道教祖師太上老君是甚麼人？」李可及直斷道：「也是女人！」問者質疑道：「何以又是女人？」李答道：「這是《老子道德經・上篇・十三章》太上老君自己說的。經文說：『吾所以有大患者，爲吾有身（有身即是懷孕，見詩經）；及吾無身，吾有何患？』如果不是女人，爲甚麼害怕『有娠（女子懷孕叫有娠，和有身同音同義）』呢？」皇上聽了，十分悅樂。

另有邊座的人發問：「本朝開元（唐玄宗年號）二十七年，追封孔子爲『文宣王』，請問孔聖是甚麼人？」李可及不加思索，直率回應：「當然也是女人！」問者駁道：「這回你一定搞錯了，孔聖怎會是女人呢？」李答道：「這乃是孔聖自己說的。我們讀《論語・子罕》：『子曰：「沽之哉，沽之哉，我待賈（音價）者也」。』孔聖歎息他還是個『待嫁（待賈）』的人。如果不是女人，爲甚麼要等著出嫁呢？」臺下甚多觀衆聽了，莫不開懷大笑。唐宗也其樂陶陶。

皇上一高興，當場對這齣戲的演員賜予厚賞。第二天加封李可及爲員外郎。

【原文一—三教先後】：北周武帝天和二年十二月，集群官及沙門道士等。帝升高座，辨解三教先後，以儒教爲先，道教次之，佛教爲後。（唐、李延壽：《北史》、卷十、周本紀下、高祖武帝）

【原文二—何教爲貴】：皇上問曰：三教何者爲貴？對曰：釋如黃金，道如白璧，儒如五穀。上曰：若然，則儒賤耶？對曰：黃金白璧，無亦何妨？五穀於世，豈可一日

闕哉？（明、陶宗儀：《輟耕錄》、三教）

【原文三─戲說三教】：咸通歲優人李可及者，滑稽諧戲，獨出輩流，雖不能託諷匡正、然巧智敏捷、亦不可多得。嘗因延慶節緇黃講論畢、次及倡優爲戲。可及乃儒服岌巾、褒衣博帶、攝齊以升崇座、自稱三教論衡、其偶坐者問曰、既言博通三教、釋迦如來是何人？對曰、是婦人。問者驚曰、何也？對曰、金剛經云、敷座而坐、或非婦人、何煩夫坐然後兒坐也？上爲之啓齒、又問曰、太上老君何人也？對曰、亦婦人也。問者益所不諭，乃曰、道德經云、吾有大患、是吾有身、及吾無身、吾復何患？倘非婦人、何患於有娠乎？上大悅、又曰、文宣王何人也？對曰、婦人也、問者曰、何以知之？曰、論語云、沽之哉、沽之哉、我待賈者也、而非婦女、待嫁奚爲？上意極歡、寵錫甚厚、翌日授環衛之員外職。（唐、高彥休：《唐闕史》、卷下、李可及戲三教。又見：明、陸楫：《古今說海》、卷一百二十五）

【另文一─矮人看戲】：清代趙翼，號歐北，著有《歐北集》。中有「論詩」絕句云：「隻眼須憑自主張，紛紛藝苑漫雌黃。矮人看戲何曾見，都是隨人說短長。」又有「閑居讀書」詩云：「後人觀古書，每隨己境地。譬如廣場中，環看高台戲。矮人在平地，舉頭仰而企。高樓有憑欄，劉楨方平視。做戲非有殊，看戲乃各異，矮人看戲歸，自謂見仔細。樓上人聞之，不覺笑噴鼻。」（清、錢仲聯：《清詩三百首》）

一三四　擇佳婿嫁好丈夫

〔一〕

各朝各代有女待嫁的高官，都喜歡在科舉京試殿試發榜的金榜上找女婿，貪圖他才高年輕和前程遠大。有位上榜的才俊少年，風姿倜儻，被某一勢大高官看中了，派出多名侍衛健僕，半強半請地簇擁他到貴人府中一敘。坐定後，一位穿金帶紫的貴官從內室出來見客。向少年示意說：「我家有位獨女，容貌並不醜，願為賢契侍奉巾櫛，望勿推辭！」

這位新榜才俊起得身來，鞠躬稱謝道：「承蒙大人厚愛，將令嬡許配給我，使小生得以攀附高門貴第，十分榮幸。但這事請容我返家與拙妻商量，再作決定好嗎？」

料想不到有這番回話，美事只好作罷！

〔二〕

宋代馮京（一〇二一—一〇九四）從鄉試到進士及廷試都是第一名，《宋史》有傳。當他欽點為狀元時，有個侍中（在皇宮裡任事的官）張耆，靠著皇帝外戚的威勢，要將女兒嫁給他。張耆派出隨從役吏，強邀馮京到侍中府裡作客。張耆款以豐厚的酒宴，並展示陪嫁的妝奩，豐多而華貴，談及婚事，馮京堅辭，稟稱老母已爲他聘定了王家閨女，不能也缺理由毀約。此事無奈，只得作罷。

〔三〕

漢光武帝劉秀（元前六—後五七）有姊叫湖陽公主，丈夫死了，想要改嫁擇婿。光武帝與她評論當朝人物，試探她的意向。湖陽公主說：「我最欣賞宋弘大人的威儀德器，別的大臣都比不上。」光武帝說：「讓我想個方法來探問一下吧！」

光武帝召見宋弘（官太中大夫，升大司空，封宣平侯），先要湖陽公主坐在屏風後面偷聽。光武從容對宋弘說：「常言道得好：『貴易交（貴人容易交到朋友），富易妻（富人容易婚嫁爲妻）。』這是人情之常，宋卿你認爲對不對？」

宋弘回奏道：「微臣倒是聽到不一樣的話，那是說：『貧賤之交（的朋友）不可忘，（共同吃過苦的）糟糠之妻不下堂。』這和陛下所諭示的話不盡相同，或許微臣的話似更接近道義吧！」（宋弘有妻，不願離婚再娶）

事後，光武帝對湖陽公主說：「這樁婚事，沒有希望了。」

〔四〕

民國初年的吳佩孚，別號子玉，是一位有骨氣的軍事領袖。他不就山東督軍，不就陸軍總長，在洛陽當個直魯豫巡閱使，卻隱然可以左右政局。他五十歲生日時，康有爲賀以壽聯曰：「牧野鷹揚，百歲功名纔半紀；洛陽虎視，八方風雨會中州。」傳誦一時。

吳佩孚在洛陽時，名滿中外。曾有一位德國女士露娜，親到洛陽，表示願侍巾櫛，吳婉言拒絕了。又有另一女士，附寄玉照，吐傾慕之意，願委身以事。吳乃親批「老妻尚在」四大字，傳爲佳話。吳夫人名張佩蘭，吳之「入蜀詩」有句云：「疏狂竟誤英雄業，患難偏增伉儷情。」兩人感情篤厚。

〔五〕

唯有宋代儒生陳世美無品。他赴京應考高中狀元，皇帝宋仁宗及皇太后都喜愛這位少年才俊。他原有髮妻秦香蓮及小孩，卻謊稱未婚，被招爲駙馬，樂享榮華富貴。秦香蓮千里尋夫，討飯來到京城，陳世美反臉不認妻，還要殺他滅口。

秦香蓮窮途無助，投訴包公。包公最恨這種無情無義之文人，拘來嚴審，判陳世美以鍘刑，皇太后來討情也不賣帳。這便是京戲裡的「鍘美案」。

【原文一——回家問妻】：今人喜於榜下擇婿。有一新科後輩少年，有風姿，爲有勢貴族所慕，命十數僕擁致其第。少年欣然而行，略不辭避。既至，須臾，有衣金紫者出，曰：某唯一女，亦不至醜陋，願配君子，可乎？少年鞠躬謝曰：寒微得托庇高

門，固辛。將更歸家與妻子商量，看如何？衆皆大笑而散。（宋、彭乘：《墨客揮犀》）

【原文二—已聘王女】：馮當世文簡公，初登第。張侍中耆，倚外戚，欲妻以女。使卒吏擁至其家。頃，中人以酒肴至，且示以奩具甚厚。馮固辭曰：老母已許王氏矣。事遂寢。（宋、周煇：《清波雜志》）

【原文三—糟糠不棄】：漢光武帝姊湖陽公主新寡，帝與其共論朝臣，微觀其意。主曰：宋弘公威容德器，群臣莫及。帝曰：方且圖之。後弘被引見，帝令公主坐屏風後。因謂弘曰：諺言貴易交，富易妻，人情乎？弘曰：臣聞之，貧賤之交不可忘，糟糠之妻不下堂。帝顧謂公主曰：不諧矣。（南朝宋、范曄：《後漢書》、卷二十六）

【原文四—老妻尚在】：民初吳佩孚，在洛陽時代，名滿中外，曾有一德籍女士露娜，親到洛陽求愛，經吳婉拒。又有另一女士，附寄照片，表示傾慕之意，並願委身以事，吳親批曰：老妻尚在，大字四個，傳爲佳話。（今人、吳伯卿：《近代人物與史事》、第三十六、吳佩孚）

【原文五—包公鍘美】：「鍘美案」爲京戲名劇。參見胡菊人：《戲攷大全》、下冊、戲文長，免錄。

【另文一—尉遲有妻】：唐太宗謂尉遲公曰：朕將嫁女與卿，稱意否？尉遲敬德謝曰：臣婦雖醜陋，亦不失夫妻情。臣每聞說古人語：富不易妻，仁也。臣竊慕之，願停聖恩。叩頭固讓，帝嘉之而止。（唐、劉餗：《隋唐嘉話》）

一三五　擒虎容易縱虎難

燙手的事，匆忙發動很容易，圓滑收場卻太難。

秦檜之妻王氏，素來陰險，她的狡獪，特出於丈夫之上。岳飛主戰，秦檜主和，秦檜用「莫須有」之名，下岳飛於監獄。但審問久久找不到罪證，無法定讞。

一天，秦檜獨自在書房裡悶坐，吃完了柑橘，用手指甲去劃劃剝下的橘子皮來玩，心裡似乎有個難題不知如何解決。

妻子王氏，看到他丈夫發呆了這麼久，進來對他笑著說：「老漢，你爲甚麼一直不能下決斷呢？常言道得好：『捉虎易，放虎難。』你難道不知道嗎？」

一語提醒夢中人，秦檜當下寫了一張小紙條，送往棘字獄（即大理寺監獄），當夜具報，岳飛猝死了。

正義永在人間。岳飛受冤而死，後人乃在杭州西湖畔建岳王墓。古柏森森，墓前石階下鑄有秦檜、王氏、万俟卨、張俊等奸人跪姿鐵像，永受後人唾罵。

【原文一—捉虎易】：秦檜妻王氏，素陰險，出其夫之上。方岳飛獄具。一日，檜獨居書室，食柑，玩皮，以爪劃之，若有思者。王氏窺見笑曰：老漢何一無決斷耶？捉

虎易，放虎難也。檜掣然驚心，致片紙入獄。是日，岳薨於棘寺。（宋、不詳人撰：《朝野遺記》）

【原文二—擒虎易】：秦檜矯詔逮岳飛父子下棘寺獄，遣万俟卨（讀木其謝）鍛鍊，未服。一日，檜於東廂窗下畫灰密謀，妻王氏曰：擒虎易，放虎難。岳飛遂死獄中。（清、褚人穫：《堅瓠集》）

【原文三—悼岳詩】：清乾隆進士李調元撰《童山詩集》，中有「讀岳忠武傳三十絕句」詩（按岳飛於宋孝宗時諡武穆，宋寧宗嘉泰四年追封爲鄂王，宋理宗寶慶元年詔諡忠武，明太祖洪武九年頒詔仍諡武穆）。今節錄李詩數聯如下：「柑皮爪劃精忠命，小紙書殲大將身。」「誰把賀蘭山踏破，空教淚灑滿江紅。」「長舌從來是厲階，誰知狡檜善安排。」「痛飲黃龍成恨事，暗中兀朮早知情。」（錄自民國、彭國棟：《岳飛評傳》、附錄一、各家詩詞）

【原文四—東窗下】：秦檜之欲殺岳飛也，于「東窗下」與妻王氏謀之。王氏曰：擒虎易，縱虎難。其意遂決。後檜遊西湖，舟中得疾，歸、無何而死。未幾，子熺亦死。王氏設醮，方士作法，得見秦檜游魂，曰：可煩傳語夫人，「東窗」事發矣。（明、田汝成：《西湖遊覽志餘》、卷四）

一三六　磨磚豈能成鏡

磚是泥土燒成的，絕無可能研磨成爲晶瑩明鏡之理，這是說方法不對，功夫下錯了。

唐代高僧懷讓禪師（六七七—七四四，俗姓杜）弱冠就在玉泉寺出家，後來爲六祖惠能的法嗣，稱爲七祖（圓寂後，諡爲大慧禪師）。

懷讓禪師在南嶽山般若寺作住持。那是唐玄宗登基時代，隔不幾年，有位沙門道一（七〇九—七八八，俗姓馬，名道一，人稱馬大師，或馬祖道一，諡號大寂禪師）也來在寺中的傳法院修行。道一每天都專心一意打坐，懷讓禪師問他道：「這位大德，常日專在打坐，爲的甚麼？」

馬祖道一答道：「爲了想要成佛。」

懷讓禪師不再解說，卻有心導化他。便拿來一塊泥磚，在馬祖道一院前的石階上打磨，天天如是。惹得道一心煩，便問道：「長老您磨磚作甚？」

懷讓禪師答曰：「磨磚作鏡。」

馬祖道一說：「磨磚豈能成鏡？」

懷讓禪師反問道：「磨磚若不能成鏡，那打坐又豈能成佛？」

此話一聽，道一大驚，起立施一長禮，說道：「請問大師，如何才能成佛？」

懷讓說：「譬如駕車，車不走了，你是鞭牛呢？還是鞭車？」

馬祖道一深加思索，有如大智灌頂，由此開悟。因而虔誠師事懷讓，修習禪宗成道，爲懷讓禪師的法嗣。唐憲宗追諡道一爲大寂禪師。宋代釋贊寧撰的《宋高僧傳・習禪傳》中有「道一」的傳記。

【原文】：懷讓禪師者，唐先天二年，在衡嶽般若寺。開元中，有沙門道一，即馬祖道師，住傳法院，常日坐禪。師往問曰：大德坐禪圖甚麼？道一曰：圖作佛。師乃取一磚，於彼庵前石上磨。道一曰：師磨磚作甚？師曰：磨磚作鏡。道一曰：磨磚豈得成鏡耶？師曰：坐禪豈得成佛耶？道一曰：如何即是？師曰：如人駕車，車不行，打車即是？打牛即是？道一聞此示誨，如飲醍醐，由此開悟，轉修禪宗成道。（宋、釋道原：《景德傳燈錄》、卷第五、南嶽懷讓禪師）

一三七　樹尚有葉豈是旱

唐懿宗咸通十年（公元八六九），唐朝國力在衰退中，當官的也不爭氣。陝西人民作亂，竟然把觀察使崔蕘趕走了。

原來這位崔蕘，字野夫，以往在朝中任吏部侍郎，如今外調爲陝虢觀察使。他不接觸民間疾苦，但知自尊自大，政績表現很糟。

這一年，天久不雨，陝西省鬧旱災。老百姓集合陳情苦旱傷農，請求政府救旱。崔蕘指著府院裡的大樹說：「這樹上還有樹葉，哪有甚麼旱災？」打了請願的每人一頓板子。百姓一傳，引發衆怒，群起暴動，把崔蕘驅逐出府了。

崔蕘察知民情激奮，趕緊逃走，總算保全了性命。畢竟由於旱天炎熱，氣溫高燥，他口渴得不得了，在城外他逃進一戶民宅，請求給他水喝。這家民戶的人，素來不喜歡他，就舀了一大碗馬尿給他解渴。

本書第五九篇「每家七盞燈」，同是不恤民困。那位蔡太守罷燈就過了。這位崔大人卻喝尿。史籍記下，遺臭萬年。當官的豈可不顧身後的毀譽？

崔蕘喝尿，是司馬光所撰《資治通鑑》史書中記述的，應屬可信。

【原文—樹尚有葉】：唐懿宗咸通十年六月，陝民作亂，逐觀察使崔蕘。蕘素自矜，不親政事。陝民訴旱，蕘指庭樹曰：此尚有葉，何旱之有？扙之，民怒，故逐之。蕘逃入民舍，渴求飲。民以溺飲之，坐貶昭州司馬。（宋、司馬光：《資治通鑑》、卷二百五十一、唐紀六十七、懿宗咸通十年）

【另文—家貲作抵】：李允則、爲潭州州尹（讀史方輿紀要：潭州的治所在今湖南省長沙市，因該地有「昭潭」而得名）。會湖南大旱，李欲開發官倉之谷，以救百姓，先賑災而後奏報。但轉運使以爲不可（未核准不肯開倉）。允則乃以家貲爲質（以家產作爲抵押品），先開官倉，發谷救旱，由是而全活者數萬人。事後奏報，竟獲允准。（清、張廷玉：《子史精華》、錄自：宋、李元綱《厚德錄》）

一三八　燈謎與字謎

宋、孟元老《東京夢華錄・六》說：「農曆正月十五之夜爲元宵。」這一晚，放各色花燈爲戲（通夜燃燈，不禁遊行曰放燈），叫燈市。以及在花燈上寫出謎語供人猜的叫燈謎（又稱燈虎、文虎），都是嵌節的娛樂項目。

杭州市元宵節，熱鬧非凡，有一則燈謎（打一個動作）云：

左邊左邊，右邊右邊；
上些上些，下些下些；
不是不是，正是正是；
重些重些，輕些輕些。謎底是「搔癢」的隱語（引自《古今圖書集成》）。

宋代王安石作有字謎：

字謎一：畫時圓，寫時方，冬時短，夏時長。射一字——謎底是「日」字。

字謎二：目字加兩點，不可猜貝字。貝字欠兩點，不可猜目字。射二字——謎底是「賀」「資」二字。

字謎三：四個口皆方，十字在中央，莫作田字猜，不用器字商。射一字——謎底是「圖」字。

以上三則，謎一引自宋代彭乘《續墨客揮犀》，謎二、謎三引自明代俞弁《山樵暇語》（俞弁，字子容，號守約居士。《山樵暇語》包羅廣，有足觀者。）以下為新增：

字謎四：猜一猜：一字一個口—謎底是「否」。

字謎五：猜一猜：一字兩口—謎底是「回」。

字謎六：猜一猜：一字三口—謎底是「品」「日」（兩小口加一大口）。

字謎七：猜一猜：一字四口—謎底是「㗊」「口日」（均見康熙字典）。

字謎八：猜一猜：一字五口—謎底是「吾」「㕶」（㕶見辭海）。

字謎九：猜一猜：一字六口—謎底是「圄」「昌」「唔」。

字謎十：猜一猜：一字七口—謎底是「唱」「叱」。

字謎十一：猜一猜：一字八口—謎底是「叭」「只」。

字謎十二：猜一猜：一字九口—謎底是「晶」「田」「㕤」（㕤見唐熙字典）。

字謎十三：猜一猜：一字十口—謎底是「古」「叶」。

字謎十四：猜一猜：一字十一口—謎底是「吉」「吐」。

字謎十五：猜一猜：一字十二口—謎底是「咕」「固」。

字謎十六：猜一猜：一字十三口—謎底是「早」。

王安石圖

字謎十七：猜一猜：一字十四口——謎底是「圖」。
字謎十八：猜一猜：一字十八口——謎底是「杏」「呆」。
字謎十九：猜一猜：多加一口——謎底是「哆」。
字謎二十：猜一猜：少加一口——謎底是「吵」。
詩中藏謎，可謂謎詩。今引《古今圖書集成・文字典・隱語部》中二則如下：
其一　（謎底爲「用」字）
一月復一月　兩月共半邊　上有可耕田　下有長流川　六口共一室　兩口不團圓
其二　（謎底爲「日曆」）
量來一尺長　上面都是節（一年有二十四節氣）　兩頭非常冷　中間非常熱
清代胡澹菴《解人頤》書中《消悶集》也有字謎：
其一　（謎底爲「口」字）
唐虞有　堯舜無　商周有　湯武無　古文有　今文無
其二　（謎底爲「卜」字）
上無片瓦遮身　下無立錐之地　腰間掛個葫蘆　便知陰陽之理
其三　（謎底也是「卜」字）
上無畫　下也無畫（上下都各無一橫，剩下爲「卜」）
其四　（謎底爲「田」字）

四面環山（「山」字正寫倒寫左右橫寫，四面環疊拼合便成田字）

又有以兩句成語，合打一字者（謎底爲「亞」字）：

存心不善 有口難言（亞加心是惡，不善也。又、亞加口是啞，難言也）

明代兵部尚書于謙，力拒北寇，剛直保國，他的詠「石灰」詩，膾炙人口。那種排除萬難，犧牲自我之情，令人敬佩，也是一首好的謎詩：

千錘萬擊出深山 烈火焚燒只等閒 碎骨粉身全不怕 要留清白在人間

另有燈謎一則，謎底是《孟子》中「晉國天下莫強焉」一句七字，謎面則是一首長達五十二字詠「西廂記」的詞：

普救寺，草離離（普字剝離頭上的草，剩下晉字）。花園內，或可棲（園字內改用或字代入便是國字）。夫人病重把頭低（夫字縮頭是天字）。一炷清香卜壽年（一加卜成下字）。薄暮日沉西（暮字去日是莫）。張生長別離，雖有會，無佳期（張離了長，剩下弓。雖字無佳，剩下虽，與弓拼合成强）。錯認了白馬將軍來解圍（錯認爲馬，實是焉字）。

相傳清代乾隆皇帝曾製一謎，命大學士兼四庫全書總纂官紀曉嵐猜射，謎面是一首女人的絕情詞兒：

下珠簾焚香去卜卦／問蒼天，儂的人兒落在誰家／爲甚王郎沒有一貫說出眞心話／欲罷不能罷／吾把口來壓／論咱倆交情本不差／染成皀難講一句清白話／分明一對好鴛鴦，卻被刀割下／拋得奴力盡手又乏／細思量，口與心俱假。

紀大學士悟出來了，回奏道：「聖上此謎，謎底是從一到十的各個數字。依卑職猜測：下字去卜是一／天落掉人是二／王沒有一豎是三／罷不見能是四／吾壓了口是五／交不要叉（乂）爲六／皀無白剩七／分字割去刀是八／拋無力無手爲九／思字去口去心乃十也。」

另有一首與上段大同小異的怨情郎之詞，也是猜射自一到十的數字字謎，詞曰：

上長街，去卜卦（上去掉卜剩一）。問蒼天，人在誰家（天沒有人是二）？恨王郎，無半點直心腸（王字無直是三）。欲罷不能罷（罷不要能爲四）。將吾口來啞（吾字去口成五）。論交情一點不差（交不見乂餘六）。染成皀，說不出清白話（皀出掉白是七）。痛分離，如刀割下（分字割去刀爲八）。拋得我才窮力罷（拋字無才無力剩九）。思王郎，心口都是假（思字缺心缺口爲十）。

文人競相以筆墨作遊戲，相傳撰有《斷腸集》的朱淑眞，也曾巧製「斷腸謎」一則，同是暗嵌一到十的數字：

下樓來金錢卜落（下字落去卜爲一）。問蒼天人在何方（天字無人爲二）？恨王孫一直去了（王去掉一直是三）。詈冤家言去難留（詈去言是四）。悔當初吾錯失口（吾失去口爲五）。恨交誼大有落差（交字落去乂剩六）。皀白何須問（皀字不問白餘七）。分離不用刀（分字不要刀是八）。從今莫把仇人靠（仇字無人爲九）。千里相思一撇消（千字消去一撇剩十）。

清・慵訥居士《咫聞錄》說：明代文士屠赤水（名屠隆，一五四二—一六〇五）曾以男女歡娛作詞，詞中卻暗藏十二時辰為謎曰：

了相思一夜遊（了加一是子），敲開金鎖門前鈕（鈕敲去金是丑），正值夤夜夕陽收（他書作「夤緣無夕不綢繆」，夤無夕為寅），柳腰兒抱著半邊（柳留右半為卯），紅唇兒還未到口（唇未有口是辰），口吐舌尖軟如勾（舌頭彎出口外是巳），還有玉杵在身邊，不是木頭削就（杵不要木為午），二八中間直入，挑起腳尖頭（二八加一豎成未），呻吟口罷休（呻無口為申），壺中酒點滴不留（酒無三點留下酉），倦來人似干戈後（他書作「戰罷人倚干戈後」，戈字倚著人字，合看像戌），只恐生下孩兒，子非吾有（孩不要子便是亥）。

【原文一—燈謎】：杭州城元宵市，有燈謎云：左邊左邊，右邊右邊；上些上些，下些下些；不是不是，正是正是；輕些輕些，重些重些。此蓋搔癢之隱語也。（清、陳夢雷：《古今圖書集成》、學行典、第九十卷、致知部、雜錄）

【原文二—字謎】：宋王荊公安石，作四句謎，射一字，以示吉甫，云：「畫時圓，寫時方，冬時短，夏時長。」蓋射日字也，吉甫亦作四句以破解之，曰：「東方有一魚，無頭亦無尾（魚字去頭尾是田字），更除脊梁骨（田字去掉一豎，剩日字），便是這謎底。」（宋、彭乘：《續墨客揮犀》、四句謎）

一三九　縣長剛死恩情斷

河北省有個獻縣，在河間縣的正南，滄州市的西南。獻縣有個縣長，任職期間頗久，他很愛護百姓，對縣衙裡上下吏役也長期普施恩惠，不幸在任上過世了，他的家眷，仍暫住在縣署後衙的官舍裡。

可是，縣長一死，情誼就斷了，恩義也絕了，府裡的大小官員役卒，沒有一個人到縣長家裡來悼念慰問。家屬想強邀幾個衙經大門外的衙役進門，這幾個人竟然口出不遜之言，以惡語相向，全然不似縣長在生時馴和溫敬的態度。

縣長的妻子一面因丈夫驟然逝世而哀傷，一面又怨縣裡衙役們的無情冷漠而悲憤，她在靈堂前撫棺慟哭，好久好久，精神太倦了，就靠著墻角坐下，稍作假寢。恍惚間，她丈夫來到面前，向她勸慰道：

「這些身在衙門裡執役的胥吏和丁僕，混久了，人人都變成老油條，天良沒有了，見利背義是其本性。以前，我對他們施恩，固然是出於我的自願，但如希望他們感德，那是犯了錯誤的妄想。如今，你又埋怨他們負義，豈不是一誤再誤嗎？」

悲傷的妻子突然醒了過來，回憶夢中丈夫的一番話，說破了官場醜態，心頭漸轉寬鬆，不再怨尤自苦了。

有道是：人在巴結你，人死誰理你？問天天不言，冷暖靠自己。

【原文】：獻縣一令，待吏役至有恩。歿後眷屬尚在署，吏役無一存問者。強呼數人至，皆猙獰相向，非復昔時。夫人憤恚慟哭柩前，倦而假寐。恍惚見令語曰：此輩無良，是其本分。吾望其感德已大誤，汝責其負德，不又誤乎？霍然忽醒，遂無復怨尤。（清、紀曉嵐：《閱微草堂筆記》、卷十五、姑妄聽之、之一）

一四〇 錯把海魚當小島

莊子《逍遙遊》說：北冥有魚，其名爲鯤，鯤之大，不知其幾千里也。這話應是寓言。今讀《西京雜記》及《咫聞錄》也有類似之記事。

從前，有人乘船到汪洋的東海出遊，忽而碰到颶風（來自各個方向的超強暴風叫颶風），船隻刮得飄來飄去，不能控制，隨著風浪亂轉，無法鎖定方向。這樣蕩了一天一夜，漸漸平息，船已靠近一個孤獨的小島旁了。同船的人，看到陸地，大家歡呼，於是放下石錨（下錨使船碇住），繫住纜繩，搭上跳板，有一部份人便登上小島，架起小爐子來烤肉。豈知食物還未烤熟，這座小島忽然動了，不一會竟然下沉，降到水面下去了，連帶也拖著這艘船往水中拉扯。留在船上的人，趕忙砍斷纜索，升起錨來，才得脫離險況。

原來，這座小島並不是島，實際是一條極爲巨大的魚（莊子說：鯤魚之大，不知其幾許里也）。本來它浮在海面上休息，不料無故的遭到這批人的干擾，激起巨魚的惱怒，沉到水中，又掉過頭來，揚起嘴邊的鰭鬚，張開巨口，把海水一吞一吐，就噴出起伏的大浪。幸而它來回衝擊了一陣之後，就潛水他去了，快捷得像電光石火一般。

那些下船登岸在小島上烤肉的十多個人，事起突然，一時間應變不及，都溺斃了。

這是號稱小葛仙翁晉代葛洪（二五〇—三三〇）在距今一千七百多年前所撰記的，那個時代，竟然有這種海洋思想，已是很新穎了。這篇雜記，是實事？是虛構？何妨任之，不必追究罷！

【原文—大魚似洲】：昔人有遊東海者，既而風惡，船漂不能制。船隨風浪，莫知所之。一日一夜，得至一孤洲。共侶歡然，下石（放下石錨）植纜（繫上纜索），登洲煮食。食未熟，而洲沒。在船者斫斷其纜，船復漂蕩。向洲者，乃大魚。怒掉（憤怒掉頭）揚鬣（魚頷旁的小鰭），吸波吐浪而去，疾如風雲。在洲死者十餘人。（晉、葛洪：《西京雜記》、卷五、金石感偏）

【另文—海中巨魚】：海中巨魚，名人說部，已言之詳矣。予聞潮洲澄海縣，有泛海貿易，姓金名鏞者，駕洋艘出樟林鎮口，放大洋，浪高風急，水如飛立，橫衝直擊，左傾右側，舟中人顛仆頭眩，嘔逆不絕。忽見水若藍色，突起一山，橫於舟前，約長千丈，乍沉乍浮，至夜始消，洵奇遇也。又一日，滿海無風，而船浮水面。倏而水面高百餘丈，咂水有聲，舟如橫側入深洞中，昏黑不測。舟子曰：入魚腹矣。相聚而泣。忽聞大潮聲起，將船湧出水上，高十餘丈，飛至山前沙灘而墜。舟子曰：吾儕生矣，此乃巨魚噴水，帶舟而出也。遂與舟子上岸，行至山下，見有居民。問之，曰：此伊蘭埠也，地屬琉球，去閩廣萬餘里矣。遂易薪米，將船修復而歸。（清、慵訥居士：《咫聞錄》、海中巨魚）

一四一　閻王判他是瀆職

北村有位鄭蘇仙，一晚作夢，夢見到了陰間冥府，瞧見閻王爺正在升堂審案。有個身穿官服的大人物，昂頭挺胸，拘來殿前，自己辯解道：「我一生做官，只飲官衙裡一杯白水，其他一無濫取，今天死了，自問始終清白，對神對鬼都無愧疚。」

閻王厲聲說：「國家設官，是要替百姓服務的。如果單是不貪、不要錢就算好官的話，那不如豎一段木頭在公堂上就夠了，它連一口水都不喝，豈不是比你還好嗎？」

官員申訴道：「我雖沒有立功，但也沒犯罪呀！」

閻王爺質問道：「你一生只顧保護自己，以求權位穩固。某某人犯了貪污大案，只因他是皇親國戚，你就不敢追究，藉著查無實據當幌子，向他賣好，結了案，這不是對不起國家法律嗎？又某年河水大漲，水災嚴重，本該把河道截灣改直，以平水患。但那要拆屋徵地，遷移衆多人口，你首先怕得罪當地的富戶和惡霸，其次怕工期要四五年時間太長，就畏難不敢施行，這不是對不起災區的百姓嗎？該辦罪的不辦，該興利的不興，這就是瀆職，何得無罪？」

這位官員聽了，大爲不安，傲氣沒有了。閻王才緩言道：「你在生前，官大權大，死後還是一身傲氣，今日首先要殺掉你的威風。反過來說，你還不算是最壞的官，來生仍可勉強再世爲人，徐觀後效。但下一輩子你要當心了，我們會記錄你的功罪善惡，你跑不了。本案宣結。」

閻王命令鬼卒，將這官員押送到輪迴道中去了。

【原文】：北村鄭蘇仙，夢至冥府，見閻羅王方錄囚。有某官，著公服，昂首入。自稱所至，但飲一杯水，今無愧鬼神。王哂曰：設官以治民，皆有利弊之當理，但不要錢即爲好官，植木偶於堂，併水不飲，不更勝乎？官又辯曰：某雖無功，亦無罪。王曰：汝一生處處求自全，某獄某獄，避嫌而不言，非負民乎？某事某事，畏煩而不舉，非負國乎？無功即有罪矣。官大踧踖，鋒稜頓減。王徐曰：怪汝盛氣耳，平心論之，要是三四等好官，來生尚不失冠帶。促命即送轉輪王。（清、紀曉嵐：《閱微草堂筆記》、卷一、灤陽消夏錄之一）

一四二　頭頂顱門被釘死

元朝姚忠肅公，在元順帝至元二十年（一三六〇），官任遼東按察使（爲一省的司法長官），勤政善察，官聲甚佳。

武平縣民劉義，赴縣府訴狀，告他嫂嫂與姦夫合謀殺害胞兄劉成。縣長丁欽勘驗劉成的屍體，沒有發現傷痕，凶案膠著，沒有進展。

丁欽爲此案而心情煩悶，吃不下飯。太太韓氏，問他爲了何事？丁欽說：「我正在審理本縣一件謀殺親夫的刑案，卻驗不出有傷，不知下一步該怎麼辦？」

太太說：「謀害親夫案，本就很難勘驗。或許你該檢查一下腦袋正頂上的顱門，看看有沒有釘進長鐵釘。那地方因被頭髮蓋住了，常會忽略，但卻是致命的所在。」

丁欽受到提醒，覆驗果然勘出有長釘釘入顱門裡，因而致死。由於沒入皮下，不仔細檢查還眞難以發現。凶手判處死刑。

死罪是極刑，必須上級核准。公文呈報到姚按察使官府中，等候批決。

姚公召來縣長丁欽，詢問案情經過。丁欽爲了誇揚太太的能幹，便說：「這乃是我內人主動提出來告訴我的！」

姚公問道：「尊夫人是閨女之身嫁給你作元配結髮夫妻嗎？」

丁欽回稟說：「那倒不是，我是再娶，她是再嫁的。」

姚公下令，將韓氏的前夫開棺驗屍，查出也正是頭頂顱門（又叫囟門或腦門，在頭頂中央顱骨的接合處，孩童時尚未密合，以後才漸長滿）釘入長鋼釘致死的。因將韓氏判處死刑。一時縣民將姚公比擬爲前朝宋代的包公（包拯、包孝肅）。

【原文】：姚忠肅公，至元二十年癸未，爲遼東按察使。武平縣民劉義，訟其嫂與其所私同殺其兄成。縣尹丁欽，以成屍無傷，憂懣不食。妻韓氏問之，欽語其故。韓曰：恐頂顱有釘，塗其跡耳。驗之果然，獄定上讞。公召欽，諦詢之。欽因矜其妻之能。公曰：若妻處子耶？曰：再醮。姚公令有司開其棺驗之，毒與成相類，並正其辜。時比公爲宋包孝肅公拯云。（元、陶宗儀：《輟耕錄》、勘釘）

一四三　嚐糞御史

拍馬屁竟然無恥到主動嚐糞，眞是噁心之極。你道這種醜事稀少嗎？不見得。本書第八七篇有南北朝時期「看我先喝黃龍湯」一椿（喝的是陳年糞汁），此處再有唐朝「郭霸嚐糞」（嚐的是新屙的糞團）一椿，兩者猶存餘臭。希望這些髒穢之氣，能被清風吹散。

唐代，寧陵（屬今河南省）縣丞郭霸，廬江人。他刻意奉承武則天女皇帝（六二四—七〇五），武后一高興，就調他到京都長安，升爲監察御史，掌理糾察百官之職，按理應是品德高尚的正人君子。

那時魏元忠（宋城人，死後謚貞）在朝，唐高宗時，爲殿中侍御史；唐中宗時，官任中書令（國家大政的首長）。有一陣子，他生病了，躺在床上，大小解都在床邊方便，用盂盆盛著。

魏元忠掌理朝政，又是國之重臣，郭霸有心巴結，特意到魏府床前去探病問安。爲了獻媚討好，他竟然揭開床邊的盂盆蓋子，挑出來一團糞便，親口嚐了。然後露著笑臉，滿心歡喜地對魏元忠說：「糞便可以判斷病人的健康。如果味是甜的，那就不好。如今我嚐了是苦的，表示體內的病毒，都隨大便排泄出來了。魏大人你不久就會康復了。」

郭霸諂性十足，不怕穢臭，但動作下賤，表演也太過火。魏元忠見狀，十分討厭這種小丑的阿諛舉措。以後逢人就提起這樁醜事，大家都鄙夷不齒，譏訕郭霸乃是「嚐糞御史」。歷史記此劣行，一直將遺臭到永遠。

不過，郭霸是不怕史筆的誅伐的，其奈他何？

【原文一】郭霸嚐糞：寧陵丞廬江郭霸，以諂諛干武后，拜監察御史。中丞魏元忠病，霸往問之。因嚐其糞，喜曰：大凡糞甘則病可憂。今苦，無傷也。元忠大惡之，遇人輒告。（清、朱秋雲：《秋暉雲影錄》）

【原文二】四其御史：郭霸，爲右臺御史，初召見於武后則天之前，自陳忠鯁云：往年征徐敬業，臣願抽其筋，食其肉，飲其血，食其髓。則天悅，故時人號爲四其御史。御史大夫魏元忠臥病，諸御史盡往省之，霸居後，請示便溺，曰：大凡糞味甘，或不瘳；今味苦，當即癒矣。元忠剛直，殊惡之，以其事露於朝士。（後晉、劉昫：《舊唐書》、卷一百八十六上、列傳第一百三十六上、酷吏上、郭霸。又見：宋、孔平仲：《續世說》、卷十二、邪諂）

一四四　謝安拖延冤九錫

晉代桓溫（三一二—三七三），跋扈專橫，權威炎赫。晉元帝時，娶了長公主，爲駙馬都尉。晉明帝時，官拜征西大將軍。後來作大司馬，都督內外國事。封南郡公。他曾慨歎說：「吾人不能流芳百世，亦當遺臭萬年。」

他漸有不臣之心，把在位五年的皇帝廢掉了（因叫廢帝），由他另立簡文帝。內外大政，一決於己。暗中想要篡位，但事尚未成，他卻生病了。

這時他已年過花甲。臥病在床，眼看病況日漸沉重，傳出話來，暗示要朝廷加賜「九錫」給他。

按九錫原是當諸侯有德時，天子賞賜的九項榮耀，後來才擴及到有不世大功的重臣，乃是非常崇高的禮遇：一是車馬（賜以代步）、二是禮服（表彰盛德）、三是樂則（憑以化民）、四是朱戶（紅漆大門以顯崇榮）、五是納陛（堂階不露與天子同）、六是虎賁（武

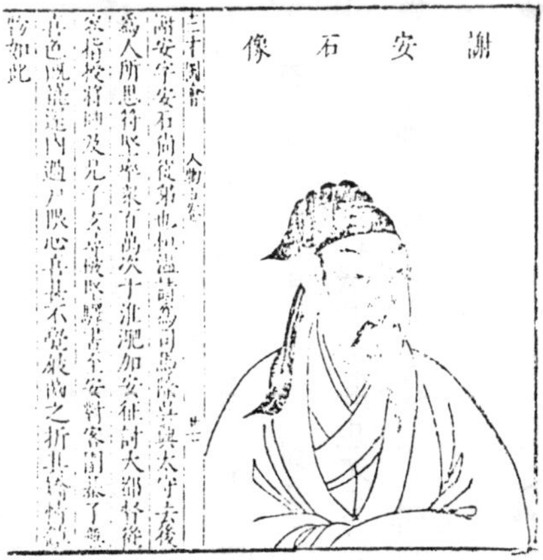

謝安像

士保衛）、七是弓矢（用以征伐）、八是鈇鉞（可以殺人）、九是秬鬯（以供祭祀）。從前王莽篡位之前，皇帝對他也賜過九錫。

桓溫勢大，朝廷不敢不辦。太傅謝安（三二〇—三八五）指定由作賦高手袁宏（三二八—三七六）草擬聖詔，然後擇定吉日頒賜。

詔書初稿終於擬妥了，謄正後呈請審閱。謝安一看，認爲行文措辭並未盡美，故意退回袁宏重擬重繕。如此再而三、再而四的多次推敲改訂，美其名曰愼重（那「九錫文」乃是特有的文體，必要諛功頌德，且須駢四儷六，協音合韻，極力講究藻飾），桓溫那廂也不好意思催逼，只能苦候。經過十多天，還沒有最後定稿，桓溫等不及就已死了，這賜加九錫的大典自然也不必進行了。

【原文】：桓溫疾篤，諷朝廷加己九錫。太傅謝安使袁宏具草。草成，安見之，輒使袁宏修改，由是歷旬不就。溫薨，錫命遂寢。（唐、房玄齡：《晉書》、卷七十九、列傳第四十九）

一四五　顏駟到老沒升官

能不能升官，要靠命運際遇。故孔子說：「遇不遇者時也。」王勃《滕王閣序》也說：「馮唐易老（見本篇篇末原文四），李廣難封（李廣伐匈奴，身經七十餘戰，到老卻沒有封侯）。」君知否：在朝的高官，不一定盡是棟梁之才（誰比李廣的戰役多？箭法準？）民間更多有高手能人，只是沒法出頭吧了。

漢武帝雄才大略，威鎮西域。一天他乘著御車，巡行郎署（漢時有中郎、侍郎，統稱郎，官位低，郎官服公務之處叫郎署）。看到署裡一位年老的官員，頭髮鬍鬚都花白了，衣袍也不太完備，顯得頗為潦倒。

武帝問他道：「賢卿從甚麼時候起做了郎官？而今年紀這麼大了？」

那位老者說：「微臣名叫顏駟，江都人（今江蘇揚州）。三個朝代之前的漢文帝時就做了郎官，經過漢景帝及陛下一直到現在。」

武帝問道：「為何這久沒有遇到升官的機會呢？」

漢武帝像

頻駟回奏說：「早先漢文帝時代，文帝喜歡文學，我習的卻是武學。後來到漢景帝時代，景帝喜歡老成的人，我那時還太年輕。如今陛下登基爲帝，喜歡有幹勁的年輕人，我卻已經老了。雖然我歷經三個朝代，卻一直沒有遇到升官的機會。」

漢武帝深受感動，便升顏駟爲會稽都尉。

【原文一—漢武故事】：漢武帝嘗輦至郎署，見一老人，髭鬚皆白，衣服不完。帝問曰：公何時爲郎？何其老矣。對曰：臣姓顏名駟，江都人也。文帝時爲郎。上問曰：何不遇也？駟曰：文帝好文，臣好武。景帝好老，臣尚少。陛下好少，臣已老。是以三世不遇。帝感其言，拜爲會稽都尉。（南齊、王儉：《漢武故事》）

【原文二—龍文鞭影】：漢、顏駟，龐眉皓髮，爲郎。武帝輦過郎署，問曰：何老也？對曰：文帝好文臣好武，景帝好美臣貌醜，陛下好少臣已老，是以三世不遇。上拜爲都尉。（明、蕭良有：《龍文鞭影》、初集、卷下）

【原文三—文選賦注】：顏駟不知何許人？漢文帝時爲郎。至武帝時，輦過郎署，見駟龐眉白髮。上問：叟、何時爲郎？何老也？答曰：臣、文帝時爲郎。文帝好文，而臣習武。至景帝，帝好美，而臣醜。陛下即位，好少，而臣老矣。上感其言，拜爲會稽都尉。（梁、昭明太子：《文選》、張衡《思玄賦》注引漢武故事）

【原文四—司馬史記】：馮唐者，其大父趙人。父徙代。漢興，徙安陵。馮唐以孝著，爲中郎署長，事文帝。文帝輦過，問馮唐曰：父老何自爲郎？家安在？馮唐具以實對，文帝拜唐爲車騎都尉。武帝立，求賢良，舉馮唐，馮唐時年九十餘，不能復爲官矣。（漢、司馬遷：《史記》、卷一百二、列傳第四十二）

【原文五—王充論衡】：操行有常賢，仕宦無常遇。賢不賢才也，遇不遇時也。昔周人有仕，數不遇，年老白首，泣涕於塗者。人或問之：何爲泣乎？對曰：吾仕，數不遇。自傷年老失時，是以泣也。人曰：仕，奈何不一遇也？對曰：吾年少之時，學爲文，文德成就，始欲仕宦，人君愛用老。用老主亡後，新主愛用武；吾更爲武，武節始就，武主又亡。今少主始立，好用少年，吾年已老，是以未嘗一遇也。（東漢、王充：《論衡》、卷一、逢遇篇）

【原文六—野客叢書】：漢武故事，載顏駟一事，甚與馮唐同。曰：上至郎署，見一老。問其何老也？對曰：臣名顏駟，三世不遇。上擢爲都尉。然他人往往誤以此事爲馮唐。如《白氏六帖》曰：「漢文帝時，馮唐白首爲郎，帝問之，對曰：臣三朝不遇。」樂天詩亦曰：「重文疏卜式，尚少棄馮唐。」楊巨源詩曰：「此地含香從白首，馮唐何事怨明時。」劉孝標《辨命論》曰：「賈大夫沮志於長沙，馮都尉皓髮於郎署。」皆有白首不遇之說，是以顏駟事爲馮唐用也。蘇東坡詩曰：「爲是先帝白髮郎」，李注亦引馮唐之事。如此甚多，諸詩誤引承襲而然。六帖云云，尤爲可笑。（宋、王楙：《野客叢書》、顏駟事與馮唐同）

一四六　難道衣服變鬼嗎

有人說人死變鬼，阮宣子獨以爲無。

那阮宣子是晉代人，名阮修，嘗作「大鵬贊」以自況，後爲鴻臚丞，轉任太子洗馬。他精通《易經》及《老子道德經》。當討論到有無鬼神時，他提出創見說：「曾經自承看到鬼的人，都說鬼穿了與陽世間同樣的衣服，如果人死了眞正變成了鬼，請問衣服也能變成鬼衣給鬼來穿嗎？」

【原文—阮宣子說無鬼】：阮宣子論鬼神有無者。或以人死有鬼，宣子獨以爲無。曰：今見鬼者云著生時衣服，若人死有鬼，衣服復有鬼耶？（南宋、劉慶義：《世說新語》、方正第五）

【另文—金廢帝問鬼神】：金主（金廢帝完顏亮）嘗問楊伯雄鬼神事，伯雄曰：漢文帝召見賈誼，不問百姓，而問鬼神，後世譏之。陛下不以臣愚陋，幸及天下大計；鬼神之事，未之學也。金主曰：但言之。伯雄不得已，乃曰：臣家有一卷書，記人死復生。或問冥官何以免罪？答曰：汝置一冊，白日所爲，暮夜書之，不可書者，不可爲也。金主爲之改容。（民國、趙伯平：《續通鑑雋語》、宋紀、高宗、楊伯雄）

【另文二—林蘊撰無鬼論】：唐、林蘊，字復夢，泉州人，以臨汀多山鬼淫祠，民厭苦之，撰「無鬼論」……（宋、歐陽修：《新唐書》、卷二百、列傳第一百廿五、儒學下、林蘊）

【另文三—阮瞻與客辯鬼】：晉、阮瞻為太子舍人，素執無鬼論，物莫能難，每自謂此理足可以辯正幽明。忽有一客通名詣瞻，甚有才辯。瞻與之言，良久，及鬼神之事，反覆甚苦。客遂屈，乃作色曰：鬼神、古今聖賢所共傳，君何得獨言無？即僕便是鬼。於是變為異形，須臾消滅。阮瞻默然。（唐、房玄齡：《晉書》卷四十九、列傳第十九、阮籍阮瞻傳）

【另文四—崔尚遇鬼道士】：唐開元時，有崔尚者，撰無鬼論，詞意甚有理，既成，將進之皇帝。忽有道士謁門，求見其無鬼論。讀竟，謂崔尚曰：詞理甚工。然天地之間，若云無鬼，此謬矣。崔尚謂：何以言之？道士曰：我即鬼也，豈可謂無？君若進本，當為諸鬼神所殺，不如焚之。因爾不見。（宋、李昉：《太平廣記、第三三〇。又見：唐、牛僧孺：《玄怪錄》、補遺》

【另文五—紀曉嵐論鬼事】：某學者論無鬼。有難之曰：汝能往墟墓中獨宿乎？該人毅然往，一夜無事。歸曰：朱文公豈欺我哉？余曰：以一夜無鬼，遂斷萬古無鬼；以一地無鬼，遂斷天下無鬼，是舉一廢百矣。且無鬼之論，創自阮瞻，非朱子也。朱子但謂魂升魄降為常理，未言無也。（清、紀曉嵐：《槐西雜志》四）

一四七　攫走端硯又奉還

老師是崇高的，以前且享有「天地君親師」的位階。學生敬師，今舉一感人實例。

清末民初的段祺瑞，安徽合肥人，別號芝泉（一八六五—一九三六）。天津武備學堂畢業，選派赴法國軍校留學。回國後歷任要職，做過臨時執政、五次內閣總理，九次陸軍總長。他的重要事蹟，如逼請清帝遜位、反對袁世凱稱帝，討伐張勳復辟，都有功於民國，是一位叱吒風雲的當權人物。

段祺瑞少時，在合肥家鄉，拜一鄉儒為師，入其私塾攻書。年尾終了時，因家裡很窮，付不出一年的學費。他書桌上有一方「端硯」，乃是先祖父（祖父段治，曾官任宿遷城守）留下的傳家之寶，是件珍品。

所謂端硯，就是端溪所產的硯台。在廣東省高要縣東南爛柯山（虎柯山）西麓有條端溪，溪畔岩洞中的石質堅實細潤，不會損傷毛筆的毫鋒，是製硯的最佳材料。自唐宋以來，就為文人所寶愛。南唐時代且設有「硯官」。詳情可閱宋．米芾的《硯史》、宋．高似孫的《硯箋》、及宋．歐陽修、李之彥各撰的《硯譜》。

這位塾師，見段祺瑞無錢繳付束脩，就毫不客氣的拿走他的端硯，抵充學費。段祺瑞只有莫可奈何而已。

流光易逝，段祺瑞後來青雲直上，顯貴了。當他官任統制，帶兵駐在河北省保定府時，這位老師，乃由安徽北上，去探望昔日的學生。

段祺瑞歡喜的接待當年的恩師，請他住進內宅，禮敬有加，膳食供應豐厚，而且段每天都陪他用餐，交談融洽，全然不曾談及早年欠交學費而攫去端硯的往事。如此住了好久，老師要告辭回去了，段祺瑞這時才拿出一份契約，送給老師。原來是當塾師造訪的初時，段就分出自己的薪資積蓄，匯寄到家鄉，替老師買下了田畝若干和住房一棟，作爲對恩師的回報。在送別宴中奉上契約，才把話講清楚。

老師流下了既感激又慚愧的眼淚，一時還不知如何措辭回應，囁嚅地說道：「你眞是一位純正溫良的大人物，以前我拿走端硯，實在不是讀聖賢書人所該做的。現今端硯仍在，理應物歸原主，我才會稍感心安。」

於是老師將端硯洗淨奉還，段祺瑞笑著接受了。

【原文】：段祺瑞少從某師，歲暮不能致束脩，案頭端硯一方，先祖所遺者，師竟攫之去。迨段顯貴，官至統制，駐軍保定，塾師北上訪之。既見，即延之內宅，廩膳豐腆，休暇必共餐，絕不談及當年事，久之，師告歸，段出一函，附地契一紙。蓋師來時，已分俸寄鄉，爲置田宅。師喜出望外，感愧至泣下，曰：君眞長者，吾嚮者乃非人。雖然，硯固在也。於是拂拭以進，段公笑納之。（今人、孫克寬．《山居集》）

一四八　聽的強過讀的人

天資穎悟，乃是上帝所賜。我們如果比不上，就唯有以勤補拙。今譯述漢、宋、清三代三個故事，以見昔賢的聰敏。

（一）

東漢賈逵（公元三〇—一〇一），字景伯。在東漢明帝、章帝與和帝三代朝廷都連續任官，《後漢書》中有他的傳記。

他五歲時，就聰敏穎慧過於常兒。大姊也以明悟出名，本已嫁給韓瑤，因未生育兒女，故回娘家久住。他們聽到鄰居的讀書之聲，大姊就抱著大約五歲的小弟，早晚到籬牆邊上去聽。賈逵聽到唸書聲，便安靜了。大姊見他聽得入神，又不講話，覺得小弟很乖，便每天都去聽，成了日常功課。

到了賈逵十歲，六經都背得出來了。大姊見他不時口唸經書，問道：「我們家境不寬，又從未有私塾老師來過家裡，你何以知曉天下有三墳五典（三墳是夏商周三代開國三王之書，五典是五帝之典，也簡稱墳典）？而且你爲何背得一字不漏？」

賈逵回答道：「大姊不記得嗎？從前我五歲時，你每天抱我到籬邊聽鄰家唸書，我就聽熟了，到如今沒有忘掉！」

〔二〕

宋朝沈元用，跟隨肅王一同出使到北方的異族之邦，被接待到燕山（在河北省。木蘭詞說：但聞燕山胡騎聲啾啾）的愍忠寺充當住宿行館。這一天休暇無事，兩人在這大寺裡閒逛。偶然看到一塊唐人碑，碑文刻的都是四六句對偶體的駢儷之文，幾乎有三千個字。

沈元用素來記憶力超強，對文字的興趣也極濃厚，遇到佳文，不願錯過，他便將這篇碑文朗讀，讀了好幾遍。肅王卻未曾正眼看碑，一面聽沈背了出來，一面在徘徊踱步，似乎並不在意。

兩人回來後，沈元用想要顯一顯他的記性特別敏銳，就取出紙筆，將那篇碑文補抄出來。遇到記不住的文字便空著，全篇共空了十四個字，這也眞是十分難得的了。

即以本書爲例：每頁十七行，每行三十九字。如以滿頁一字不空計算，全頁爲六六三字。三千字佔了四頁半。倘要把它背熟，再要默寫出來，這是何等神奇的功夫？

沈元用默寫完了，肅王順便一看，隨手拿支筆，將那些空白處一一補上正確的字，更將沈元用抄錯的文字改正了四五處。改完了，他把筆擱下，繼續談起其他的話題。臉上毫無得意之色，也不認爲這樁事有何值得矜誇之處。

沈元用瞧在眼裡，心中駭然暗驚，佩服得不得了！這是陸游所記，應屬可信。

〔三〕

清代許彝千（名許先甲，字彝千），杭州人，是許勉無的兒子。老爸讀書，經常通宵達旦，而兒子許彝千則每每睡在床上聽著父親唸書。到了第二天早上，許彝千便可以背得出來，沒有錯誤。父親許勉無歎道：「我這兒子睡的時候，竟然還強過老子我醒的時候！」

【原文一】賈逵聽熟六經】：東漢賈逵，年五歲，明慧過人。其姊韓瑤之婦，嫁瑤無嗣，而歸居焉，亦以貞明見稱。聞鄰中讀書，旦夕抱逵，隔籬而聽之。逵靜聽不言，姊以爲喜。至年十歲，乃暗誦六經。姊謂逵曰：吾家貧困，又未嘗有教者入門，汝安知天下有三墳五典，而誦無遺句耶？逵曰：憶昔姊抱逵於籬間，聽鄰家讀書，今萬不遺一矣。（苻秦、王嘉：《拾遺記》。又見：唐、李冗：《獨異志》）

【原文二】肅王聽寫唐碑】：肅王與沈元用同使虜，館於燕山愍忠寺。暇日無聊，同行寺中，偶有一唐人碑，詞皆偶儷，凡三千餘言。元用素強記，即朗讀一再。肅王不視，且聽且行，若不經意。元用歸，欲矜其敏，取紙筆追書之，不能記者闕之。凡闕十四字。書畢，肅王視之，即取筆盡補其所闕無遺者，又改元用謬誤四五處。置筆他語，略無矜色。元用駭服。（宋、陸務觀：《老學庵筆記》、肅王）

【原文三──彝千聽書成誦】：清代許彝千，乃許勉無之子也。勉無讀書，竟夜不輟。彝千每聽父讀書，旦輒能覆誦。父歎曰：兒臥時，乃勝我醒時。（清、王晫：《今世說》、捷悟、許彝千聽父讀書）

【另文一──紹遠誦書若流】：北魏長孫紹遠，屢官至殿中尚書。紹遠十三歲時，其父長孫稚官任壽春太守。太守府管記王碩試以禮記月令一篇授紹遠，紹遠讀一遍，誦之若流。（清、王晫：《今世說》、附二、兒世說、強記）

【另文二──賈逵默識誦書】：東漢、賈逵、五歲不能言，其姊每攜聽鄰塾讀書。後一旦能言，便誦諸書如流。（清、王晫：《今世說》、附二、兒世說、強記）

【另文三──世南默列女傳】：唐太宗命虞世南寫《列女傳》以裝屏風．于時無本（未找到列女傳的書本），世南暗疏之（他就默寫完成），無一字謬（未錯一字），眾皆歎服。（後晉、劉昫：《舊唐書》、卷七十二、列傳二十二）

【另文四──錢鍾書唬洋人】：錢鍾書（一九一〇──一九九八）學貫中西，才華橫溢。一九七九年出席紐約哥倫比亞大學座談會，他有問必答，一口流利的牛津英語震驚全場。他記憶力超群，能流暢背誦《牡丹亭》。某次在耶魯大學開會，他每提起一位英國詩家，就用純正英語背出該詩人一篇作品。及至提到德國詩人，又改用標準德語背出一首。再述及一位拉丁詩翁，更用古代拉丁語朗誦，把滿堂美國人唬倒了。難怪他們說：去中國，一是看萬里長城，一是拜訪錢鍾書。（近代、施江虹：《錢鍾書奇聞》）

一四九　鑰匙還在我這裡

你已經快要翻完這本小書了，為了讓心境鬆弛，今特引述一短而淺的冷笑話，希望能舒緩一下。

從前，有位讀書人前往京城，去參加吏部的詮選，分派任予官職。他那裝有錢物的皮囊被竊賊偷去了。那位士人慶幸的說：「還好！竊賊雖然偷了我的皮囊，但他終究無法得到我皮袋裡的東西使用。」

旁人問他是甚麼緣故？他回答說：「你看！鑰匙還掛在我的衣帶上，沒丟，小偷怎樣來打開我的皮囊呢？」

【原文一──偷袋】：昔有文人入京銓選，皮袋為賊偷去。其人曰：賊偷我袋，終將不得我物用。或問其故？答曰：鑰匙尚在我衣帶上，彼將何物開之？（唐、張鷟：《朝野僉載》──資治通鑑屢自此書取材。又見：獨逸窩退士：《笑笑錄》、偷袋）

【原文二──入櫃】：定州刺史孫彥高，被北方突厥南侵，圍城數十重。孫匿小室中，不敢進大廳。公文官書由小窗投入遞出。廳廨各門俱上鎖。後敵軍破城，孫躲入櫃中，命衙役曰：拿緊鑰匙，賊軍來索，慎勿與也。（清、獨逸窩退士：《笑笑錄》、入櫃）

一五〇　贓錢終究敗精光

兒子不如我，留錢作甚麼？兒子勝過我，留錢作甚麼？

前輩楊槐庭老先生告我一樁實事：他的鄉邑裡有位官員，告老還鄉，安居故里，在家悠然休閒，不預聞門外事，怡然享退休之樂，甚爲愜意。但因膝下無兒，深爲遺憾。幸而晚年生下一子，自然百般寵他、護他、溺愛他。

一次，兒子患了痘疹（俗稱天花，那時無特效藥，死亡率高，是危難急病）。父親聽說勞山道士可以通靈，能知過去未來，便備了厚禮，前往請求開示。

道士作法祈神後，歡然得到結論說：「你的小公子將來還有好多事沒有了斷，哪會就死？保準他會活下去！」果然，請來一位名醫，花錢包治，危病居然就醫好了。

兒子長大了，卻沒有學好，乖張驕縱，不但不走正路，還經常又嫖又賭。父母死後，兒子把家財敗個精光，最後竟然餓死了。

當地邑人評論說：「這位父親，沒有犯過失，沒有虧待人，不應該有這樣的敗家兒子呀！」可是，深究起來，他原是蕭然一位寒儒，後來做了縣長，不過十年，家產已聚斂到數百萬金。是不是他撈錢的方法與財富的來源有不可告人的傷廉敗德的劣行，才落得招來這個孽障兒子而有這番報應呢？

【原文】：楊槐庭前輩言：其鄉有宦成歸里者，閉門頤養，不預外事，亦頗得林下之樂。惟無嗣爲憂。晚得一子，珍惜殊甚。兒子患痘甚危，聞勞山有道士能前知，自往叩之。道士輾然曰：賢郎尚有多少事未了，哪能便死？果遇良醫而癒。後其子冶遊驕縱，竟破其家，流離寄食，遂餒。鄉黨論之曰：此翁無咎，未應有此兒。唯蕭然寒士，作令不過十年，而宦橐逾數萬，毋乃致富之道，有不可知者在乎？（清、紀曉嵐：《閱微草堂筆記》、卷二十、灤陽續錄、之二）

卷尾贅言

中華文化，源遠流長，載籍之繁富，已不能用「汗牛充棟」來包容了。就拿國家中央圖書館的藏書來說，民國九十一（西元二〇〇二）年底，該館藏書已達一百九十多「萬」册（漢簡、拓片、地圖、縮影、光碟、雜誌、報紙除外）。假如我們不眠不休，每天趕讀三册，也要一千六百「年」才能讀完。吾生也有涯，而學也無涯，殆矣。

元代林坤先生（字載卿，號誠齋）撰《誠齋雜記》末篇說：「沈攸之（按爲南朝宋代人，宋順帝時官開府儀同三司）晚好讀書，手不釋卷。嘗歎曰：

早知窮達有命，

恨不十年讀書。

沈先生是在京都參加全國最高級考試金榜錄取雁塔題名的進士，官職也做到一人之下萬人之上的宰相，竟歎息讀書不足，還想勤補十年。余何人斯？該怎麼辦？

讀書是增益智能最捷最佳的方法。生在今日這知識爆炸的時代裡，不讀書簡直就等於白痴。可是，天下之書，豈能讀遍？在茫茫書海之中，哪一册？哪一篇？哪一段？是我們所該讀的？勢必要有所選擇。否則空費了時間，也就是糟蹋了生命，是十分可惜的。

筆者不敏，頗喜翻書。遇到有警惕性的、有益智性的、有啓發性的篇章，就不時抄存下來。正好像頑童在「文」學的「海」灘邊發現而撿「拾」到幾片「貝」殼，不敢匿藏，擬請大家公賞。

但不少朋友讀文言古文感到吃力，每每會減退其興趣和挫喪其銳氣，因此斗膽譯爲語體，化艱澀爲淺易，以助閱覽。而且篇篇獨立，無論挑著讀、跳著讀，酸甜苦辣，當能各取所需。加以都是短文，也不會曠時誤事，多寡都有進益。

善於讀書的人，當接觸到這些小故事時，似乎就能產生一種臨場感，好像我們也成爲他們的密友，在近旁觀賞其一顰一笑，一言一動，親炙他們的音容笑貌，聞其謦欬，豈不是十分溫馨嗎？

筆者採集這類的碎玉零金，也曾出版了幾種類似的册子。差堪告慰的是，保證內容健康。既沒有赤色的暴力煽動，也不含灰色的頹廢感染，更無黃色的邪僻引誘，讀後絕無負作用。

筆者敬佩一位在對日抗戰期間辦大公報的張季鸞先生，他執筆爲文的信條是：

苟有主張，悉出誠意；
錯謬定多，欺罔幸免！

好一句「欺罔幸免」，眞是擲地有聲，令人竊慕。

但是，一個人肚裡儲有多少貨色？筆下能粲出多少花招，最好有自知之明，不要得意而出洋相。明代俞弁（字子容，號守約居士）撰有《山樵暇語》，其最後一篇說：「劉咸臨在醉中嘗寫《詩話》數十篇，既醒，自書四句於後云：

坐井而觀天，遂亦作天論。
客問天方圓？低頭慚客問！

這是說我們學青蛙在井底窺天，所見太小，卻侈談天是方的，天是圓的，豈不愧怍？

上段提到俞弁先生工詩詞。但他這首小詩，還不如林語堂博士所說的另一段話更爲淺白，更有惕勵性。林先生說：

我幼時，甚麼都不懂。
讀大學時，自以爲甚麼都懂，
畢業後，才知道甚麼都不懂。
進入中年，又以爲甚麼都懂，
到了晚年，我才又知道其實甚麼都不懂。

恭錄了這麼風趣卻又發人深省的警語，我豈可仍不識相？趕快就此擱筆吧！

民國九十二（二〇〇三）年農曆七月初七日（先母百歲冥誕）前夕朱培庚記。

林語堂先生

書名索引（數字代表篇章）

十　八　畫

十　九　畫

二十畫及以上

十　六　畫

十　七　畫

十　四　畫

十　五　畫

十　三　畫

十　二　畫

十一畫

十　畫

九　畫

八　　畫

七　畫

五 畫

六 畫

人名索引（數字代表篇章）